KB060971

젊치인을 키우고 있습니다

# 젊치인을 키우고 있습니다

혐오와 무관심에 맞서
한국 정치에 새로운 물꼴을 만드는
뉴웨이즈 이야기

**뉴웨이즈** 지음

위즈덤하우스

# 원래
# 그런 정치는 없어

2020년 10월, 동네 카페에 앉아 프로젝트 기획안을 쭉 쓰고 나서 제목을 잠깐 고민했다. 호흡을 가다듬으며 'NEWWAYS PROJECT 2022'라는 글자를 적었다. 새로운 방식과 관점, 태도로 변화를 만드는 일이니까 '새로운NEW'과 '방식, 관점, 태도WAYS'를 합쳐서 '뉴웨이즈'라고 부르면 좋겠다 싶었다. '새로운 길'이라는 뜻이기도 하니 과정과 결과를 모두 담는 이름이라 마음에 들었다. 입에도 잘 붙었다. 제목 아래에 '2022년 지방선거에서 동시대 문제를 해결할 수 있는 2030세대 의사결정권자를 20% 이상 선출되도록 한다'고 목표를 적었다.

"다양한 개인의 영향력을 연결해 새로운 방식으로 권력이나 자본을 만들 수 없을까?"

뉴웨이즈는 이 질문에서 출발했다. 더 단순하게 말하면 "다양한 개인이 모여서 어떻게 관성적인 시스템을 바꿀 수 있을까?"다. 플랫폼 서비스 프로젝트 매니저, 스타트업 액셀러레이터, 항공사 전략기획실 매니저로 산업과 직무를 바꾸어가며 세 곳의 직장을 다니고 마지막 회사를 퇴사한 후, 나는 이전처럼 어느 회사를 가서 어떻게 성장할까 고민하지 않았다. 그보다 어떤 문제를 '누구'와 '어디서' '어떻게' 해결할지 생각해보고 결정하기로 했다. 그런 일이 무엇일까 고민하다 보니 위의 질문이 떠올랐다.

학교에서나 직장에서나 함께하는 사람들을 더 행복하게 만들고 싶은 '오지라퍼'였던 나는 늘 더 나은 시스템을 고민하곤 했다. 고등학교 시절 담임선생님은 그런 일을 하고 싶으면 좋은 대학을 나와 힘을 가져야 한다고 했는데, 그건 혼자 하는 일이라 재미가 없었다. 진짜 재밌는 건 공감하는 사람을 더 많이 만들어 대화하고 토론해서 더 나은 방향을 찾는 것이고, 합의한 결과를 '약속'으로 만드는 일이다. 그렇게 고등학교 학칙을 바꾸고, 대학교 학과 문화를 만들고, 직장 내 일하는 방식을 정의했다. 다양한 개인이 함께 만드는 시스템은 각자의 해석이 담긴 고유한 경험, 자기 자신과 공동체에 대한 자부심이라는 감정을 공유한다. 그런 만큼 훨씬 크고 지속 가능하고 확장적인 변화라 믿었다. 이러한 믿음에서 나온 질문이었다.

질문은 "다양한 개인이 모여서 더 다양한 의사결정권자를 등장시키는 시스템을 만들려면 어떻게 해야 할까"라는 다음 질문에 가닿았고 마침 다가오는 2022년 6월 지방선거가 목표로 삼기 좋아 보였다.

정치 활동을 한 적도 선거를 치러본 경험도 없는 데다 아직은 구체적인 비전이나 계획도 없었지만, 분명 재밌고 멋진 일이 펼쳐질 것 같았다. 일단 이번 지방선거까지 해보고 그다음은 그때 가서 고민하자고 민해 님을 설득했다. 마침 동갑내기인 우리는 스물아홉 살이었고 20대의 마지막 도전이라는 그럴싸한 명분도 있었다. 2021년 1월 중순, 민해 님은 뉴웨이즈 커뮤니케이션 매니저이자 1호 멤버로 합류했다.

팀이 된 우리는 맨바닥부터 뉴웨이즈가 무엇을 해야 할지 고민하다 정치 산업 내 인재 성장 시스템이 없다는 것을 발견하고 초당적인 젊치인 에이전시가 되기로 했다. 그 결과 2022년 지방선거에서 138명의 후보와 40명의 당선자를 배출했다. 2018년 6%였던 지방의원 젊치인은 10%로 늘었다. 지방선거 이후 계획이라곤 휴가 말고는 없을 정도로 한 치 앞을 모르던 우리는 2022년 10월에 사단법인을 설립했다. 사단법인 뉴웨이즈는 커뮤니케이션 매니저 세연 님, 성장지원 매니저 성규 님까지 4명의 팀이 되었고 외부 파트너들과 협력해 정치 산업 내 의사결정권자가 다양해질 수 있는 인재 성장 시스템을 만들고 있다. 2023년 3월에 젊치인을 위한 정치 학습 커뮤니티 '뉴웨이즈 메이트'와 같은 해 6월에 정치인을 위한 2030 유권자 연결 플랫폼 '뉴웨이즈 피드'를 론칭했고, 2024년 4월 국회의원 선거에서는 3명의 젊치인 후보를 배출했다.

약 4년 동안 뉴웨이즈가 만든 변화의 여정에는 늘 다양한 개인이 함께했다. 새로운 방식, 관점, 태도로 기존의 관성을 바꾸고 더 나은 정치 시스템을 만들 수 있다고 믿는 사람을 수만 명 모아서 함께 변화를 만들었다. 그래서 지금 더 다양한 의사결정권자를 등장시키는 시스템을 만들었냐고 묻는다면 아직은 아니다. 다행인 것은 아무것도 모르는 채로 시작했을 때와 달리 이제는 무엇을 해야 할지 알게 되었다는 사실이다. 이 일은 역시나 재밌고 멋지고, 갈수록 배가된다.

이 책은 국회의원 선거를 앞두고 가장 바쁜 시기를 통과하며 썼다. 뒷일은 어쩌자고 할 수 있다고 해서 이 고생을 하고 있나 눈물이 차올라 고개를 들 때마다 2가지 마음을 떠올렸다. 이 책으로 다양한 개인을 더 많이 만나 우리가 함께 만들어갈 변화의 주인공으로 초대하고 싶은 마음, 우리처럼 기존의 관성을 바꾸고 새로운 시스템을 만들기 위해서 무언가 시작하는 팀들에게 경험을 나누고 싶은 마음. 결국 더 많은 동료를 만나기 위해서다.

처음 시작할 때 모두가 정치는 '원래 그런 것'이니까 바뀌지 않을 거라고들 말했다. 그러나 막상 부딪혀보니 정치는 바뀔 수 있는 영역이었다. 더 많고 다양한 동료가 함께한다면 시간을 좀 더 앞당길 수 있지 않을까. 당신들과 이 재밌고 멋진 일을 같이하고 싶다.

# 뉴웨이즈 세계관 소개

**뉴웨이즈**
잠재력 있는 후보자를 찾는 에이전시

**잠재력 있는 신인 선수**
선거에 나가고 싶은 젊치인

**팀**
거대 양당과 군소 정당들

**경기장**
선거라는 실전

**캐스팅 매니저**
젊치인을 응원하는 유권자

4년에 1번만 열리는 경기장. 큰 규모에 전 국민이 지켜보는 중요한 경기지만 관중석은 점점 비어간다. 늘 똑같은 선수들이 반복되는 플레이를 보여주기 때문이다. 이 경기장은 바로 '선거'다. 경기장에 출전하고 싶은 잠재력 있는 신인 선수를 위해 유머와 실력을 갖춘 에이전시 '뉴웨이즈'가 등장했다. 뉴웨이즈는 관중석에 앉아 있는 유권자를 향해서 말한다. 우리가 경기장의 풍경을 직접 바꿀 수 있다고. 새로운 선수들이 등장할 수 있는 경기 룰을 제안하고, 신인 선수들이 기대되는 플레이를 펼치게 만든다는 뉴웨이즈의 도전은 성공할 수 있을까?

**등장인물**

### 뉴웨이즈: 정당 밖의 젊치인 에이전시

정치에 더 다양한 관점과 우선순위가 반영될 수 있도록 만 39세 이하 젊치인을 키우는 초당적인 에이전시. 손흥민은 토트넘 소속 선수지만 CAA라는 에이전시에 소속되어 있다. 에이전시는 잠재력 있는 선수를 발굴하고 이들이 자신의 기량을 펼칠 팀을 찾도록 돕는 한편, 더 다양한 선수가 필요한 이유를 설득하고 경기 룰을 바꾼다.

### 젊치인: 경기장에 출전하고 싶은 신인 선수

의지는 있지만 현실이 녹록지 않다. 정당에서는 신인들이 출전할 수 있는 방법을 투명하게 알려주지 않고, 젊은 선수를 출전시키는 데도 소극적이기 때문이다. 시간도, 비용도 부족한 상황에서 어디서부터 준비를 해야 할지조차 막막하다. 뉴웨이즈는 초당적인 현역 정치인의 노하우를 바탕으로 누구나 정치를 시작할 수 있게 첫 출마 로드맵을 그려주고, 자신만의 지지 기반을 만들 수 있게 유권자를 연결한다.

9

## 정당: 젊치인을 경기장에 출전시킬 수 있는 팀

한국에는 양당이라는 두 강호와 군소 정당인 팀들이 있다. 4년에 1번씩 경기가 열릴 때마다 어떤 룰을 가지고 출전 선수를 선발할지 결정한다.

## 유권자: 젊치인을 지지하고 응원하는 캐스팅 매니져

뉴웨이즈와 젊치인의 잠재력을 믿고 응원하는 시민. 경기장의 풍경을 바꾸는 건 에이전시 뉴웨이즈의 힘만으로는 부족하다. 더 다양한 관점과 우선순위를 가진 정치인이 필요하다고 생각하는 유권자의 목소리가 있어야 경기 룰을 바꿀 수 있다. 뉴웨이즈는 시작부터 경기장을 바꾸는 도전을 유권자와 함께하기로 마음먹고 대규모로 캐스팅 매니져를 모집해왔다. 바로 이 글을 읽고 있는 여러분처럼.

# 차례

# 1부

# 재미없는 정치를
# 재밌게 만들 수
# 있을까?

- 뉴웨이즈 커뮤니케이션 리드 곽민해

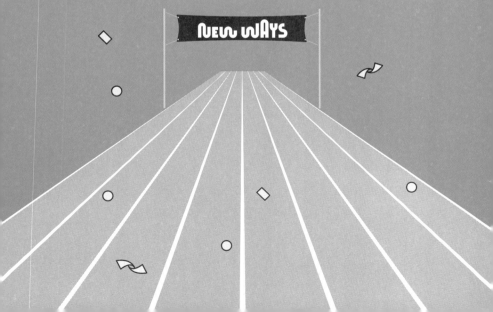

# 1장
## 젊치인 육성하실 분을 찾습니다

**혜민:** 어렸을 때 표어 대회 같은 거 참가한 적 있지 않아요? 그때 뭐라고 썼지?

**민혜:** 물 부족 국가 포스터 그렸던 기억이 나는데.

**혜민:** 젊은 정치인 부족 국가….

2021년 1월, 우리는 카페 한편에서 심각하기도 하고 말장난 같기도 한 대화를 나눴다. 옆에서 누가 봤다면 말하는 내용은 농담 같은데 표정은 왜 저렇게 심각한지 의아했을 것이다. 뉴웨이즈를 시작할 무렵, 남들에겐 가볍게 보여도 우리에겐 꽤 묵직했던 고민 하나가 있었다. 그건 바로 '만 39세 이하 정치인'을 부르는 단어를 찾는 것!

언론에서는 '청년 정치인'이라는 표현을 썼다. 사람들도 익숙했다. 하지만 그런 만큼 새롭지가 않았다. 이미 '청년 정치'에 대한 여러 논의와 평가가 있었고 대표적으로 떠오르는 인물들도 있었다. 뉴웨이즈가 "청년 정치인을 키우겠다"고 말하면 듣는 사람들이 저마다의 선입견을 먼저 떠올려서 우리가 보여줄 인물들을 기대할 것 같지 않았다. 편견 없는 말이면서 신선하고, 명쾌하고, 정치인이 멋져 보이는 단어가 없을까? 마주 보며 이런저런 말을 던져보다가 혜민 님이 문득 단어 하나를 말했다.

> **혜민:** 젊치인 어때요?

'젊은 정치인'을 줄여서 '젊치인'. 촉이 왔다. 바로 이게 우리가 찾던 말 아닐까? 젊치인은 정치인과 딱 한 포인트만 달라서 기억하기도 쉬웠다. 물리적으로 나이가 젊은 정치인이라는 중립적인 뉘앙스를 풍겼다. '만 39세 이하 정치인'보다 짧아서 입에 잘 붙었고, 당시만 해도 '젊어지는 치과' 병원 한 군데서만 사용하고 있어 경쟁력이 있었다(젊어지는 치과에서 고심해 만든 해시태그를 우리가 더 많이 사용해서 늘 죄송한 마음이다).

젊치인이란 말은 뉴웨이즈의 대표적인 '발명품'이라고 해도 틀린 말이 아니다. 뉴웨이즈를 들어본 사람들은 우리가 무슨 일을 하는지는 몰라도 젊치인은 찰떡같이 기억했다. 이제는 '젊치인'을 검색하면 뉴웨이즈 기사가 가장 많이 뜬다. 뉴스에서는 젊치인을 요즘 세대의 신조어처럼 소개하기도 했다.

단어 하나 만드는 게 무슨 대단한 일이냐고 할 수도 있다. 하지만 말은 대상을 보는 '태도'를 완전히 바꾸어놓는다. 시간이 갈수록 정치에 대한 사람들의 묵은 실망을 기대로 반전시키기 위해서 우리가 만든 말들이 뉴웨이즈의 고유성을 형성했다. 이제부터 그 이야기를 해보려고 한다. 뉴웨이즈가 한국에서 정치를 가장 쉽고 재밌게 전달하는 팀이 되기 위해 어떤 고민을 했는지.


## 내 부캐는 캐스팅 매니저

젊치인이라는 이름을 정하고 가장 먼저 시작한 건 '유권자'를 모으는 일이었다. 젊치인을 찾는 건 유권자를 충분히 모은 뒤에 하기로 했다. 이유는 간단했다. 아무리 세상을 바꾸고 싶은 사람일지라도 자신을 지지해주는 사람이 없으면 결심하기 어려울 테니까. 하지만 우리 동네에 나를 뽑을 준비가 된 사람이 30명, 50명이 있다면? '나도 정치 한번 시작해볼까?' 마음먹기가 훨씬 수월할 것 같았다.

　사실 쉬운 결정은 아니었다. 우리 계획을 듣고 많은 사람이 '스타성' 있는 인물부터 먼저 찾으라고 조언했다. "한 사람이 제대로 뜨기만 하면 뉴웨이즈도 유명해지고 정치 영역에서 금방 자리매김하지 않겠어?" 경쟁이 치열한 정치판에서 한 번에 많은 인물을 발굴하지 말고 선택과 집중을 하라고 했다. 뉴웨이즈가 '정당'이 되어야 하지 않느냐는 말도 들었다. 구심력 있는 결사체가 되어 유권자를 우리 편으로 만들라는 것이다. 물론 전혀 생각해본 적이 없는 건 아니지만 결국에는 하나의 질문으로 되돌아왔다.

　"우리가 이 프로젝트를 대체 왜 시작했지?"

뉴웨이즈가 정당이 되려면 대변할 인물과 우선순위 과제와 이에 대한 해결책을 제시하고 사람들을 모아야 한다. 하지만 우리가 뭐라고 그런 선언을 할 수 있겠는가. 설사 선언한다 해도 이제 막 정치 영역에 '갑툭튀'한 우리를 누가 믿고 따를 것인가. 내가 유권자라도 수상쩍다. 한편 스타성 있는 인물을 찾으려면 정치인에 대한 기준과 자격이 분명해야 하는데 그것을 우리 둘이 알아서 결정할 수 없었다. 나중에 누군가가 "이 사람이 왜 미래를 이끌 정치인이냐"고 물었을 때 "인플루언서가 될 자질이 있어서…"라고 말할 수도 없지 않은가.

'개인이 가진 영향력을 모아서 정치의 얼굴을 바꿔보자.' 뉴웨이즈는 여기에서 출발한 팀이다. 혜민 님은 이 가설을 '증명'하고 싶어서 창업했고 나는 이 '과정'을 잘 만들고 싶어서 다니던 회사를 나왔다. 정당을 만들고 유명한 인물을 찾는 건 뉴웨이즈라는 조직이 빨리 인정받기 위해 유권자를 '팔로워'로 만드는 전략이다. 휘둘리지 말기로 했다. 젊치인을 기대하는 유권자부터 모아보자. 더 나은 정치를 기대하는 느슨한 사람들이 얼마나 되는지부터 확인해보자. 젊치인이 갖춰야 할 세세한 기준은 모인 사람들에게 직접 물어보자. 그때 함께 결정하자.

하지만 '정치' 소리만 들어도 지겹다고 하는 사람들을 무슨 수로 바꿀 수 있을까? 이런 고민을 할 때, 한 지인이 뉴웨이즈를 영화 〈제리 맥과이어〉에 빗대어 얘기했다. 〈제리 맥과이어〉는 스포츠 선수를 발굴하는 에이전트가 주인공인 영화다. 영화 속에서 제리 맥과이어(톰 크루즈 분)는 잘 다니던 회사를 박차고 나와서 에이전시를 차리고 자신이 뽑은 선수를 성장시킨다. 지인의 요지는 이랬다. 스포츠 선수에게는 자신이 뛰는 소속 팀과 별개로 선수를 발굴하고 기회를 연결해주는 에이전시가 있다. 정당이 소속 팀이라면 뉴웨이즈는 꼭 스포츠 에이전시 같다나?

뉴웨이즈를 에이전시라 생각하고 세계관을 그려보니 우리가 하려는 일이 아주 쉽게 설명됐다.

> "지금부터 잘 들어봐요. 수년째 같은 선수만 등장하는 경기장이 있어요. 관중들은 사실 너무 지겹다고 생각한 지 오래예요. 어쩔 수 없다고 생각했던 어느 날, 뉴웨이즈라는 실력과 유머를 겸비한 에이전시가 나타나요. 뉴웨이즈는 경기장에 들어가고 싶은 잠재력 있는 신인 선수들을 발굴해서 이 선수들이 경기장에 진입할 수 있게 돕는다는 목표를 가지고 있어요. 필요할 땐 좋은 팀도 함께 찾아주고요."

에이전시에는 캐스팅 매니저가 필요하다. 캐스팅 매니저는 스포츠 에이전시에서 새로운 인물을 발굴하는 사람이다. 캐스팅 매니저는 선수의 기량을 알아보고 그들의 성장을 기대하며 가까이서 도와주고 응원한다. 그렇다면 우리에게는? 유권자야말로 캐스팅 매니저가 아닐까? 유권자에게 경기장을 바꿀 동료가 되자고 제안하면 어떨까? 관중석에서 지겨운 경기장을 그저 지켜보는 대신 경기장에 뛰어들어 룰을 함께 바꿔보자고 하는 것이다.

세계관 콘셉트를 확정하고 캐스팅 매니저 모집 공지를 올렸다. 캐스팅 매니저가 되는 방법은 간단했다. 이름과 이메일 주소를 적어

어느새 비슷한 선수들로만
가득 찬 경기장

매번 똑같애!

경기장에 출전하고 싶은 젊고 잠재력 있는 선수들을 위해

쉽지 않은데?

할 수 있을까?

젊은 선수들

실력과 유머를 갖춘 에이전시, 뉴웨이즈가 등장했다!

**▶ 2022년 지방선거 당시 뉴웨이즈의 세계관**

- **경기장:** 2022년 지방선거
- **선수:** 경기장에 들어가고 싶은 예비 젊치인
- **뉴웨이즈:** 잠재력 있는 신인 선수를 지원하는 에이전시
- **캐스팅 매니저:** 새로운 선수를 발굴하고 가능성을 응원하는 유권자
- **팀:** 젊치인을 공천하는 정당

넣고 뉴웨이즈의 소식을 구독하면 끝. 나중에 실제로 명함을 주면 어떨까? 요즘 '부캐'가 유행이라는데 모든 사람의 부캐가 캐스팅 매니저라면? 캐스팅 매니저가 엄청 늘어나서 "저기 혹시, 뉴웨이즈 캐스팅 매니저세요?"라거나 "요즘 전 캐스팅 매니저로 활동하고 있는데, 혹시 같이해볼래요?"라며 서로를 알아보고 새로운 동료를 캐스팅하는 상황이 펼쳐지면 재밌을 것 같았다.

세계관을 만들어서 가장 좋은 점은 사람들이 훨씬 쉽게 뉴웨이즈의 편이 되려고 한다는 것이었다. 데이터를 가져와서 젊치인 비율과 변화의 필요성을 거창하게 설명하지 않아도 사람들은 캐스팅 매니저가 되려고 했다. 우리는 캐스팅 매니저의 숫자가 늘어날 때마다 인스타그램으로 소식을 알렸고, 그 소식을 확인할 때마다 팔로워들은 뉴웨이즈가 성장한 것처럼 축하했다.


## 캐스팅 매니저는 어떻게 일할까

캐스팅 매니저를 동료라고 생각했기 때문에 시작을 함께 만들고 싶었다. 380명의 캐스팅 매니저가 모였을 무렵 우리는 창단식을 기획했다. 뉴웨이즈의 전략을 체계적으로 설명하고 캐스팅 매니저도 서로 얼굴을 익히는 자리였다. 다만 여러 의견을 가진 사람들이 모일 테니 캐스팅 매니저에게도 규칙이 필요하겠다 싶었다. 뉴웨이즈는 특정 정당을 지지하지 않는 '초당'적인 팀이다. 그러므로 다양한 정치 성향의 사람들이 모일 수 있고, 특정 사안에 대해서 논쟁이 벌어질 수 있었다. 회사에선 이럴 때 조직문화를 만든다. 우리도 하나의 팀이니까 캐스팅 매니저의 '직업윤리'를 정해보면 어떨까? 이런 제안을 담아 창단식 초대장을 이메일로 발송했다. 94명이 참여 의사를 밝혔고 2021년 2월 20일 토요일 오전 줌으로 열린 창단식에는 딱 절반이 접속했다.

> "제가 사는 동네부터 뭔가 달라지지 않을까 싶었어요."
> "또래 정치인이라면 지금 우리 세대에게 필요한 정책에 힘을 실어줄 것 같아요."
> "솔직히 말 잘하고 능력 있는 정치인이 보고 싶어서요."

캐스팅 매니저에 지원한 이유를 묻자 참여자들은 다양한 이야기를 했다. 지금도 당시를 생각하면 신기하다. 꿀잠을 자기도 모자란 토요일 오전에 뉴웨이즈가 궁금해서 정치 얘기를 들으러 왔다니. 게다가 캐스팅 매니저라는 커뮤니티 안에 이렇게 수많은 시선과 기대가 있다니! 참여자들도 똑같이 느낀 듯 캐스팅 매니저가 된 이유를 공유하는 순간 모니터 너머로 안도감이 퍼졌다. 비대면이라도 모르는 사람과 정치 얘기를 한다는 건 꽤 긴장되는 일이다. '뉴스 댓글창처럼 배틀이 벌어지면 어떡하지. 생각만 해도 끔찍한데.' 전날 밤에 진지하게 고민하기도 했다. 다행히 모인 사람들이 서로 정치 성향은 다를지언정 변화를 바라는 마음은 같다는 것을 확인하자 긴장이 스르르 풀렸다.

이제 직업윤리를 정할 차례였다. 먼저 뉴웨이즈가 고민해본 항목들을 공유했다. '캐스팅 매니저가 처음 보는 사람에게 젊치인을 소개할 때 어떤 질문을 받을까?' '정치 성향이 서로 다른 캐스팅 매니저는 상대를 어떻게 대해야 할까?' 같은 질문에 답을 내며 세운 것들이었다. 캐스팅 매니저의 직업윤리지만 어떻게 보면 '뉴웨이즈가 일하는 법'이기도 했다.

### 뉴웨이즈가 생각한 캐스팅 매니저의 직업윤리

- 젊치인의 역량과 가능성을 믿는다. 부족한 면보다 잘하는 면에 집중한다.
- 세상에 하나의 정답만 있는 것은 아니다. 생각이 달라도 들어보자.
- 서로 모를 수 있다는 것을 이해하고 인정하며 배우려고 노력한다.
- 우리 안의 성공을 넘어서 실제적 변화를 만든다.
- 차별과 혐오가 담긴 말과 행동을 하지 않는다.

캐스팅 매니저들에게 추가하고 싶은 내용을 물었다. 한 참여자는 "지방에 살면 이런 행사에 참여를 못 할 때가 많은데 뉴웨이즈가 온라인 행사를 개최해서 좋았다"며 "앞으로도 지방에 사는 사람이 소외감을 느끼지 않는지 점검했으면 좋겠다"고 했다. 지역뿐 아니라 장애 여부 등 넓은 의미의 접근성도 고려해달라는 의견도 뒤따랐다. 다른 참여자는 "어려운 문제를 해결하고 싶은 사람들이 더 빨리 소진되는 사례를 많이 봤다"며 "변화를 만드는 것도 좋지만 너무 혼자 끙끙 앓지 말고, 어려운 일도 함께하면 해결할 수 있다는 마음가짐으로 도움을 잘 구했으면 한다"고 이야기했다.

이렇게 무해한 대화가 있다니. 서로에 대한 신뢰가 부족한 상태에서 단체의 규칙을 정하면, 보통 특정 상황을 겪고 싶지 않다는 금지형 원칙들이 따라온다. 예컨대 기숙사 이용 규칙의 경우, 공동 생활의 불쾌했던 경험을 떠올리며 '늦은 밤에 세탁기 돌리지 말기'라든가 '기숙사에 친구 데려오지 않기' 같은 DON'T 항목을 말하게 된다. 하지만 캐스팅 매니저 창단식에서는 그날 처음 보는 사람들인데도 서로가 지키고 가꿔야 할 DO 규칙을 말했다. DON'T 항목은 딱 하나. '차별과 혐오가 담긴 말과 행동을 하지 않는다'였다. 새로운 경기장을 만들어나가는 캐스팅 매니저로서 '소속감'을 먼저 형성했기 때문이 아닐까.

**캐스팅 매니저와 함께 정한 직업윤리 9가지**

- 젊치인의 역량과 가능성을 믿는다. 부족한 면보다 잘하는 면에 집중한다.
- 세상에 하나의 정답만 있는 것은 아니다. 생각이 달라도 들어보자.
- 서로 모를 수 있다는 것을 이해하고 인정하며 배우려고 노력한다.
- 우리 안의 성공을 넘어서 실제적 변화를 만든다.
- 차별과 혐오가 담긴 말과 행동을 하지 않는다.
- 새로운 길을 만들어가는 우리 자신을 믿는다.
- 혼자서는 해결하기 어려운 일도 함께하면 가능하다.
- "내가 해봤는데 안 돼"보다 "이렇게 하면 더 잘할 수 있어"라고 말한다.
- 더 다양한 사람과 함께하기 어렵게 만드는 사회적 장벽을 낮춘다.

《스노우볼 팬더밍》에서 박찬우 저자는 한 브랜드에 팬덤이 생기고 팬덤이 커지는 과정을 스노우볼 효과에 빗대어 말한다. 지지자가 브랜드를 아는 데서 그치지 않고 팬이 되게 하려면 자발적으로 모일 공간을 만들고 브랜드에 참여할 기회를 줘야 한다. 이 과정을 통해서 고객이 팬이 되고, 팬이 직접 브랜드의 이야기를 전하며 더 많은 팬을 불러오는 문화 전도사 역할을 한다. 그렇게 눈덩이처럼 브랜드의 영향력이 커진다는 게 책의 골자다.

책에서는 사람들을 브랜드에 참여시키려면 브랜드에 대해 학습할 거리와 이야깃거리, 협업할 거리를 지속적으로 제공해야 한다고 말한다. 뉴웨이즈가 세계관을 만들며 등장한 것, 캐스팅 매니저가 되어 더 많은 동료를 만들자고 제안한 것, 창단식에서 함께 직업윤리를 정했던 과정은 돌아보면 눈덩이의 중심부를 더 단단하게 만드는 일이었다. 중심부가 단단해야 눈덩이를 굴릴 때마다 흩어지지 않고 더 커다란 구가 된다.

실제로 이 시기부터 뉴웨이즈를 지켜본 사람들은 지금도 우리가 일을 벌이면 가장 적극적으로 참여한다. SNS에 게시글을 올리면 제일 먼저 댓글을 달아주는 캐스팅 매니저, 매달 정기적으로 후원해주는 빌더(빌더에 대한 자세한 설명은 360~363쪽에서 확인할 수 있다), 심지어는 사외 이사로도 활동하고 있다.


## 잘 모르겠는데 도와주실래요?

"젊은 게 왜 좋아요? 젊다고 다 잘하나요?" 뉴웨이즈가 가장 많이 듣는 질문이다. 처음에는 '연령 다양성이 얼마나 부족한지 데이터가 말해주는데 이런 것까지 답해야 하나' 싶었지만, 젊치인의 필요를 알리기 위해선 반드시 답해야 할 질문이었다. 우리는 캐스팅 매니저들에게 헬프 메일을 보냈다. "곧 있으면 뉴웨이즈가 젊치인을 모아야 합니다. 어떤 사람이 우리가 바라는 젊치인인지 기준과 자격을 함께 정하면 어떨까요?" 메일로 3가지 질문을 던졌다. 3주 동안 약 100명이 설문에 대해 의견을 남겼다.

**Q. '젊치인은 제발 이러지 않았으면 좋겠어' 하는 모습이 있나요?**

A. 기존 정치권의 좋지 않은 관습을 관성적으로 따르지 않았으면 해요!

A. 관심도 없으면서 그냥 행사에 얼굴만 비추는 것은 그만. 다 티 나요.

A. 쓸데없이 당파 싸움하면서 시간, 돈, 인력 낭비 제발 그만하기.

A. 평소엔 정의를 이야기하다가 결정적인 순간 현실적인 이익 때문에 다양성 등의 가치를 저버리는 모습은 보고 싶지 않습니다.

A. 젠더 이슈에 무감하지 않았으면 좋겠어.

**Q. 문제를 해결할 때 젊치인의 경쟁력과 차별성은 뭘까요?**

A. 무엇을 '지역 문제'로 여길 것인지부터 '지역 문제'를 해결하는 방식에 있어서도 창의적인 전략을 고민할 수 있지 않을까요?

A. 기성 정치인과의 이해관계에서 자유롭다는 것. 기존 정치 세태에 지친 유권자들에게 새로운 희망이 되리라고 생각합니다.

A. 구태의연하고 촌스러운 지역 축제와 마스코트를 MZ세대 감성으로 바

꾸기. 젊은 사람들이 모이는 행사에도 정치인이 방문하기. 일상적 단위의 친환경 사업 추진하기!

> **Q. 젊치인 잘할 것 같은 내 친구, 어떤 경험과 역량을 가지고 있나요?**

**A.** 학자금 대출, 아르바이트, (남자라면) 군 입대, 월세 거주, 대중교통 이용 등 상식선의 경험을 하면서 한 번이라도 불편함을 느끼고 개선 방향을 고민해본 사람이에요.

**A.** 상대가 필요로 하는 가치와 욕망을 잘 포착하고 무언가 하자는 권유를 할 때 주저하지 않는 편이에요.

**A.** 머리가 아닌 몸을 쓰며 직접 돈을 벌어본 경험이 있고 주위 사람들에 대해 잘 알고 있어요. 입이 무겁지만 정보를 적절하게 활용해 사람을 다룰 줄 알아요.

**A.** 지역의 다양한 커뮤니티와 접촉하고 문제 해결을 위해 설득하며 조율할 줄 아는 사람이에요.

우리는 이 답변을 모아서 젊치인의 기준을 만들었다. 이른바 '젊치인 잡 디스크립션Job Description'. 잡 디스크립션은 직무 기술서로 일종의 채용공고다. 일하려는 사람이 갖춰야 할 자격 요건, 필요 역량, 우대 조건 등이 담겨 있다. 캐스팅 매니저의 답변을 모아서 젊치인 버전의 잡 디스크립션을 만들고 이에 맞는 사람들을 모집하면 될 것 같았다. 100여 명의 생각을 모아서 잡 디스크립션을 최종적으로 확정하는 온라인 미팅을 열기로 했다.

온라인 미팅 전에 우선 설문에 대한 답변을 정리했다. 비슷한 내용을 묶어서 잡 디스크립션 초안을 만들었다. 온라인 미팅에서는 이 초안을 공유하고 추가할 항목이 있는지 물었다. 그날 현장에서 받은 의견까지 모아서 젊치인의 자격 요건, 필요 역량에 들어갈 내용을 투표로 결정했다. 다음 페이지가 그렇게 정한 젊치인 채용공고다. 기초의원에 해당하는 내용인데, 한번 훑어보자.

진짜 이런 정치인만 있다면 얼마나 좋을 것인가. 우리는 캐스팅 매니저와 정리한 잡 디스크립션을 뉴웨이즈 홈페이지에 공개했다. SNS를 통해 잡 디스크립션을 홍보하고 젊치인이 되고 싶거나 어울리는 사람이 있다면 추천하게 했다. 캐스팅 매니저와 같이 정한 내용을 뉴웨이즈가 지향하는 젊치인의 기준으로 삼은 것이다. 이 기준에 부합하는 사람만이 젊치인 인재풀에 등록할 수 있고, 뉴웨이즈의 선거 지원을 받을 수 있다. 유권자와 함께 정했기 때문에 '젊치인이면 무엇이 다르냐'는 냉소적인 질문에도 잡 디스크립션에 담긴 내용을 당당하게 설명할 수 있었다.

별거 아닌 일이라고? 뭐, 그렇기는 하다. 잡 디스크립션 같은 문서를 만드는 건 하나도 어렵지 않다. 아무나 할 수 없는 일도 아니다. 하지만 중요한 건 이 과정을 세심하게 빌드업해서 브랜드의 자산으로 삼았다는 사실이다. '캐스팅 매니저 직업윤리'나 '젊치인 잡 디스크립션'처럼 중요한 기준을 세울 때, 우리는 알아서 정하고 사람들에게 통보하지 않았다. 꼭 캐스팅 매니저와 논의하는 자리를 만들었다. 이 자리에서 정한 약속은 웹사이트와 인스타그램 등 SNS에 공유했다. 캐스팅 매니저에게 보내는 이메일 뉴스레터에도 준비

## 가장 가깝고 가장 많은 의사결정권자
## 기초의원, 나도 한 번 해볼까?

평균 연봉 4,000만 원+, 핵심 포지션에 겸직도 되는 일자리가 있다? 심지어 신입도 뽑는다?
문제를 해결할 수 있는 책임과 권한, 영향력을 가진 일자리에 도전해보세요.

### 기초의원 채용 공고

#### 기본 정보

- 지원 자격: 만 18세 이상 만 39세 이하 피선거권에 결격이 없는 분, 신입 가능
- 채용 형태: 4년 임기 선출직 공무원, 겸직 가능
- 근무 형태: 의무 출석 일수 평균 연 100일(근무 지역에 따라 다름)
- 급여: 평균 4,000만원 이상(근무 지역에 따라 다름)
- 근무 장소: 개인 사무실 제공

#### 주요 업무

- 지역구 조례 제정 및 개폐
- 지역구 행정사무감사 및 조사
- 지역구 예산안 심의 및 확정
- 지역구 결산 승인과 기금의 설치 운용
- 지역구 주민 민원 해결

#### 자격 요건

- 사심 때문에 공동의 문제를 타협하거나 미루지 않는 분
- 모르는 것을 배우고 틀린 것을 수정하며 계속해서 배우는 분
- 차별과 혐오를 하지 않고 묵인하지 않는 분
- 대화를 포기하지 않는 분
- 해오던 대로 관성적으로 하지 않는 분

---

# ▶ 뉴웨이즈 기초의원 모집 공고

--------------------------------------------------------

## 기본 정보

- **지원 자격**: 만 18세 이상 만 39세 이하 피선거권에 결격이 없는 분, 신입 가능.

- **채용 형태**: 4년 임기 선출직 공무원, 겸직 가능.

- **근무 형태**: 의무 출석 일수 평균 연 100일(근무 지역에 따라 다름).

- **급여**: 평균 4000만 원 이상(근무 지역에 따라 다름).

- **근무 장소**: 개인 사무실 제공.

## 젊치인의 자격 요건

- 사심 때문에 공동의 문제를 타협하거나 미루지 않는 사람.

- 모르는 것을 배우고 틀린 것을 수정하며 계속해서 배우는 사람.

- 차별과 혐오를 하지 않고 묵인하지 않는 사람.

- 대화를 포기하지 않는 사람.

- 해오던 대로 관성적으로 하지 않는 사람.

## 젊치인의 필요 역량
- 근본적인 문제를 파악하고 장기적인 관점에서 방안을 모색하는 문제 해결 능력.
- 다양한 관계자와 대화하며 투명하고 쉬운 언어로 전달하는 커뮤니케이션 능력.
- 다양한 삶의 형태와 상황을 깊이 이해할 수 있는 공감 능력.
- 객관적인 정보를 이해하고 분석해 자신의 언어로 정리해 전달할 수 있는 논리력.
- 정치 환경에서 정책으로 모색하고 해법을 도출해낼 수 있는 정무 감각.

## 젊치인의 우대 조건
- 타인의 욕망을 이해하고 공동의 문제점과 해결책을 찾아내본 경험.
- 내가 만들고 싶은 사회에 대한 구체적인 상을 그려본 경험.
- 해결하고 싶은 하나의 주제를 가지고 꾸준히 시도해본 경험.
- 지역사회 안에서 활동한 경험.
- 많은 사람과 함께 문제를 해결해본 경험.
- 함께할 수 있는 동료나 팀을 갖고 있는 사람.

과정과 결론을 실어서 뉴웨이즈의 문화를 알렸다. 동료라면 그래야 하니까. 말로는 동료라고 해놓고 중요한 결정은 우리끼리 내린다면 그것은 동료가 아니다. 수평적인 조직문화를 강조하면서 회의 때 다른 의견을 말하면 "그냥 따라오라"고 말하는 권위적인 상사일 뿐이다.

가끔 누가 브랜딩에 관해 물어보면, 나는 먼저 브랜드와 고객이 어떤 관계를 맺었으면 하는지부터 떠올려보라고 한다. 이 관계는 회사마다 다를 수밖에 없다. 우리처럼 투명한 파트너 관계가 맞는 브랜드도 있겠지만, 금융처럼 신뢰와 안전이 중요한 분야도 있다. 만약 그런 브랜드라면 허물없는 친구보다는 친절하고 일 처리가 꼼꼼한 컨설턴트가 화자가 되는 게 좋다. 인생 경험이 많은 선배처럼 신중한 조언을 건네는 관계나 부모 자식처럼 서로 돌보는 관계로 설정할 수도 있다.

어떤 관계로 설정해야 할지 모르겠다고? 그럴 땐 브랜드가 사람이라면 어떤 표정으로, 어떤 말을 주로 하는 캐릭터인지 상상하는 것도 방법이다. 뉴웨이즈는 캐스팅 매니저에게 팔짱을 끼고 자신 있는 태도로 눈을 반짝이며 "우리 이거 한번 해보자"고 말하는, '믿음직한 동료'로 보였으면 했다. 캐릭터를 정하면 브랜드의 목소리가 살아서 움직인다. 살아 있는 브랜드를 데리고 우리의 목소리를 듣고자 하는 가장 작은 단위의 사람들과 끈끈한 관계를 맺어야 한다. 뉴웨이즈가 1000명이 되지 않는 캐스팅 매니저와 직업윤리를 만들고 젊치인 잡 디스크립션을 썼던 것처럼 말이다.

## 유권자를 변화의 주인공으로 초대하는 법

세계관을 설정하고 캐스팅 매니저를 모집하고 나니 정치 산업 쪽에서 뉴웨이즈를 흥미로워하기 시작했다. 정치 산업에 오래 몸담았던 사람들은 우리가 사람을 모으고 소통하는 방식, 우리가 쓰는 언어들이 모두 새롭게 다가온다고 했다. 따라 하고 싶어도 절대로 흉내낼 수 없는 새로운 문법처럼 느껴져서 낯설다고. 왜일까? 아마도 뉴웨이즈가 하나의 동기로 사람을 모으지 않아서가 아닐까? 정당은 한목소리를 낸다. 물론 정당 안에도 다양한 계파가 있지만, 크게 보면 기존 정당이 쓰는 대표적인 설득법은 우리 편과 남의 편을 구분하는 것이다. '상대로부터 우리 편을 지켜야 하니까 우리 편이 되어달라'고.

정당은 권력을 얻어야 한다. 위기감을 조성하는 방식으로 사람을 모으고 권력을 얻어야 정당이 원하는 바를 이룰 수 있다는 말도 이해한다. 하지만 정당을 지지해달라고 설득하는 방식이 딱 하나밖에 없다는 건 의아했다. '우리 편'인 게 분명하지 않은데 같은 편이 되어달라고 말하는 방식은 앞으로 가능성을 확장하기에는 한계가 있다. 내 주변에는 한 정당만을 지지하지 않는 친구들이 많다. 위 세대들은 보수든 진보든 한 정당에 대한 지향이 분명하다. 정책에 대한 의견도 지지 정당의 입장을 따라가는 경우가 많다. 2030세대는 꼭 그렇지 않다. 경제 정책에서는 보수를 지지하지만, 주거 정책에서는 진보를 지지하는 등 유연한 태도를 보인다.

나는 지금 정당이 유권자를 잘 모른다고 생각한다. 선거 때마다 '유권자가 주인공'이라고 하지만 정작 유권자가 기대하는 정치를 보여주지 않는다. 이런 질문을 던져보면 어떨까? '왜 유권자에게는 마지막에 투표만 하라고 하지?' '이미 정한 명단 안에서 뽑고 싶은 사람이 없으면 무슨 의미가 있을까?' '애초에 투표 용지에 올라갈 후보를 정하는 과정부터 개입할 수는 없을까?'

　뉴웨이즈가 하고 싶은 건 '투표 용지에 올라갈 사람들'을 바꾸는 일이고 '투표 용지에 올라갈 사람들을 결정하는 시스템'을 새롭게 만드는 일이다. 직접민주주의로 돌아가자는 얘기가 아니다. 정당의 결정 과정에 다양한 유권자의 의견이 충분히 반영될 수 있는 경로가 있는지, 계속해서 새로운 인물이 유입되고 등장할 수 있는 시스템이 있는지 하나하나 점검해서 바꿔보자는 것이다.

　예를 들어 정당은 2030 유권자 일반의 목소리를 듣기가 어렵다. 그럴 자리를 만들지 않기 때문이다. 기존 정당의 문법에서 의아했던 건 유권자가 새로운 인물들의 목소리를 듣고 정치에 참여하는 방식이 너무 제한적이라는 것이다. 정당 행사 대부분이 평일 낮에 열린다. 직장에서 일하느라 바쁜 시간에 여의도 국회로 가서 정당 행사에 참여할 수 있는 사람이 얼마나 될까? 참여 자체가 불가능한 시간에 행사를 열어서 유권자와 소통한다는 흉내만 내니 정치인의 진정성을 의심하게 된다. 유권자의 목소리를 듣고 싶다면 들을 자리부터 마련해야 한다.

　뉴웨이즈를 통해 모인 사람들을 다 같은 수준의 소속감을 가진 '우리 편'이라고 전제하거나, 참여할 기회와 방법은 열어두지 않고 정치에 무관심하다고 개인을 탓하고 싶지 않았다. 정당이 알고 있는 유권자는 '납작'하다. 20대 남성, 30대 여성 같은 성별 및 연령 집단으로 유권자를 구분하고 온라인에서 과대 대표되는 생각을 유권자 대다수의 생각으로 동치시켜 버린다. 정치란 더 많은 사람을 설득하는 일이니까 사람들을 분류해서 공통의 특성을 찾아내고자 하는 것은 당연히 해야 할 일이다. 또 세대나 성별에 따라서 공유하는 보편적 정서가 없다고도 말할 수 없다. 하지만 제대로 들을 생각도 하지 않고 "2030 유권자는 정치에 관심이 없다"고 불평하는 건 받아들일 수 없다.

　뉴웨이즈는 다르게 말했다. 일단 정치에 무관심할 수밖에 없는 상황부터 알아봤다. 정치에 관심을 가지라고 충고하는 대신 정치가 중요한 건 알지만 낯설고 어렵게 느껴진다면 도와준다고 했다. 여기에 호응했던 사람들이 기성 정치에서 한목소리로 정치에 무관심하다고 말했던 2030 유권자였기 때문에 뉴웨이즈는 정치 산업에서 빠르게 주목받을 수 있었다.

　어떻게 말하면 정치가 '재밌다'고 느낄까? 이에 대해 우리가 찾은 가장 중요한 원칙은 이것이다. '유권자를 변화의 주인공으로 초대하라.' 캐스팅 매니저로서 중요한 역할을 부여했던 것, 뉴웨이즈의 주요 결정 과정을 캐스팅 매니저와 함께했던 것, 같이 정한 룰을 모두에게 공유했던 것, 참여한 사람들이 자부심을 느끼고 스스로 캐스팅 매니저라는 사실을 내세우도록 격려했던 것. 이 모든 것이 유권자를 주인공으로 느끼게 만든 일이었다.

　역으로 이 과정에서 우리가 구할 수 없던 질문에 대한 답을 얻기도 했다. 뉴웨이즈를 시작하고 많은 사람이 "경험이 없는데 정치를 잘 할 수 있나요?" 같은 젊치인의 약점을 물었다. 정치는 복잡한 이해관계를 조정하는 노련함이 필요한 일인데 신인이 이것을 잘할 수 있겠냐는 뜻이다. 우리는 또다시 캐스팅 매니저에게 물었다. 이런 상황에서 젊치인의 어떤 점을 기대하느냐고 말이다.

"경험이 없는 만큼 관행에서 자유로우니, 다른 시각에서 문제를 바라볼 수 있어요. 새롭고 다양한 정책을 제안할 수 있죠."

"탁상공론에서 벗어나 현장을 누비고 실현될 때까지 밀어붙일 수 있는 실행력이 있어요. 민주적으로 일하는 방식에 더 익숙하니까 대화와 토론으로 편향된 정치를 해소할 수 있을 것 같아요."

"정치를 오래 하면 친한 사람들의 요청에 얽매일 것 같아요. 젊치인은 지역과 이해관계가 깊지 않으니 문제 해결에만 집중할 수 있다는 게 장점 아닐까요?"

젊치인이 현실 정치에 뛰어들면 안 된다고 말하는 사람들은 수두룩하다. 지역에 오래 살지 않아서 조직력이 약하니까, 지역 당원을 많이 모을 수 없으니까, 실력을 보여준 경험이 없으니까, 정치 이론을 잘 모르니까 더 기다려야 한다고 말한다. 하지만 이 약점을 하나하나 반박하는 건 상황을 반전시키는 좋은 방법이 아니다. 반박할수록 사람들은 약점을 더 정확히 기억한다. 약점을 인정하고 더 잘하는 게 무엇인지 설득해야 한다는 것을 캐스팅 매니저가 알려줬다.

생각해보면 뉴웨이즈 팀도 그랬다. 스타트업에 다니다 불쑥 정치 산업에 나타난 우리가 변화를 만들리라고 기대하는 사람들은 적었다. 내세울 만한 유명한 정치인도 오랜 시간 관리해온 지지 세력도 없었다. 정책에 대한 전문성을 갖춘 것도 아니었다. 하지만 뉴웨이즈에는 정치가 중요한 것을 알고 달라지길 바라는, 기성 정당에 의문을 가진 2030 유권자가 있다. 이들은 우리의 한계가 가능성이라고 말한다. 자유롭고 유연하게 달라지는 커뮤니케이션 방식, 정치도 하나의 산업이라고 말하는 관점이 오히려 더 합리적으로 느껴진다고 한다. '이런 사람들을 더 많이 설득하면 된다'고 생각하니 일할수록 마음이 편했다.

1990년대 뉴스에 출연해 유명한 어록을 남긴 '조크든요' 언니가 있다. 성별 구분 없는 옷을 입고 자유로운 노출을 즐기는 X세대의 패션을 주목한 보도였다. 기자가 묻는다. "남의 시선을 느끼지는 않습니까?" 언니가 답한다. "아니요. 전혀 신경 쓰지 않습니다. 제가 입고 싶은 대로 입구요. 이렇게 입으면 기분이 조크든요." 정해진 방식을 따르는 건 멋도 재미도 없다는 생각이 '조크든요' 네 자에 담겨 있다. 너무나 당당한 나머지 질문한 기자의 양복 차림이 구식처럼 보인다. 질문한 기자도 내가 너무 뻔한 질문을 했나 매무새를 점검했을 것 같다.

뉴웨이즈는 이런 태도로 가보고 싶다. 언젠가 캐스팅 매니저를 인터뷰했을 때 "뉴웨이즈는 기성세대에게 '저희 말을 좀 들어달라'고 부탁하지 않고, 문을 쾅쾅 두드리고 들어가 '정치인 얼굴의 20%를 바꾸겠다'고 선언하는 모습이 좋았다"는 이야기를 들었다. 그런 태도 덕분에 뭐라도 하긴 하겠구나 신뢰하게 됐다고, 한국은 이래서 안 된다는 절망 대신 어쩌면 바뀌지 않을까 하는 낙관으로 눈을 조금 돌리게 됐다고 말이다. 우리가 약점을 강점으로 바라볼 수 있었던 것도 캐스팅 매니저와 함께하는 과정을 거쳤기 때문이다. 몇 번을 말해도 모자라다. 덕분에 우리도 성장할 수 있었으니까.

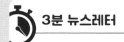

# 투표 용지에 올라갈 사람은 누가 정할까?

## STEP 1. 국가대표 선발만큼 중요한 공천

→ 정당에서 선거에 출마할 후보자를 '공'식적으로 추'천'하는 것을 '공천' 이라고 해요. 우리 정당의 출전 명단을 정하는 일이니 신중할 수밖에 없 겠죠.

→ 정당은 공천 과정을 통해 본선거에 나갈 후보를 결정해요. 서류와 면접 심사를 통해서 후보자를 검증하고 나면요.
  - 단수 공천: 지역을 대표할 후보가 한 사람밖에 없거나 경쟁 후보와 점 수 차가 너무 크면 바로 최종 후보를 확정해요.
  - 경선: 지역에서 출마를 원하는 후보가 많으면 내부 예선을 치러요. 당 원 투표와 여론조사 등의 방법이 사용돼요.
  - 전략 공천: 정당의 판단에 따라 특정 후보를 추천하는 거예요. 예를 들 면 격전지에 영입 인재를 보내서 승부수를 두기도 하죠.

43

→ 정당에도 채용 팀이 있을까? 정당의 운명이 걸린 공천 전략을 관리하는 기구는 3개예요.

- 선거기획단: 선거에서 당이 더 많이 득표하기 위한 전략과 방향성을 수립해요.
- 인재영입위원회: 당에 필요한 외부 인재를 찾는 스카우트 팀이에요.
- 공천관리위원회: 공천 과정을 총괄하고 후보자 자격을 심사하는 기구예요.

→ 하지만 핵심 권한은 당 대표에게 있어요. 공천 관련 조직의 인선을 책임지는 게 당 대표기 때문이지요.

- 물론 선거 결과에 대한 책임도 당 대표가 지죠. 선거에서 패배하면 당 지도부가 책임을 지고 사퇴해요.

## STEP 2. 인물이 없다는 말은 사실일까

→ 정당은 선거 때마다 '시스템 공천'을 약속해요. 투명한 기준을 통해 유권자가 기대할 인재를 뽑는다고요. 그런데도 뽑고 싶은 사람이 적다고 느껴지는 이유는 뭘까요.

→ 당내에 일관된 인재상과 인재 성장 시스템이 없어요.

- 선거 때마다 공천 방식이나 심사 기준이 달라져서 인물을 급하게 찾는 일이 반복돼요.
- 당내에 인재 성장 시스템과 인재풀이 없다 보니 준비된 인물을 선발하

기도 어렵고 새로운 인물을 찾기도 어렵죠.

→ 소수 권력의 목소리가 공천에 큰 영향을 미쳐요.

- 인재 선발 기준이 명확하지 않으니 당 지도부나 대통령 등 소수 권력이 공천을 좌우해요. 당내 권력 구도에 따라 누군가 공천을 받을 수 있을지 없을지가 달라지는 거죠.
- 결정 구조가 투명하지 않으니 새로운 인물은 진입하기 어려워요. 기성 정치에 '발탁'되는 방식으로는 소신 있게 정치하기 어렵고요.

→ 경선에서 당당하게 경쟁하면 되지 않느냐고요?

- 경선을 하더라도 정치 신인에게는 어려워요. 당원 투표 비율이 높아지면 당내 인지도가 중요하거든요. 외부에서 전문성을 쌓았어도 정당 활동 기간이 짧다면 당원 투표로 지지받기 어려워요.
- 경제적으로 넉넉하지 않으면 경선 도전이 어려워요. 경선 과정에서 드는 여론조사 비용 등은 후보자가 부담해야 하거든요.

→ 선거 때마다 정당은 '인물이 없다'고 말하고 유권자는 '뽑고 싶은 사람이 없다'는 푸념을 반복하는 이유를 이제 알겠죠?

## 2장

## 아니 바빠 죽겠는데

## 뉴스까지 어떻게 봐?

막 뉴웨이즈를 만들었을 무렵, 캐스팅 매니저들의 피드백에서 반복되는 말이 하나 있었다. 뉴웨이즈의 목표에는 너무나 공감하는데, 막상 정당 구조나 선거제도에 대한 설명을 들으면 너무 어렵다는 것이다. 분명 나도 그런 때가 있었다.

뉴웨이즈의 첫 번째 공식 회의 날이었다. 패딩을 입고도 덜덜 떨릴 만큼 추운 2020년 말, 혜민 님의 호출을 받고 서교동 로컬스티치 회의실에 모였다. 회의실 한쪽 벽에는 큰 전지가 붙어 있었고, 혜민 님과 뉴웨이즈의 초기 멤버 택준 님이 앉아 있었다. 택준 님은 국회의원 보좌관 출신으로 국회와 정당 경험이 풍부한, 현실 정치에 밝은 사람이었다.

당시만 해도 뉴웨이즈는 정치는 하고 싶지만 기성 정당에 속하기는 싫은 무소속 후보를 발굴해서 뉴웨이즈 이름으로 출마와 당선을 돕는다는 계획을 세우고 있었다(캐스팅 매니저를 먼저 모으자고 결정하기 전의 일이다). 이날 회의는 이 프로토타입을 가지고 앞으로 할 일을 상세하게 그려보는 자리였다. 혜민 님은 무소속 후보 출마 플랜을 간략하게 공유한 뒤, 지방선거까지 남은 일정을 검토해서 집중할 타이밍과 액션에 대해 논의하자고 운을 뗐다.

여기까지가 내가 그날 알아들은 말의 전부다. 목소리도 크고 말도 빠른 두 사람이 치열하게 토론했지만, 내용은 도무지 기억나지 않는다. 나는 계속 멍만 때렸기 때문이다. 택준 님은 대략의 이야기만 듣고도 지방선거에서 무소속 후보가 당선되는 일이 얼마나 어려운지를 설명했(던 것 같)다. 혜민 님은 예정된 워크숍을 소화할 때가 아니라는 것을 알고 프로토타입을 수정하는 데 필요한 질문을 역으로 던졌(던 것 같)다. 열심히 두 사람의 대화를 따라잡고 싶었지만 실패했다. 변명하자면 뉴웨이즈 합류 제안을 받고 퇴사한 지 얼마 안 된 터라 사전 지식이 부족했다. 지방선거가 뭔지도 얼마 전에 알았는데 정당의 의사결정 구조가 어떻고, 지방선거는 왜 거대 양당에 유리한지 이해하려니 사칙연산도 모르는데 함수를 배우는 초등학생 꼴이었다. 뜨거운 두 사람을 보며 속으로 생각했다. '망했다. 나 정치외교학과 나온 거 비밀로 해야지.'

다른 사람에게 정당의 공천제도가 가진 결함을 내 언어로 설명하기까지는 두어 달이 더 걸렸다. 지방선거에 출마했던 젊치인의 경험담을 들으면서 지역위원장, 당협위원장 등 정당의 직함과 조직도에 익숙해지는 데도, 관련 기사를 찾아보며 우리가 만났던 젊치인만이 아니라 대다수 신인이 공통적인 문제를 겪는다는 사실을 이해하는 데도 시간이 필요했다. 나도 이런데 뉴웨이즈의 계획을 처음 들었을 때 캐스팅 매니저들은 제대로 이해했을까? 뉴웨이즈가 어떤 문제를 해결하려는지 캐스팅 매니저가 다른 사람에게 설명할 정도가 되려면 더 쉬운 전달 방식이 필요하다는 데까지 생각이 미쳤다.


## 쉬운 말로 정치를 풀어주는 학습지

연희동의 선술집에서 친구가 말했다. "퇴근해서 넷플릭스 보기도 힘든 사람들한테 정치를 보게 하는 게 네 일이야." 지금 다시 들어도 갑자기 술이 깰 정도로 부담스러운 말이지만 넷플릭스도 보기 힘들 만큼 바쁜 게 친구들의 현실이란 점에는 동감했다. 어떻게 하면 이 사람들의 눈높이에 맞춰 정치를 풀어낼 수 있을까? 고민 끝에 〈도미노 학습지〉라는 이름의 이메일 뉴스레터를 보내기로 했다. 지방선거까지 무엇을 알아야 투표를 더 잘할 수 있을지 캐스팅 매니저의 매니저(=나)가 꼭 필요한 정보를 족집게처럼 짚어주는 학습지 콘셉트였다.

　　우리가 보낸 뉴스레터의 제목들은 이랬다. '기초의원은 쉬워서 기초의원일까?(기초의원이 어떤 역할을 하는지 알려주는 내용)' '투표용지만 7장 받는 선거(지방선거에서 뽑는 선출직 정치인을 정리해주는 내용)' '인사팀이 있었는데요, 없었습니다(지방선거 후보자를 누가 결정하는지 알려주는 내용)' 등 정치를 잘 아는 사람들이 본다면 이런 것까지 설명해줘야 하느냐고 물을 법한 정보까지 담았다. 무엇을 알려

쥐야 할지 고민이 될 때마다 내가 참석했던 그 첫 번째 회의를 떠올렸다. 아주 가끔 정치 뉴스를 보는 사람도 지방선거를 이해할 수 있도록 썼다.

학습지는 우리 또래에게 익숙한 포맷이다. 미처 다 풀지 못한 구몬 학습지를 침대 밑에 숨겨본 적 없는 90년대생이 있을까? 선생님께 "분명히 가방에 뒀는데 잃어버렸다"고 거짓말해본 적은? 〈도미노 학습지〉는 첫머리에 이론 설명을 하고 말미에 오늘 배운 것을 복습하도록 퀴즈를 넣어 구성했다. 대화체 본문으로 누군가가 나에게 정치를 차근차근 알려주는 콘셉트였다. '도미노'라는 이름을 붙인 건 우연히 본 이미지 덕이 컸다. 아주 작은 도미노 블록으로 부피가 10배나 큰 조각을 넘기는 과학 실험이었다. '요원해 보이는 변화도 처음에는 아주 작은 하나의 행동에서 출발하는구나'라는 생각에 〈도미노 학습지〉라는 이름을 붙이고, 정치를 바꾸려면 정치를 잘 아는 일부터 시작해보자고 제안했다.

정치가 어렵긴 해도 배우고 싶어 하는 사람이 꽤 많다는 건 뉴스레터의 구독자 증가 추이로 증명됐다. 2021년 〈도미노 학습지〉의 구독자 확장을 목표로 다양한 메시지의 광고 실험을 진행했다. 이때 가장 많은 구독자를 불러 모은 메시지는 '낯설고 어려운 정치 용어를 한 장으로 쉽게 풀어준다'는 것이었다. 정치 뉴스를 이해할 수 있도록 더욱 쉽게 해설해준다는 메시지로 광고하자 2021년 8월 2630명이던 구독자는 9월 4188명, 10월 5396명, 11월 6093명으로 쑥 늘었다. 2024년 5월 기준으로 구독자는 약 1만 2135명이 됐다. 이메일 뉴스레터 구독자와 인스타그램, 유튜브 등 뉴웨이즈의 전체 채널 구독자를 합하면 약 2만 8700명에 달한다(2024년 5월 1일 기준).

　　인플루언서 채널들에 비하면 크지 않은 수다. 하지만 '젊은 사람은 정치에 관심이 없다'고 생각하는 사회에서 '그렇지 않다'고 말하는 사람으로서는 유의미한 숫자다. 언론과 정당은 재미없는 정치를 주제로 2만 명 이상의 2030 유권자를 모았다는 사실을 신기하게 여겼다.

　　이렇게 유권자를 우리 편으로 만들 수 있었던 건 새로운 관점으로 유권자를 바라본 덕분이다. 미디어에 비치는 무관심한 청년 세대의 모습과 달리 내 또래 친구들은 정치에 관심이 '있다'. 사랑하는 사람과 같이 살긴 하지만 결혼은 싫다거나 프리랜서로 일하며 처음으로 세금 신고를 하는 등 전례 없는 방식으로 일상을 구성하다 보면 정치의 공백을 쉽게 발견하기 때문이다. 특정 사안에 대해 잘한 일은 지지하고, 답답한 생각을 드러내는 데도 거리낌이 없다. 인스타그램 스토리에 자기 의견을 올리거나 챌린지 등을 통해 사회에 공헌하는 무브먼트에도 적극적으로 동참한다.

　　이들이 정치에 관심 없어 보이는 건 그저 너무 바빠서다. 정치가 중요한 건 알아도 뉴스 한 꼭지 읽을 틈이 없다. 내 친구가 했던 말이 다시 떠오른다. 넷플릭스 드라마 한 편을 보는 데도 에너지가 드니까 미루게 된다고. 뉴웨이즈는 이렇게 바쁜 상황에서도 어떻게든 정치에 관심을 가지려는 이들에게 대신 정치를 쉽게 풀어주겠다고 제안했다. 2030 유권자가 처한 현실을 우리 또한 절감했기에 가장 눈에 띄는 불편 하나를 도와서 해결하려 했던 것이다.

　　많은 사람이 정치에 대해 무지한 것을 부끄럽게 생각한다. 처음 만난 사람들에게 뉴웨이즈를 소개하면 백이면 백 "저는 정치를 잘 모르지만…"이라고 겸양의 말로 운을 띄운 뒤 자기 이야기를 시작한다. 뉴스도 마찬가지다. 젊은 세대가 정치에 무관심하다거나 문해력이 부족하다는 비판을 쉽게 한다. 하지만 우리의 구독자는 뉴스에 나오는 정당 정치에는 관심 없을지 몰라도 한국 사회에서 꼭 바뀌어야 한다고 생각하는 문제가 하나씩 있다. 가족의 문제를 해결해주고 싶어서, 가까운 친구가 더 나은 세상에서 살기를 바라기 때문에 사회에서 바꾸고 싶은 '장면'이 있다. 국회의 어느 부처나 상임위원회가 관련 정책을 관장하는지는 몰라도 말이다. 이들을 정치에 무관심하다고 말할 수 있을까?

정치에는 온갖 말이 넘친다. 정치인은 늘 무언가를 선언하고 약속한다. 민생을 돌본다, 국민을 섬긴다, 반성한다, 혁신한다, 전환한다는 말로 유권자에게 가까이 가고 싶다는 의지를 드러낸다. 하지만 때로는 정치가 주목하는 문제가 너무 크고 나와 멀어 관심을 두기 어려울 때가 있다. 〈도미노 학습지〉에 반응한 뉴웨이즈의 젊은 독자들은 자신과 정치 사이에 접점이 생길 수 있다는 사실, 나아가 한 사람의 역할이 생각보다 중요하다는 사실을 알아가는 과정 그 자체를 즐겼다.

〈도미노 학습지〉를 통해 뉴웨이즈의 또 다른 역할을 하나 알게 됐다. 정치 시스템을 바꾸는 것을 넘어 유권자와 정치를 연결하는 '커뮤니케이터'가 되어야 한다는 것. 리터러시를 주제로 한 책 《유튜브는 책을 집어삼킬 것인가》에서 사회학자 엄기호와 언어학자 김성우는 바벨탑이 아니라 다리를 놓는 말이 필요하다고 말한다. 두 저자는 젊은 세대의 문해력이 떨어졌다는 세간의 평가에 관한 생각을 교환하며 리터러시도 하나의 공공재인데, 우리 사회는 리터러시를 높이기 위해서 어떤 노력을 하고 있는지 질문한다. 환경의 변화를 이해하거나 새로운 세대에게 다가갈 노력은 하지 않고 문해력만 문제 삼는 게 아니냐는 얘기다.

기존의 정치가 익숙하게 보여준 화법은 바벨탑을 쌓는 것에 가깝다. 듣는 사람이 아니라 자신의 위상을 높이기 위한 말, 우리 편과 남의 편을 구분하는 말이 그동안 정치가 익히 썼던 말하기 방식이다. 뉴웨이즈는 '다리를 놓는 말하기'를 지향하는 팀이 되기로 했다. 젊은 사람들의 정치적 무관심을 탓하지 않고 관심을 가질 방법을 알려주는 쪽이 되는 것. 매일 아침 정신없이 출근하기 바쁘고 유튜브만 켜면 도파민을 자극하는 콘텐츠가 넘쳐나는 일상에서 정치에 흥미를 느끼지 않는 건 당연한 일이다.

뉴웨이즈는 이런 이들에게 뉴스 1면의 정치인들을 내가 바꿀 수 있다고 말해주는 친구다. 아마 매일 재밌는 이야기를 하는 친구는 아닐 것이다. 하지만 가끔 만날 때마다 옆에 서서 팔짱을 끼고 내가 가진 한 표를 잘 쓰면 의사결정의 내용이 어떻게 바뀌는지 알려주는 진지하고 꽤 똑똑해서 마음에 드는 친구, 정치 얘기를 조금 많이 하기는 해도 늘 자신만만해서 의지하고 싶은 친구로 느껴지면 기분 좋을 것 같다.

우리의 생각이 독자에게 닿은 걸까? 《경향신문》 칼럼에서 강남규 필자는 〈도미노 학습지〉를 소개하며 이렇게 말했다.

요즘 잊지 않고 챙겨보는 뉴스레터가 딱 하나 있다면 '뉴웨이즈'에서 보내는 뉴스레터다. (중략) '정치의 양극화'에 대한 논의는 차고 넘친다. 그러나 정치를 잘 알아서 계속 정치에 관심을 갖는 사람과 정치를 잘 모르기 때문에 점점 관심을 놓아버리는 사람으로 쪼개진 '정치 언어 접근성의 양극화'에 대한 논의는 찾아보기 쉽지 않다. 이에 대한 논의는 종종 문해력의 문제로 쪼그라들거나 반지성주의의 맥락에서 제기되거나 탈정치 경향의 확산으로 이야기될 뿐이다. 뉴웨이즈의 뉴스레터는 관점을 달리한다. 청년들이 무관심한 것이 아니고, 알려주면 알고 싶어 한다는 것이다.[*]

## 태리와 수진이, 그리고 준열이

정치인이 뉴웨이즈에 자문을 해올 때가 있다. 새로운 정치를 해보려고 나름대로 열심히 활동 중인데 유권자에게 잘 전달되고 있는지 모르겠다며 브랜딩 방법을 알려달라고 말이다. 브랜딩을 할 때 인스타그램이나 유튜브 채널을 개설하는 것보다 중요한 건 누가 어떤 순간에 나를 떠올렸으면 하는지 정리하는 일이다. 나는 왜 정치를 하고 있나? 누구에게 도움이 되고 싶은가? 그들에게 어떤 인물로 기억됐으면 하는가? 이를 정립하는 일부터 시작해야 한다.

정치인 입장에선 답답할 수 있다. 마케팅과 카피 하나로 쏜살

---

[*] 강남규, 〈정치에 '쉬운 말'이 필요한 이유〉, 《경향신문》, 2021년 4월 29일 자.

같이 대중에게 가닿고 싶은데 처음부터 다시 시작하라니. 하지만 유권자로 하여금 정치인을 지지하게 만드는 것은 커피 쿠폰 이벤트처럼 접근할 일이 아니다. 꾸준한 발화와 행보가 뒷받침됐을 때 비로소 생기는 신뢰의 결과다. "그 사람 지켜보니 진정성 있게 문제를 해결하더라"라거나 "아무도 이 문제에 관심을 두지 않는데 이 사람은 다르더라"라는 말이 유권자의 입에서 자연스럽게 나오게 해야 한다. 이렇게 하려면 행보가 오락가락하지 않도록 내가 누구에게 어떤 사람으로 기억되고 싶은지를 제대로 세워야 한다.

뉴웨이즈 초기에 우리가 가장 잘한 일은 사무실 밖에서 자주 사람들을 만난 것이다. 그들에게 뉴웨이즈를 알게 된 경로, 가장 흥미로웠던 메시지, 기대되거나 걱정되는 부분, 더 궁금한 점 등을 물었다. 만약 내가 소비재 브랜드나 유사한 경쟁사가 있는 서비스의 마케터 혹은 브랜딩 담당자였다면 타사가 메시지를 발신하는 방식과 성공 사례 등을 웹서핑을 통해 찾았겠지만, 뉴웨이즈가 하려는 일을 해본 팀은 전무했기에 직접 물어보지 않고는 반응을 알기가 어려웠다.

당시 '사용자 인터뷰'[*]라는 개념도 잘 몰랐지만 타깃이 누군지, 뉴웨이즈의 메시지가 실제로 기대감을 주는지 확인하고, 이들을 설득할 때 가능한 한 선명한 언어를 사용하기 위해서 사람들을 만났다. 혜민 님과 나란히 본 2021년 사주에서 올해는 무언가 외부로 발신할 일이 많지만 레퍼런스가 많지 않아 어려울 테니 주변에 많이

---

● 고객과 대면하여 제품에 대한 그들의 경험과 감정을 직접 듣는 정성적인 방법론.

물어보라는 조언을 들은 영향도 있었다. 신기했던 건 정말 사람들을 만나 질문하면 우리에게 꼭 필요한 조언이 나타났다는 것이다.

2021년 2월, 캐스팅 매니저 창단식에 앞서 만난 뉴닉의 김소연 대표(이하 킴)와의 만남이 그랬다.

우리는 밀레니얼을 위한 시사 레터로 수십만 명의 구독자를 모은 뉴닉의 비결이 궁금했다. 킴은 공급자 입장의 솔루션이 아닌 스타트업이 유저에게 접근하는 관점에서 답해보겠다며 특유의 사려 깊은 태도로 우리의 고민을 들어줬다. 이때 들은 이야기 중 가장 인상 깊었던 것은 뉴닉이 '3가지 페르소나'를 가지고 뉴스레터에 실릴 콘텐츠를 선정한다는 얘기였다. 뉴닉에서는 하나의 주제를 놓고도 "페르소나 A는 충분히 이해할 것 같은데 B에게는 어려워" 같은 이야기를 일상적으로 나눈다고 했다.

킴은 페르소나를 구체화하면 우리의 코어 그룹이 듣고자 하는 메시지를 더 뾰족하게 다듬을 수 있다고 했다. 이 그룹을 충분히 모으고 나면 다음으로 가는 다리가 자연스럽게 보일 거라고도. 처음부터 모든 사람을 만족시키려고 하거나 공급자 입장에서 정치가 변해야 하는 당위를 이해시키지 말고, 같은 문제의식을 공유하는 사람들이 동의할 수 있는 '느슨한 하나의 지점'을 더 구체적으로 만든 뒤, 이들을 위해서 이야깃거리를 만드는 일부터 시작해보라고 설명했다.

캐스팅 매니저들에게 설문 조사를 돌려서 페르소나를 정리하기로 했다. 캐스팅 매니저가 된 이유, 뉴웨이즈의 강점과 걱정이 되는 요소를 물었다. 뉴웨이즈 소개에서 인상적인 메시지가 무엇인지,

캐스팅 매니저에게 했던 설문을 노션으로 정리했다.


우리와 함께 일한다면 어떤 일을 돕고 싶은지, 심지어는 노션, 메일 등 어떤 툴로 커뮤니케이션하는 게 익숙한지도 설문에 포함시켰다. 이렇게 모은 답을 정리했다.

　답변을 모아보니 신기하게도 공통의 특징을 가진 캐릭터 그룹이 보였다. 로컬에서 활동하며 동네에 변화를 만드는 지역 이장님 캐릭터, 새로운 서비스를 적극적으로 알리거나 자신만의 메시지를 발신하는 마케터 캐릭터, 정치 산업에서 일했거나 언젠가 정치에 도전해보고 싶은 미래의 젊치인 캐릭터, 환경 문제 등 특정한 이슈를 정치에 반영하기 위해 직접 행동으로 돌파하는 활동가 캐릭터 등 뉴웨이즈와 비슷하거나 차이가 조금씩 있는 그룹들이 있었다. 각 그룹에서 흥미로운 사람들에게 비대면 만남을 요청했다. 각자가 뉴웨이즈를 어떻게 해석하는지 들어보고 싶었다.

　초심자의 운 덕분인지 많은 사람이 일면식 없는 우리의 요청에 기꺼이 시간을 내줬다. 어떤 사람들은 식사를 함께하자며 먼저 연락을 주기도 했다. 이렇게 생긴 자리들에서 케이팝 아이돌 팬덤과 뉴웨이즈의 말하기 방식을 교차해보고, 정당 혹은 특정 의제를 중심으로 하는 시민단체와 뉴웨이즈의 응집력은 어떻게 다른지 비교해보면서 우리가 어디에 서 있어야 할지 고민했다. 누군가의 첫 시작을 응원하며 밥과 술을 사는 시간을 내는 데 얼마나 큰 에너지가 필요한지 알기에 이 시기 만남에 응해준 사람들에게는 늘 고마운 마음을 가지고 있다.

이 과정을 거쳐 우리는 캐스팅 매니저를 세 그룹으로 분류할 수 있었다.

첫째, 정치 산업이나 시민단체에서 실제로 일해본 그룹. 이 그룹은 왜 젊치인이 필요한지를 가장 쉽게 이해했다. 문제의식에 적극 공감했기 때문에 뉴웨이즈가 제시한 어젠다만으로도 모인 사람들이었다. 한편으로는 정치 현실을 잘 알기에 뉴웨이즈가 진짜 약속을 지킬지 가장 깊이 질문하고 의심하는 그룹이었다. 이 그룹에 우리는 '태리'라는 이름을 붙였다. 1987년 민주화 운동을 그린 영화 〈1987〉에 나오는 김태리 배우를 떠올렸다.

둘째, 현실 정치는 잘 모르지만, 관심 있는 사회 이슈가 있고 세상을 변화시키는 데 기여하고자 고민하는 그룹. 주변에 가장 많은 유형으로, 이 그룹이 가진 문제의식은 다양했다. 가족, 관계, 노동, 환경과 기후, 동물 등 자신이 중요하게 여기는 문제가 정치에서 논의되지 않는다는 데에 큰 괴리를 느꼈다. 특정 브랜드를 불매하거나 사회 이슈 관련 펀딩 또는 단체에 후원하거나, 기사를 공유하는 방식으로 문제 해결에 도움이 되고자 하는 그룹이었다. 이 그룹에는 가수 요조 님의 본명인 '수진'이라는 이름을 붙였다. 다양성을 고민하며 자신의 위치에서 자기만의 방식으로 목소리를 더하는 모습이 닮아서다.

셋째, 새로운 브랜드나 캠페인에 관심이 많아서 뉴웨이즈를 알게 되는 사람. 첫 번째, 두 번째 그룹이 뉴웨이즈와 문제의식을 공유하는 사람들이라면 세 번째 그룹은 좀 다르다. 이들까지도 우리 활동에 흥미를 느낄까? 항상 점검하게 만드는 그룹이다. 이 그룹에는 무언가 스타일리시하고 달라 보여서 따라 하고 싶어지는 류준열 배우의 이름을 따 '준열'이라고 부르기로 했다. 페르소나를 정한 뒤부터 우리는 캠페인이나 콘텐츠를 기획할 때 준열까지 재밌어할지 질문하며 만들어나갔다. 어려운 설명은 더 알기 쉽게 바꿨고, 뉴웨이즈의 캠페인에 참여하는 게 멋있어 보일지 고민했다.

페르소나를 정하자 더 이상 누구에게 메시지를 던져야 할지 고민할 필요가 없어서 편리했다. 일단 혜민 님과 나는 같은 독자를 상상하며 피드백을 나눌 수 있었다. 또 발신할 메시지가 어떤 독자까지 가닿을지 객관적인 시각에서 점검할 수 있다는 장점도 있었다. 예를 들어 온라인 캠페인을 기획할 때 "이게 준열까지 참여하기 쉬운 캠페인이어야 1만 명, 2만 명을 넘길 수 있을 텐데 그렇게 가고 있나?"라고 검토해보거나 프로젝트 목표를 세울 때 "이번 목표를 달성하려면 태리와 수진이 참여할 수 있는 스토리로 설계하고, 준열은 이 캠페인을 멋지게 알릴 수 있도록 만들자"며 마케팅 방향을 정하는 데 활용했다.

이 과정은 계속 이어졌다. 킴이 말한 것처럼 특정 그룹을 모으고 나니 여기서 또 새로운 사람들이 눈에 들어왔다. 수진을 연령대에 따라 더 많은 유형으로 쪼개기도 하고 수진들이 즐겨 보는 채널이나 찾아갈 만한 공간을 써봤다. 뉴웨이즈를 좋아할 것 같은데 우리를 몰라서 응원하지 못하는 사람들이 어디에 있을지 고민하면서. 또 같은 타깃에게 소구하더라도 정치에 대한 관심도가 높은 선거 직전과 평소의 반응이 다르기도 했다. 타깃을 정하고, 메시지를 만들고, 피드백을 받으며 타깃에 대한 이해도를 더 구체화하고, 그다음 더 뾰족한 메시지를 발신하는 과정을 반복하는 나날이 계속됐다. 가장 좋은 설득은 설득하고자 하는 대상을 정확히 아는 데서 시작된다는 것을 확실히 깨닫는 과정이었다.

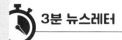

3분 뉴스레터

NEW WAYS

## 국회와 지방의회는 무엇이 다를까?

**STEP 1. 지방의회는 어떤 일을 할까**

→ 지방의회는 쉽게 말해 지방자치단체마다 있는 의회예요. **지방의회는 광역의회, 기초의회를 통칭해요. 서울시의회, 경기도의회, 마포구의회처럼요.**

→ 나라의 중요한 사무를 정부와 국회가 결정하는 것처럼 지방자치단체도 행정기관과 의회로 구성되어 있어요. **구청이나 시청 등이 행정기관이고요. 의회와 행정은 각자 역할을 하며 서로를 견제해요.**

→ 국회가 국가 예산을 심사하는 것처럼 지방의회는 지역 예산을 심의, 확정해요. **기금 설치 및 운용, 중요 재산의 취득과 처분, 공공시설의 설치와 처분 등을 통해 지방 재정을 관리해요.**

→ 국회가 국가 정책의 근간이 되는 법률을 만드는 것처럼 지방의회는 조례

60

를 만들어요. 용어가 다를 뿐 주민을 대신해서 일상에 필요한 정책을 만드는 '우리 동네 국회'라고 해도 무방해요.

→ 국회가 국정감사를 하는 것처럼 지방의회는 행정 사무 감사를 통해서 구청, 시청 등 지역 행정이 제대로 운영되고 있는지 비판하고 문제를 바로잡는 역할을 해요.

**국회와 지방의회 간단 비교**

| 국회의원 | 지방의원(광역의원, 기초의원) |
|---|---|
| 국가예산 심사 및 결산, 승인 | 지역 예산 심사 및 결산, 승인 |
| 국정감사<br>**국가 행정을 감시, 견제** | 행정 사무 감사<br>**지역 행정을 감시, 견제** |
| 법률<br>국회가 정하는 국가의 규범 | 조례<br>지방자치단체의 권한 내에서<br>지방의회가 정하는 규범 |

┌ **더 알아보기 – 광역의회와 기초의회** ─────────

광역자치단체(시/도) 의회는 광역의회, 기초자치단체(시/군/구) 의회는 기초의회라 불러요. 전국에는 17개의 광역의회와 226개의 기초의회가 있어요.

## STEP 2. 지방의회를 이끄는 의원의 일주일

→ 지방의원은 시민과 가까운 데서 실생활과 밀접한 문제를 다뤄요. 국가

정책이 세심하게 돌보지 못하는 부분까지 지역에서 빠르게 대비책을 마련할 수 있어요.

- 현재 만 39세 이하 시민이면 누구나 받을 수 있는 국가건강검진은 2016년 전라북도 전주시에서 만든 조례가 국가 정책으로 확대된 사례예요. 미취업 청년, 전업주부 등 직장 검진에서 소외된 계층의 건강 문제를 발견했던 거죠.
- 어두운 골목의 가로등 설치부터 폭우 때마다 범람하는 하천 문제까지 지방의원은 민원 일선을 도맡아요. 지방의원에게 문제를 알리면 유관 행정 부서와 협업해 해결 과정이 빨라져요.

→ 관련 정책이 지역 내에서 시도된 적이 없다면 조례를 만들어 예산을 사용할 근거부터 마련해요. 1인 가구 관련 조례가 있어야 1인 가구 정책을 실행할 수 있거든요.

- 지방의원은 보좌관이 없어요. 대신 여러 명의 의원 업무를 지원하는 정책지원관과 전문위원이 지역별로 다르게 배치되어 있어요. 정책지원관과 전문위원은 지방의원의 의정 활동을 지원하거나 의회에 상정되는 조례안과 예산안 등의 안건을 검토해 입법 활동을 지원하는 일을 해요.

→ 이밖에도 행정 운영 현황과 계획에 대해서 질의하는 시정(구정) 질문, 의회가 심의하고 있는 조례안의 필요성을 설득하는 5분 발언 등을 통해서 일상적으로 지역 행정을 감시하고 의회 전체의 입법 활동을 촉진해요.

# 3장
# 정치 얘기를 신나게 떠들어보자

뉴웨이즈에 합류한 뒤 처음 다녔던 회사의 대표님이 내게 이런 말을 했다.

"뉴웨이즈 일은 하는 사람이 심각해지면 못 해요. 농담 따먹기처럼 해야 잘할 수 있는 일이에요. 사무실에서 오래 깊이 고민하지 말고 나와서 맛있는 것도 먹고 술도 한잔하며 생각해보세요."

당시 주변에서 '뉴웨이즈는 성공 못 할 것 같다'는 소리를 많이 들었던 터라 격려차 해준 얘기였다. 이 말 덕분에 지금 '농담 따먹기'를 해야 할 타이밍에 우리가 진지한 표정으로 한숨을 쉬고 있지는 않은지 질문을 던질 수 있었다.

## 젊치인이 오면 깨워주세요

지방선거를 1년 앞뒀을 무렵, 우리는 시간이 얼마 남지 않았다는 부담감에 잔뜩 긴장해 있었다. 그러다 보니 결과물도 심각해지기 일쑤였다. 한 사례가 '누울자리 캠페인'이다. 정당은 선거 전에 후보자 공천 기준을 정한다. '이번 선거에서 이기려면 더 젊은 인재가 필요하다'고 판단하면 당 안팎에서 새로운 인재를 찾고, 당 대표의 입맛에 맞는 인물을 공천하기로 결정하면 새로운 인재가 설 자리는 좁아진다. 더 다양한 후보를 찾도록 정당을 움직일 수 있을까? 우리는 지방선거 D-365일 전에 공천과 젊치인의 필요를 알리는 캠페인을 해보기로 했다.

자, 이제 기획을 해야 할 단계다. 어떻게 하면 정당이 반응하고 그들을 움직이게 만들 수 있을까? 유권자가 새로운 인물을 요구하고 있다는 게 쩌렁쩌렁 드러나야 했다. 웹상에 캠페인 페이지를 만들어 유권자가 새로운 공천 룰을 요구한다는 서명에 동참하게 하면 어떨까? 우리는 그렇게 서명한 유권자 수를 보여주자는 계획을 세웠다. 처음에 기획한 캠페인 시나리오는 이랬다.

- **1단계**: 이름과 사는 동네를 입력한다.
- **2단계**: 우리 동네 의회가 얼마나 다양한 인물로 구성되었는지 확인한다.
  - 만 39세 이하 젊치인의 숫자 공개
  - 이 정도면 전국에서 몇 번째로 다양한지 순위 공개
- **3단계**: (모든 지역에 젊치인이 부족하므로) 투표 용지에 오르는 이름을

바꾸는 방법이 있음을 안내한다.

- **4단계**: 정당에 변화를 요구하는 이메일 서명을 요청한다.
- **5단계**: 서명한 유권자 수를 실시간으로 노출한다.

PPT로 가볍게 샘플 페이지를 만들어 주변 사람들에게 돌리고 참여 의사를 물었다. 친구들에게 더 많이 알리고 싶은지, 인스타그램 스토리에 인증하고 싶은지 궁금했다. 그러나 하나같이 참여하고 싶지 않다는 대답이 돌아왔다. 이렇게 중요한 일인데 왜 참여하고 싶지 않은 거지?

사람들은 설명이 충분치 않은 데다 투표 용지에 올라갈 이름을 바꾸자는 게 무슨 뜻인지 모르겠다고 했다. 더 비극적이었던 것은 의미를 설명해준대도 공천제도를 바꾸기 위해 왜 서명까지 해야 하는지 설득이 안 됐다는 것이다. 마지막으로 공천 문제에 호기심을 가질 정도로 정치에 관심이 높은 주변 사람이 떠오르지 않고, 정치가 전면에 있으면 단톡방 같은 곳에 공유하기 어렵다며 캠페인 동참을 권할 수 없다고 했다.

마음은 아팠지만 이때 친구들에게 피드백을 들은 게 얼마나 다행인지 모른다. 만약 이 과정을 거치지 않고 캠페인을 공개했다면 분명 참여는 저조했을 것이고, 우리도 열심히 기획한 프로젝트가 힘을 잃어 낙담했을 것이다. 기획을 엎기로 했다. 우리가 정한 공개 날짜까지 남은 시간은 겨우 3주. 혜민 님과 테이블에 앉아서 머리를 비우고 새로운 스토리를 짜기 시작했다. 캠페인을 통해서 전달해야 할 하나의 메시지가 있다면 뭘까? 이 질문에 집중했다.

**민해:** 우리가 결국 하고 싶은 말은 젊치인이 누울 자리가 없다는 거잖아요. 속담에서 '누울 자리 보고 발 뻗으라'고 했는데, 누울 자리가 없는 거지. 그럼 어디 눕냐 이건데.

**혜민:** 잠깐만, 헐. 그거 좋다. 그냥 누워볼까요? 스토리도 별로 필요 없어. 국회에 젊치인이 누울 자리가 없어서 국회 앞에 드러누웠다고 하는 거지.

**민해:** ㅋㅋㅋ 뉴스 속보처럼 썸네일을 만들어서 뿌려볼까? 사람들이 단체로 국회 앞에 드러눕기 시작했다는 속보가 떠서 눌러보니까 사실은 캠페인인 거야.

실제 대화는 이거보다 더 중구난방이었지만 누울 자리가 없다는 문장 하나로 꼬였던 생각이 일사천리로 풀렸다. 미디어 스타트업 닷페이스에서 열었던 온라인 퀴어 퍼레이드를 모티브 삼아서 국회의사당 앞에 드러눕는 사람들의 행렬을 이미지로 보여주는 캠페인을 구상했다. 공천과 관련된 어려운 설명은 모조리 뺐다. 왜 젊치인이 많아져야 하는지, 왜 지금이 젊치인을 늘리는 적기인지, 현재 선거제도가 어떻게 운영되고 있는지 등의 설명은 다 들어냈다. 고민 없이 다음 단계로 넘어갈 수 있는지에만 집중했다. 수정된 기획안은 이랬다.

- **1단계:** 여의도 국회의사당 앞에 사람들이 드러누워 있다는 속보가 나온다.
- **2단계:** '나도 같이 드러눕기'를 클릭하고 내 캐릭터를 고른다.

- **3단계:** 누울 매트를 고른다.

- **4단계:** 누울 자리 옆에 둘 소품을 고른다.

- **5단계:** 누워 있는 내 캐릭터를 확인하고 공유한다.


웹페이지 디자인과 개발, 캐릭터 디자인을 맡아줄 3명의 작업자를 모셨다. 주어진 시간은 겨우 3주였지만 재밌게 작업한 기억만 남아 있다. 회의가 다 농담 따먹기 같았기 때문이다. "누워서 유튜브 보는 모습은 꼭 넣어야지." "해변에서 일광욕하는 모습은 어때요." "요가할 때 뒤로 눕는 자세도 하나 넣죠." 이 캠페인의 진짜 메시지는 피크닉 매트를 고를 때 넌지시 드러나게 했다. '정치의 얼굴을 다양하게' '젊치인이 오면 깨워주세요' '#야눕자 #여의어때' '30대 대통령 외 않돼?' 등등. 이렇게 누워 있는 캐릭터를 완성하고 인스타그램 피드에 업로드한 뒤, 위치 태그를 국회의사당으로 설정하면 국회 앞에 드러누운 행렬이 보였다.


## 엄숙함을 내려놓는 민주주의 캠페인

캠페인의 반응은 뜨거웠다. 젊치인의 필요성을 '힙'하게 알리는 캠페인으로 언론사는 물론 브랜딩 아티클 등에서도 다양하게 소개됐다. 누울자리 캠페인을 통해 뉴웨이즈를 처음 알게 된 사람도 많아졌다. 그야말로 캠페인에 붙인 가칭처럼 '선젊포고'를 제대로 한 이벤트였다. 사실 정치 캠페인에 참여하고 그 이미지를 자신의 인스타그램 피드에까지 올리는 건 그리 쉬운 일이 아니다. 젊은 세대에게는 게시물이 곧 셀프 브랜딩이므로 자신의 인스타그램 무드에 어울리지 않는 건 업로드하지 않는다. 그럼에도 자신의 피드에 올려도 손색없는 캐릭터와 프로파간다 같지 않은 메시지 덕분에 캠페인 결과를 자신의 계정에 인증하는 사람이 많았고, 며칠 동안 국회의사당 위치 태그를 클릭하면 뉴웨이즈의 드러누운 사람 행렬이 보였다. 기대했던 장면이 그대로 연출되자 짜릿함을 느꼈다.

브랜드미디어 비마이비에서는 "감에 죽고 감에 사는 요즘 MZ세대로 하여금 자신의 인스타그램 피드에 포스팅을 유도하는 것은 세상 어려운 미션 중 하나"고 "그런 측면에서 이미지 하나로도 수많은 피드 속 핑거 스토핑이 될 만한 일러스트 이미지가 캠페인 성공의 키"라며 "이미지들이 합쳐 장관을 이룬 여의도 국회의사당 잔디가 그대로 재현된 듯한 피드"를 성공 요인으로 분석했다.[•] 《북저널리즘》에서는 인터뷰를 제안하며 '민주주의'라는 키워드로 캠페인을 분석했다. 요즘 세대에게는 정치의 엄숙함보다 사람들을 집결하는 힘이 중요한데 뉴웨이즈가 온라인에 통용되는 캠페인 문법을 사용한 건 물론, 눕는다는 키워드에 맞춰 '야눕자'나 '여의어때' 같은 숙박 어플 이름을 차용한 해시태그를 썼던 점이 온라인에 익숙한 젊은 세대에게 하나의 밈으로 느껴졌을 거라고 했다.[••]

사람들은 정보를 정확히 안다고 해서 행동을 바꾸지는 않는다.

• 비마이비, 〈하나만 파는 미디어들의 브랜딩〉, 《마이비레터》, 2021년 11월 17일 자.

•• 소희준, 〈민주주의의 선젊포고〉, 《북저널리즘》, 2021년 6월 21일 자.

유권자들이 변화의 과정에 참여했다는 감각을 느낄 수 있도록 만들었던 누울자리 캠페인.
귀여운 캐릭터로 사람들의 참여를 유도했다.

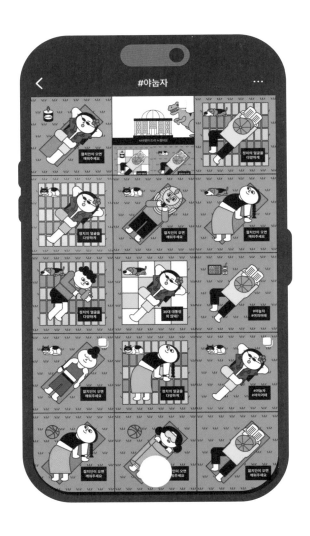

한동안 인스타그램에서 국회의사당 위치 태그나 #야눕자 같은 해시태그를 누르면
2030 유권자들의 누운 행렬이 펼쳐졌다.

캠페인 기획 논의에서 나왔던 요가하는 캐릭터와 일광욕하는 캐릭터는 이렇게 구현됐다.

사람들을 행동하게 하려면 그들을 가장 쉽게 움직이는 방식에 우리가 올라타야 한다. 즉 처음부터 어려운 제도를 이해시켜서 당위를 설득해야 한다는 욕심을 내려놓을 필요가 있었다. 우리의 첫 번째 기획은 참여자가 머리를 써가며 어려운 공천 구조를 모두 이해하고 설득까지 되어야만 변화에 참여할 수 있었다. 물론 서명은 의미 있는 행동이지만 상대적으로 정치권에 요구하고 기다려야 한다는 수동적인 역할이 되기도 한다.

두 번째로 생각한 캠페인, 젊치인을 원하기 때문에 자기만의 방식으로 드러눕겠다고 하는 건 달랐다. 캐릭터를 고르고 내가 보여주고 싶은 메시지를 선택하는 과정에서 유권자는 '나에게 필요한 변화를 만들고 있다'는 주체감을 느꼈다. 캠페인이 끝난 후 현실에 낙담하는 미지근한 감정이 남는 게 아니라 내가 변화의 과정에 참여했다는 성취감을 맛본다는 면에서도 차이가 있었다. 물론 내 인스타그램에 공유해도 무드를 해치지 않을 정도로 귀여운 '캐릭터'와 뉴웨이즈가 정치를 익숙한 문법으로 전달하기 위해 쓴 '밈'도 한몫을 했다. 하지만 이 캠페인에 동참한 사실을 자랑하게 만드는 마지막 포인트는 참여하는 사람들을 존중하는 뉴웨이즈다운 모습이 아니었을까.

## 정답이 아니라 질문에 집중하게 만들기

가끔 뉴웨이즈가 하는 일이 '번역가'에 가깝다고 느낄 때가 있다. 정치를 쉽게 알려주기 위해 적확한 비유를 찾을 때, 제도 하나가 만들어지면 일상에 어떤 변화가 있는지 들려주기 위해 고민할 때, 정치 언어와 일상 언어 사이를 오가며 더 적절한 말을 찾아가는 일이 그렇다. 뉴웨이즈가 정치를 알려주면 친근하고 재밌다는 반응이 있다 보니 정치인이 중요한 메시지를 알리고 싶을 때 뉴웨이즈를 파트너로 찾는 경우도 생겼다. 선거제도 변화의 필요성을 알리기 위해서 기획한 오프라인 팝업 '폴리틱스 마트'가 그런 사례다.

젊치인이 많아지기 위해서는 새 인물을 발굴하는 것도 중요하지만, 그런 사람이 당선될 수 있는 환경이 필요하다. 우리나라는 기초의원 선거를 빼면 소선거구제를 채택하고 있다. 소선거구제는 한 선거구에서 가장 많이 득표한 사람이 당선되는 제도다. 투표 방식이 단순해서 유권자가 이해하기 쉽고 효율적이다. 하지만 한계도 있다. 상대 후보보다 한 표만 더 받으면 되니까 상대를 깎아내리는 데 집중한다. '네거티브 경쟁'이 펼쳐지는 것이다. 선거 때마다 정책 토론 대신 결점 배틀이 벌어지는 이유다.

　다양한 인물이 등장하기도 어렵다. 당선 확률을 높이기 위해 정당에서는 해당 지역에서 오래 살았거나 네트워크를 가진 사람을 공천하기 쉽다. 유권자들의 사표 심리도 발동된다. 떨어질 인물에게 투표하고 싶지 않기 때문에 소신 있게 지지 후보를 선택하기보다 거대 양당 후보에게 투표한다. 유권자의 의사가 제대로 반영되기 어렵다는 문제도 있다. 51 대 49의 득표율이 나와도 낙선 후보를 선택한 유권자의 의견은 반영되지 않는다.

　결국 정치 신인보다는 기성 정치인에게, 군소 정당보다는 거대 양당에 유리한 선거제도다. 이 선거제도를 고치지 않으면 더 다양한 인물이 더 다양한 의제를 두고 더 다양한 관점으로 토론하는 정치를 보기는 요원하다.

　2022년 12월, 초당적인 정치인 모임 '정치개혁2050'에서 연락을 받았다. 선거제도 개편 시기가 다가왔는데 유권자의 관심이 적어서 걱정이라고 했다. 뉴웨이즈를 통해서 유권자에게 선거제도를 개편해야 하는 이유를 전달하고 싶다고 제안했다. 우리야 선거제도에 따라 젊치인에게 기회가 열릴 수도 닫힐 수도 있다는 것을 알지만, 아쉽게도 선거제도는 대다수 유권자에게 너무 먼 주제다. 알아야 하는 게 꽤 많기 때문이다. 소선거구제, 중선거구제, 병립형, 연동형 비례대표제 등 이름도 어렵다. 이런 이유로 지난 총선 때도 선거제도를 두고 열띤 논의가 있었지만 정치권의 온도와 달리 대다수 유권자는 선거제도에 관심이 없었다.

의뢰를 받고서 우리는 생각했다. 소선거구제가 좋을까, 중선거구제가 좋을까 하는 관점으로 접근하면 각 제도의 차이를 설명하다 공감받지 못할 것이다. 더 중요한 질문에 집중해보자. '왜 정치가 더 다양해져야 하는가.' 정치가 더 다양해져야 한다는 데 사람들이 공감한다면, 어떤 선거제도가 가장 다양해지는 방법인지 자연스럽게 고민하게 될 터였다.

- **기존의 질문**: 어떤 선거제도가 좋을까?
- **새로운 질문**: 왜 정치가 더 다양해져야 할까?

"마트를 열어 보는 게 어때요?" 이번에도 아이디어는 카페에서 농담처럼 던진 말에서 출발했다. 마트에서 제철 재료를 파는 것처럼 '제철 정책'을 파는 마트 콘셉트로 하고, 원하는 정책을 고르는 경험을 준다면? 이런 정책이 실현되려면 선거제도가 달라져야 한다는 생각으로 쉽게 연결되지 않을까? 결제 서명 대신 선거제도에 변화를 요구하는 서명을 남기게 하면 어떨까? 기꺼이 동참할 사람이 많을 것 같았다. '마트'라는 키워드가 정치와 잘 붙지 않는 의외의 단어다 보니 많은 사람의 호기심을 자극할 것 같았다. 마트 개업식에서 착안해 '정당 맛' 팝콘이나 슬러시를 나눠주자는 아이디어도 나왔다.

팝업 스토어는 2023년 3월 19일 헤이그라운드 성수 시작점에서 열렸다. 입구에 들어서면 다양한 정책을 고를 수 있는 진짜 마트가 가장 먼저 보인다. 식재료 이미지가 인쇄된 카드들이 매대 위에 늘어서 있다. 모든 식재료 카드의 뒷면에는 젊치인이 제안한 미래

폴리틱스 마트 팝업 스토어 인스타그램 홍보 게시물.

법안이 담겨 있다. 채식주의자를 위한 채식 조례, 버스 타기 좋은 동네를 만들자는 제안, 장애인과 비장애인 구분 없이 함께 어울리는 통합 놀이터를 만들자는 제안 등. 뉴스에선 보기 어렵지만 하나하나 일상에 밀착된 새로운 정책들이다. 사람들이 정책 카드를 결제 창구로 가져오면, 우리는 다양한 인물과 의제가 등장하도록 선거제도에 변화를 요구하는 서명 링크를 주었다. 그리고 서명을 하면 국회에서 선거제도가 어떻게 논의되고 있는지 알려주는 '룰메이커 레터'를 보내주었다.

다른 공간에는 토크 세션을 열었다. 선거제도를 바꾼다는 것은 다양성을 제도로 보호해주겠단 말이기도 하다. 사실 정치 밖에서는 이런 변화가 더 빠르게 일어나고 있다. 비혼 직원에게도 신혼여행에

준하는 유급 휴가를 지원하거나 반려동물이 죽었을 때 조의금을 지원하는 등의 사내 복지가 회사의 경쟁력을 높이는 시대다. 소비자도 이런 회사의 제품을 더 신뢰하며 구매한다. 실제로 이런 고민을 조직문화나 회사 공간에 적극 반영하는 곳들을 찾았다. 밀레니얼을 위한 시사 뉴스레터를 발행하는 뉴닉의 김소연 대표, 체인지 메이커를 위한 임팩트 생태계를 조성하는 루트임팩트의 허재형 대표, 동네의 일상을 담는 생활 편집숍 보마켓의 유보라 대표를 연사로 모셨다.

김소연 대표는 뉴닉에는 외부로 발행되는 콘텐츠는 물론 내부 커뮤니케이션에도 적용하는 섬세한 가이드가 있다고 설명했다. 조직에서 사용하는 메신저에 고기 사진을 올리지 않는 것, 대화할 때 여자친구나 남자친구 등 이성애 중심 표현을 쓰지 않는 등의 노력을 한다는 것. 허재형 대표는 일과 육아를 병행하는 구성원의 고충을 처음 듣고 반성했던 경험을 말하며 다양성을 지키기 위한 피드백의 중요성을, 유보라 대표는 동네의 문화를 해치지 않고 자연스럽게 어울리는 공간이 되기 위한 노력을 말했다. '다원성' 즉 다양한 삶의 방식을 존중하는 제도를 만드는 게 조직과 사회를 더 건강하게 한다는 것을 대화에 담으려 했다.

다른 세션은 국회에서 다양성을 위해 노력하는 정치인의 이야기를 듣는 자리였다. 용혜인 기본소득당 국회의원, 이탄희 더불어민주당 국회의원, 장혜영 정의당 국회의원, 신인규 국민의힘바로세우기 대표를 초대했다(책에 등장하는 정치인은 모두 당시 소속으로 표기했다). 소속 정당은 모두 달랐지만 각자의 위치에서 정치에 변화가 필요한 이유를 고민하는 넓은 의미의 동료였다.

**장혜영 의원:** 국회가 국민을 닮아야죠. 직업도 성별도 중요하게 생각하는 이슈도 다른 국민이 함께 살고 있잖아요. 민주주의가 국민의 다양성을 반영하기 위해 선거제도 개혁이 필요하다고 생각해요.

**이탄희 의원:** 지금의 룰은 나를 대표하는 사람이 아닌 다른 사람을 찍게 만들어요. 덜 싫은 사람을 뽑게 하니 힘이 빠지죠. 당선되면 4년 내내 다른 당이 문제가 있다는 것만 이야기하고요.

**신인규 대표:** 국회의원이 중앙 정부를 감시하고 국가적 어젠다를 고민해야 하는데 당선을 위해서 지역구에만 국한된 정치를 하는 게 문제죠. 문제 해결 중심의 실용성을 가진 정치인이 나와야 효능감을 느낄 거예요.

**용혜인 의원:** 작은 정당에 지금의 선거제도는 기울어진 운동장이에요. 더 다양한 정당이 정책을 알리고 선택받을 수 있는 제도가 필요해요. 더 나은 선택지를 이야기하는 사람이 많아지면 제도를 바꿀 수 있어요.

사람들이 정치인 토크 세션을 듣기 위해 끝까지 자리를 지키는 모습이 신선했다. 성수동 핫플에 놀러온 것 같은 힙한 의상을 입은 사람들이 메모까지 하며 행사 종료 때까지 자리를 지키고 있다니. 참여한 정치인들의 후기도 비슷했다. 정치인이 유권자를 만나는 건 자기 지역구나 토론회가 대부분인데, 폴리틱스 마트에 참여한 사람들은 익숙한 유권자가 아니었다며, 지역구 유권자보다 훨씬 젊고, 자유로운 차림새에 특정 정책에 관심 있는 사람들도 아니다 보니

아이는 원하는 사람이 돌보도록

| 생산자<br>PRODUCER | 조민경, 전 인천시 연수구의원 |
| 생산일<br>RELEASED | 2019. 11. YEONSU-GU, INCHEON |

신선한 제철 정책 더 많이 보려면?

| 주요내용<br>DETAILS | 인천광역시 연수구는 2019년 <인천광역시 연수구 아빠 육아 휴직<br>장려금 지원 조례>를 제정했어요. 인천광역시 연수구에 사는<br>아빠가 육아 휴직을 쓰면 월 50만 원을 6개월까지 지원하는 조례예요.<br>이 정책은 현재 인천시 5개 지역으로 확산됐어요. 연수구에서는 2018년<br>791명이던 육아 휴직자가 1,370명까지 늘어나는 성과를 보였어요. |
| 양<br>MENO | "여성이 임신과 출산을 했다는 이유로 직장을 그만두지 않게 위해서<br>보육 문제를 남녀가 함께 책임지도록 ... |

마트에 가면 제철 재료를 팔 듯 '제철 정책'을 파는 마트 콘셉트로 하고, 원하는 정책을 고르는 경험을 준다면 어떨까?

프리랜서 시대를 위한 노동법

생산자 PRODUCER  신정현, 경기도의원

생산일 RELEASED  2019.10.GYEONGGI-DO

신선한 제철 정책 더 많이 보려면?

주요내용 DETAILS  일자리가 아니라 일거리를 중심으로 살아가는 프리랜서를 위한
지원이 필요한 시대예요. 일자리를 가진 임금 노동자가 줄어들고 있고
플랫폼 노동도 늘어나고 있죠. 프리랜서 노동자를 위한 표준 계약서를 만들고
재난으로 인해 계약이 취소될 때도 적절한 수준에서 보상하게 하는
등의 내용이 담긴 <경기도 프리랜서 지원 조례>를 만들었어요.

"활동가로 일할 때 대리 운전으로 생계비를
불공정 계약도 많아

'다양성'이라는 키워드로 방문의 문턱을 낮추고 '마트 콘셉트'라면 뉴웨이즈를 모르는 사람들도 흥미로워할 거라는 가설이 증명된 순간이었다.

자신의 말이 과연 제대로 전달됐는지 엄청 신경 쓰였다고 전해왔다.

우리가 보기에도 지금까지 열었던 어떤 행사보다 방문한 사람들의 면면이 새로웠다. '다양성'이라는 키워드가 방문의 문턱을 낮추고, '마트'라는 콘셉트라면 뉴웨이즈를 모르는 사람들도 흥미로워할 거라는 가설이 증명된 순간이었다.

폴리틱스 마트에서 가장 인기 많은 코너는 역시 정당맛 팝콘과 슬러시였다. 더불어민주당 맛을 선택하면 파란색 파파야 맛 슬러시에 파슬리 시즈닝을 뿌린 팝콘을, 국민의힘 맛을 선택하면 빨간색 딸기 맛 슬러시에 칠리 시즈닝을 뿌린 팝콘을 줬다. 정의당을 고르면 파인애플 맛 노란색 슬러시와 치즈 시즈닝을 더한 팝콘을 증정했다. '다양성 맛'을 고르면 원하는 맛을 모두 섞어 줬다. 오픈런 손님이 너무 몰린 나머지 스낵 코너를 담당한 혜민 님이 난처해하는 목소리가 멀리까지 들렸다. 토크 세션에 참가하며 리필을 요청하는 사람이 많아 행사장에서는 온종일 고소한 팝콘 냄새가 났다.


## 끝까지 기대를 말해야 하니까

누울자리 캠페인과 폴리틱스 마트의 공통점은 뭘까? 바로 유권자를 '기대되는 장면'으로 초대했다는 점이다. 정치를 바꿔야 한다는 말은 기존 정치를 비판하는 데서 끝나기 쉽다. 정치 혐오를 자극하고 누군가를 미워하는 게 반응을 모으는 가장 쉬운 방법이기 때문이다. 그런데 정치가 제구실을 못 할수록 그런 정치를 바꿔야 한다고 말하는 뉴웨이즈에 대한 기대감도 떨어진다. 정치에 대한 혐오가 깊어질수록 정치가 바뀔 수 있다고 말하는 뉴웨이즈의 이야기도 설득력이 떨어진다.

처음부터 이런 생각을 했던 것은 아니다. 초반에는 어떻게 하면 사람들이 화를 낼지 고민했다. 분노하게 만들고 싶었다. 하루는 지금 한국 정치가 얼마나 늙었는지 보여주는 콘텐츠를 만들었다. 기성 정치의 무능을 문제 삼는 뉘앙스가 가득했다. 혜민 님이 이 콘텐츠에 제동을 걸었다. 콘텐츠를 보고 기대가 생겨야 하는데 오히려 낙담하게 되고, 바뀌지 않겠다는 생각이 더 강해진다는 의견이었다. 이때 우리는 커뮤니케이션의 DO & DON'T 목록을 만들었다.

**DO**
- 정치를 더 기대하게 만드는 장면이 무엇일지 끝까지 고민해본다.
- 초당적인 정체성을 살리는 방향이 무엇일지 끝까지 고민해본다.
- 우리가 하고 싶은 말보다 사람들에게 어떤 변화를 가져다줄지 집중해서 이야기한다.

**DON'T**
- 기존 정당이나 정치인에게서 보이는 동원의 문법을 피할 것. 재미있고 유익해서 보고 싶게!
- 누군가를 적대시하거나 혐오하는 방식을 피할 것. 정치를 기대할 수 있어야 뉴웨이즈를 기대한다!

엄격한 규칙은 아니고 콘텐츠를 올리기 전에 점검해보는 체크리스트에 가깝다. 예를 들어 여성의 날에는 여성 정치인이 얼마나 적은지만 말하지 않고, 여성 기초의원을 모두 모아 소개했다. 전체 수가 실제 적었지만, 여성이 '이렇게나 적다'고 말하는 것보다 사람들이 몰랐던 여성 정치인을 발견케 하는 게 더 기대되는 접근이라고 생각했다. 정치가 눈에 보이지 않는 데서 조금씩 바뀌고 있는 산업이라는 것을 알게 될 테니까.

이준석 전 국민의힘 당 대표 당선 소식을 전할 때도 이러한 고민을 했다. 국민의힘에서 최초로 30대 당 대표가 당선됐다는 것은 의미 있는 일이긴 했지만 언론에서 헌정 사상 최초의 30대 당 대표라며 군소 정당의 젊은 당 대표들의 사례를 지우기도 했다. 우리는 새로운 젊은 당 대표의 등장을 소개하면서 현재 당 지도부에서 리더 역할을 하는 여러 당의 젊치인을 함께 소개해 전체 흐름으로 보여주려고 했다. DO & DON'T 목록은 지방선거 후 '뉴웨이즈 코어 밸류'로 발전시켰다. 코어 밸류는 '뉴웨이즈가 어떤 상황에서도 지켜야 하는 태도'를 정리한 키워드다. 3가지 코어 밸류는 이렇다.

### 1. 볼드 스텝(BOLD STEPS): 천리길도 선명한 한 걸음부터

뉴웨이즈는 선명한 결과를 만듭니다. 먼 길을 가려면 앞으로 한 걸음 걸어야 하고, 다음 사람에게도 좋은 길이어야 합니다.

### 2. 팀십(TEAMSHIP): 서로 다른 원 팀

혼자보다 같이하면 더 크게 잘할 수 있습니다. 뉴웨이즈의 구성원과 젊치인, 유권자는 서로 다른 생각과 경험을 자산이라고 생각합니다.

### 3. 커넥터(CONNECTOR): 연결하면 커집니다
뉴웨이즈는 연결될수록 힘이 더 커진다고 믿습니다. 정치 산업 내 모든 단절을 연결해 지금까지 보지 못한 새로운 가능성을 만듭니다.

언제나 기대를 잃지 않는다는 태도를 가장 잘 반영한 건 볼드 스텝이다. 이런 변화를 만들기 위해선 팀십이 필요하다. 유권자와 젊치인이 새로운 시대의 동료가 되어 당연한 목소리를 당연하게 만들어보자는 연대의식 말이다. 이런 마음을 잘 기르려면 사람들에게 새로운 가능성이 무엇인지 보여주는 커넥터가 있어야 한다. 정치를 어렵지 않게 느끼도록 도와주고, 지지 정당은 달라도 같은 생각을 가질 수 있다는 것을 알려주고, 지금의 현실이 만족스럽지 않아도 변화를 만들려는 사람들이 있다는 것을 보여줘야 한다. 우리는 어떤 때는 온라인 콘텐츠로, 또 이메일 뉴스레터로, 오프라인 팝업 스토어 형식으로 말했지만 전제는 같다. 사람들을 움직이게 하는 것은 단순한 분노가 아니라 변화를 만들 수 있는 잠재력이 자신에게 있다는 연결감과 효능감이라는 것.

정치인들이 뉴웨이즈에게 브랜딩을 알려달라고 하는 이유는 우리가 새롭고 역동적인 네트워크처럼 보이기 때문일 것이다. 뉴웨이즈가 이런 장면을 만들 수 있었던 건 우리가 늘 달라질 수 있다고 말한 덕분이라고 단언해본다. 왜 우리만 이렇게까지 고민해야 하나 싶을 때도 있다. 정치가 스스로 기대를 저버리는데 뉴웨이즈만 기대와 낙관을 말할 때는 솔직히 '현타'도 온다. 최근에 누군가 "뉴웨이즈만 풍물패 같다"는 농담을 해서 엄청 크게 웃었다. 다들 정치에 대한 기대를 접는 때에 우리만 여기 멋진 축제가 있다며 플래카드도 걸고, 애드벌룬도 띄우고, 북도 치고 장구도 치는 것 같다는 얘기였다. 이렇게 변화가 더딜 때는 정치가 정말로 야속하다. 새로운 정치를 기대하는 사람들이 분명 있는데 정치 영역에만 가면 현실을 제대로 모르는 어린애들의 순진한 발상처럼 보이니까. 정치를 바꾸는 건 플레이어 혼자 잘해서는 되지 않는 일이라는 것을 자주 체감한다.

그래도 어쩔 수 없다. '다음에는 되겠지'라는 마음으로 또 할 수밖에. 뉴웨이즈의 초창기 사업 문서에는 이런 말이 적혀 있다. '아무리 힘들고 지쳐도 소년만화의 스피릿으로 간다.' 소년만화의 주인공들은 끝까지 웃는다. 실력이 모자라 중요한 경기에서 지거나 라이벌에게 수모를 당해도 도망치지 않는다. 뉴웨이즈도 그렇다. 현실의 한계에 굴하지 않고 기대되는 장면으로 사람들을 초대한다. 이 기세라면 언젠가 대단한 변화를 만들 수 있지 않을까? 정치라는 게 사실은 논리가 아닌 감정의 영역이라고 하지 않던가. 기세가 마음을 움직일 수도 있으니까. 그 장면을 보려면 '현타'가 와도 웃는 수밖에 없다.

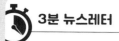

**3분 뉴스레터**

**NEW WAYS**

# 조례, 일상을 빠르게 바꾸는 진짜 방법

### STEP 1. 조례와 법률 어떻게 다를까

---

→ 법률이 전국을 대상으로 한 법이라면, 조례는 특정 지역을 대상으로 한 법이에요. 조례는 조례가 발의된 지역 안에서만 효력을 가지죠.
  • 우리나라 헌법 제117조는 '지방자치단체는 법령의 범위 안에서 자치에 관한 규정을 제정할 수 있다'고 명시하고 있어요.

→ 조례가 다룰 수 있는 주제는 범위가 무궁무진해요. 다만, 조례는 국회가 입법한 법률이나 헌법 등 상위법에 위배되지 않는 범위에서만 정할 수 있어요.
  • 예를 들어, 상위법인 법률에서 특정 오염 물질 배출량이 100을 넘기지 않아야 한다고 명시했다면 조례에서 그 이하로 기준을 잡을 수 없어요.

→ 조례를 만들 수 있는 사람은 지방의원과 자치단체장, 그리고 주민이에요. 주민이 만들 수 있는 조례에 대해선 STEP 2에서 설명할게요.
  • 지방자치단체장은 조례를 발의할 수는 있지만 의회의 심의를 거쳐야

85

제정할 수 있어요. 의원의 경우 조례 발의를 위해 일정 수 이상의 동의를 받아야 해요.

---

→ 조례가 바꾸는 세상이 작게 느껴지나요? 조례는 일상에 빠르게 영향을 미치고, 다른 지역으로 퍼지기 쉽다는 장점이 있어요.

- 인천시 연수구에서 가장 먼저 시행된 '아빠 육아휴직 장려금 지원 조례'는 여성의 경력 단절을 해소하고 남성의 보육 참여를 늘리기 위해 만들어졌어요. 이 조례는 효과성을 인정받아 2024년 5월 현재 인천시 6개 구로 확산됐어요.

→ 조례는 새로운 정책, 사업이 시행되는 데 근거가 돼요. 1인 가구, 프리랜서를 지원하고 싶다면 어떤 이들까지 포함할 건지 정의부터 해야 예산을 집행할 수 있거든요.

## STEP 2. 내가 만든 조례가 의회에 간다면

---

→ 시민이 정치에 참여하는 방법도 있어요. 지방의회에는 일정 수 이상의 주민이 요청한 조례는 반드시 심사하는 제도가 있어요.

→ 주민청구조례라고 하는데요. 특정 조례에 동의하는 주민의 서명을 많이 모아 의회에 전달하는 거예요.

- 만 18세 이상 지역 주민으로, 선거권이 있고 해당 지역에 주민으로 등록된 사람이라면 누구나 주민청구조례에 참여할 수 있죠.

↪ 조례를 의회가 다루게 하려면 3개월, 6개월 등 정해진 기간에 일정 수 이상의 주민 서명을 모아야 해요.

- 최소 기준을 충족하는 서명자 수는 법률에 명시되어 있어요. 특별시나 인구 800만 이상의 광역시는 청구권자 총수의 200분의 1 이상의 서명을 모아야 하죠.

↪ 만약 서명 수를 다 채웠다면! 지방의회 의장이 참가자 서명이 유효한지, 이의 신청이 있는지 검토해요. 문제가 없다면 무조건 조례안을 수리해야 해요. 의회는 수리된 조례안을 1년 안에 심사해서 의결해야 하고요.

# 4장
## 정치, 진짜 바뀌지 않으면 어쩌지?

　　지금까지 정치에 대한 유권자들의 관심을 모으기 위해 뉴웨이즈가 어떤 질문을 던지면서 일했는지 소개했다. 뉴웨이즈는 유권자를 '고객'으로 보기 위해 치열하게 노력했다. '왜 우리를 좋아해야 하지?' 앞서 했던 모든 일은 이 질문의 답을 찾는 과정이었다. 변화를 만드는 주인공 역할을 주고, 어려운 건 쉽게 풀어주고, 재미를 주기 위해 고민하고, 기대를 만드는 일이 그 답이었다.

　　정치에는 '집토끼' '산토끼'라는 은어가 있다. 집토끼는 우리 정당을 찍어줄 고정 지지층을, 산토끼는 언제든 떠날 수 있어서 새롭게 길들여야 하는 덜 우호적인 그룹을 말한다. 갈수록 이념으로 지지하지 않는 산토끼가 늘어나는 상황인데 정당은 새로운 유권자를 알아가는 데 큰 노력을 기울이지 않는다. 유권자가 언제든 등을 돌릴 수 있다는 위기감이 별로 없다.

뉴웨이즈는 정치보다 더 바쁘다. 선거제도부터 인재 선발 과정까지 문제가 생길 때마다 캠페인을 기획하고 어떻게 하면 더 많은 유권자가 공감할 수 있을지 메시지 전략을 고민한다. 문제는 우리가 바꾸고 싶은 산업이 '정치'라는 것이다. 너무 오랜 기간 불투명하고 폐쇄적으로 움직여온 산업을 단숨에 바꿀 수는 없다. 열심히 문제를 제기해도 눈에 보이는 결과가 즉시 나오는 일이 아니다 보니 일반 회사에 다닐 때는 하지 않던 고민을 하게 된다.

우리가 만드는 결과만이 아니라 '과정'을 나누는 일도 중요하다는 것이다. 사회 문제를 해결하는 데는 오랜 시간이 걸린다. 문제가 있는 부품만 갈아 끼우는 방식으로 접근할 수가 없다. 이런 상황에서 뉴웨이즈는 한 방에 문제를 해결해서 '짠' 하고 결과를 알리는 방식이 아니라 복잡한 방정식 가운데 지금 우리가 어떤 단계부터 집중하고 있는지를 알리고, 작은 일이라도 그 의미를 전달하려고 노력했다. 사람들이 문제에 공감할 수 있도록 필요한 정보를 주고, 이번에는 어디까지 목표를 이루었고 실패했는지, 다음에는 어디까지 나아가고 싶은지 과정을 잘 만듦으로써 '지금 당장은 아니더라도 언젠가는 해낼 것 같은 팀'이 되고 싶었다. 어떻게 그럴 수 있을까?

## 226개 의회, 얼마나 젊어들었나요

이 과정은 때로 삯바느질 같은 작업을 동반한다. 가장 대표적인 예로 '기초의회 다양성 지수'를 평가했던 일을 꼽을 수 있다. 자신이 사는 동네부터 젊치인이 얼마나 적은지 보여주기 위해 우리는 각 기초 의회를 구성하는 의원의 성별 및 연령 다양성을 측정해 리포트를 만들었다. 말로만 젊치인이 적다고 해봤자 실감 나지 않을 테니 직접 보여주자는 의도였다. 문제는 우리나라에 226개 기초의회가 있고, 이 데이터가 보기 쉽게 정리된 적이 없다는 것이다. 중앙선거관리위원회(이하 선관위)의 선거 통계 시스템에서 226개 기초의회 당선자 데이터를 하나하나 내려받아 성별 및 연령 다양성을 우리 손으로 평가하기로 했다.

여기에는 뉴웨이즈의 정기 후원자인 빌더 윤중 님의 도움이 컸다. 캐나다에서 전략경영 박사과정 중인 윤중 님에게 지방선거 당선자 데이터를 모으고, 226개 지역의 다양성 랭킹을 매길 방법을 문의했다. 윤중 님은 생태학에서 생물종의 다양성을 계산하는 '심슨 다양도 지수'를 활용해보자고 제안했다. 심슨 지수는 한 커뮤니티 안에 얼마나 다양한 종이 분포하고 있는지 균등성을 평가하는 방법이다. 가령 커다란 숲에 소나무만 있는 것보다 소나무, 삼나무, 참나무 등이 함께 있는 게 다양성 지수가 높은 상태다.

질적 다양성을 포함하지 못한다는 한계가 있었지만, 의회마다 얼마나 다양한 정치인으로 구성되었는지 비교 평가해보는 데는 의미가 있어 보였다. 우리는 2가지 조건에 주목했다. 하나는 남녀 성별 비율, 다른 하나는 만 39세 이하와 만 40세 이상으로 나눈 연령 비율. 데이터 정리는 정말이지 지난한 과정이었다. 2018년 지방선거 당선자 데이터는 이후 당선자의 복당, 탈당, 공석, 재보궐 선거를 통한 변경 등이 반영되어 있지 않기 때문에 226개 기초의

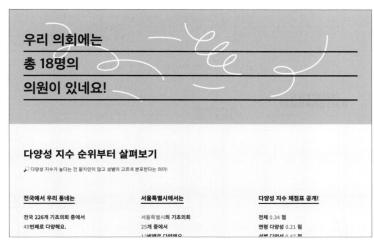

우리가 삯바느질로 만든 결과물이다.

회 사이트에 하나하나 들어가보고 기사를 검색해서 데이터를 업데이트했다. 이렇게 정리한 데이터로 226개 기초의회 다양성 지수를 평가하고 다양한 방식으로 비교했다.

집계해보니 2018년 지방선거 기준 기초의회가 없는 세종시와 제주도를 제외하고 15개 광역시·도 가운데 다양성 지수가 가장 높은 곳은 대전시(0.37)였다. 기초의원 62명 중에서 여성이 28명, 만 39세 이하가 8명이었다. 2위는 부산시(0.36)로 전체 기초의원 182명 중에서 여성이 64명, 만 39세 이하가 27명이었다. 반면 가장 다양성 지수가 낮은 곳은 강원도(0.20)로 기초의원 168명 중 여성은 36명, 만 39세 이하는 5명으로 나타났다.

단순히 숫자로 소개하면 재미가 없으니 '우리 동네 의회는 얼

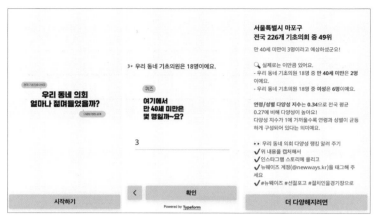

'우리 동네 의회는 얼마나 젊어들었을까?' 웹페이지 화면.

마나 젊어들었을까?'라는 제목의 웹페이지를 만들었다. 내가 사는 동네를 입력하면 이런 질문이 뜬다. '우리 동네 의회 의원은 총 9명이에요. 여기에서 젊치인은 몇 명이나 될까요?' 예상한 숫자를 입력하면 실제 숫자와 비교해 보여준다. 적을 거라고 예상은 했지만 '정말로 이렇게 적다고?' 싶은 지역이 대부분이다.

　　이 과정을 삯바느질이라 부른 이유는 선관위 데이터 수집은 물론 웹페이지도 손수 만들었기 때문이다. 웹페이지는 설문 플랫폼인 타입폼Typeform을 이용했다. 226개 지역의 다양성 지수 결과를 보여주는 226개 웹페이지를 만든 뒤, 설문에서 자신의 시·도를 고르면 해당 지역 정보가 노출되도록 226개 응답과 다양성 지수 정보를 연결했다. 우리는 전국의 언론사에 이 내용을 담은 보도자료를 보냈다. 어디에도 없는 데이터였기 때문인지 각 지역의 대표 언론사에서 이를 인용해 많은 기사를 보도했다.

다양성 지수는 뉴웨이즈 홈페이지에도 공개했다. 내가 사는 지역을 고르면 기초의회의 젊치인 숫자와 성별 구성, 전국 기준 다양성 순위가 나온다. 젊치인을 누르면 프로필로 연결되어 더 상세한 정보를 확인할 수 있다. 이 작업을 하며 '이렇게까지 궁금해하는 사람들이 얼마나 될까'라는 고민을 안 해본 것은 아니다. 하지만 캐스팅 매니저를 만날 때면 리포트를 잘 읽었다는 피드백이 돌아왔다. 2026년, 2030년 지방선거 때도 다양성 지수를 만들어 변화상을 한눈에 알 수 있게 해주면 우리 사회에는 꽤 중요한 데이터가 되지 않을까?


## 누군가는 주목해야 하는 것

예전 회사에선 과정보다 결과가 중요했다. 성과로만 평가를 받았으니까. 에디터로 일할 때는 콘텐츠 발행 목표 달성과 판매 부수가 중요했다. 콘텐츠 MD로 일했을 때는 대박 나는 클래스를 만드는 게 중요했다. 더 유명한 연사를 섭외했고 팔릴 만한 주제라면 가리지 않았다. 내가 만든 콘텐츠가 사회에 미칠 영향을 깊이 고민하지 않았고, 회사의 행보가 업계에 끼칠 영향도 중요한 결정 기준이 아니었다. 돈을 많이 버는 회사가 좋은 회사니까.

뉴웨이즈는 다르다. 여기서 일하면서 나는 자주 과정에 대해 생각한다. 일반 시민과 정당, 뉴웨이즈 정기 후원자인 빌더 등 여러 관계자를 고려하며 결정을 내린다. 결과만 좋으면 되는 일이 아니다. 쉽게는 우리가 만든 메시지가 거대 양당을 적으로 돌리진 않는지(우리는 양당의 젊치인이나 조직과도 협업해야 한다), 반대로 군소 정당이 보기에 거대 양당에 집중되어 있진 않은지도 따진다.

젊치인을 키운다는 우리 미션에 당장 도움이 안 되더라도 장기적으로 젊치인을 위한 일이라면 함께한다. 폴리틱스 마트가 딱 그런 예다. 선거제도 개편은 젊치인을 늘린다는 뉴웨이즈의 핵심 목표와 맞닿은 일은 아니다. 하지만 그 일을 한 건 의사결정권자의 다양성을 높이기 위해서다. 여기에 집중해보면 선거제도 개편도 뉴웨이즈가 목표를 달성하는 환경을 만드는 일이다.

앞서 팝업 스토어의 분위기를 자랑했지만 더 의미 있던 일은 따로 있다. 우리는 그날 폴리틱스 마트 참가자들에게 '룰메이커'가 되어달라고 했다. 간단하게 '국회에 더 다양한 인물, 의제, 정당이 진입하길 바라냐'는 질문에 서명하면 룰메이커가 된다. 폴리틱스 마트를 통해 연결된 약 200명의 룰메이커에게 국회의 선거제도 개편 논의 현황을 알려주는 이메일 레터를 보냈다. 국회가 약속한 선거제도 개편 확정 일정을 정리하고 격주마다 뉴스를 찾아보며 업데이트된 소식을 전했다.

2023년에는 최초로 선거제도에 대한 국민 여론을 수렴하는 공론조사가 진행됐다. 우리는 공론조사에 참여하는 방법은 물론 공론조사 결과도 정리해서 안내했다. 아쉽게도 선거제도는 국회가 약속한 시간까지 개편되지 않았다(자세한 선거제도 개편 결과가 궁금하다면, 275~277쪽을 참고하시라!). 사실상 양당이 마지막까지 자신들에게 더 유리한 제도가 무엇인지 계산하느라 결정을 미루고 미뤘기 때문이다. 그럼 우리가 했던 일은 헛된 것일까? 그래도 팔로우업 레터를 받아본 사람들은 뉴웨이즈가 왜 선거제도까지 얘기했는지, 이게 왜 중요한지를 알았을 것이다.

비영리 스타트업은 뭐가 달라요? 스타트업 관계자들을 만나면 자주 듣는 질문이다. 내가 내린 답은 '우리의 결정이 공동체에 어떤 영향을 미치는지'가 중요한 의사결정 기준이 된다는 것이다. 비영리 스타트업을 지원하는 아산나눔재단은 〈비영리 스타트업 성장 지원 전략 보고서〉에서 비영리 스타트업의 임팩트를 2가지로 정의한다. 첫째, 사회 문제 해결을 위한 핵심 프로젝트를 기획하고 수행하는 일. 둘째, 특정 이슈를 알리고 참여와 지지를 끌어내며 정책에 변화를 가져오는 일이다. 뉴웨이즈로 치면 젊치인 인재풀을 성장시키는 게 전자, 이에 대한 공감대를 늘려가는 작업이 후자에 해당한다.

사회 문제를 해결하는 데는 핵심 사업이 좋은 지표를 달성하는 만큼 문제에 관심을 쏟도록 사람들을 이끌고, 인식을 바꾸며, 특정 이슈에 대한 사회적 중요도를 높이는 '과정'이 포함되어 있다. 기업은 '성과'를 낼 만한 일을 하지만 사회 문제를 해결하는 비영리조직은 해결해야 하는 '문제'에서 일을 시작한다. 당장 변화가 생기는 일보다 변화가 만들어질 만한 환경을 만드는 유의 일들이 많다.

물론 우리에게도 성장과 목표 달성이 중요하다. 분기마다 지표를 설정하고, 주간 단위로 점검하며, 예상보다 지표가 낮을 때 실망하지만, 회고도 열심히 한다. 다만, 당장 회사의 지표 10%를 올리는 것만이 뉴웨이즈를 시작한 이유의 전부가 아니라는 것, 우리가 만들고 싶은 진짜 변화는 더 크고 느리게 온다는 것을 알고서 한다. 당연히 빨리 오면 더할 나위 없이 좋겠지만!

## 가장 멋진 방법으로 실패하기

후원자에게 보내는 '그로스 리포트'도 과정을 투명하게 보여주는 방식이다. 원래 '후원자 레터'로 발송하던 것을 뉴웨이즈의 성장과 변화를 더 상세히 알고 싶다는 빌더의 요청에 이름을 바꿨다. 새 이름은 스타트업이 투자자나 고객에게 보내는 성장 리포트에서 영감을 얻었다. 우리의 그로스 리포트는 지나치게 솔직하다. 격월로 뉴웨이즈의 모든 지표와 활동을 탈탈 털어 공개한다. 성공만이 아니라 실패도 담는다. 가령 분기 목표를 너무 높게 잡아 달성률이 지지부진하면 '목표가 높은 것도 좋지만 달성이 불가능해 보이면 동기가 떨어진다'는 회고까지 싣는다.

　　그로스 리포트에 대한 뉴웨이즈 빌더들의 피드백도 다양하다. '괜히 짠한 마음이 든다' '성장을 지켜보는 것에 보람을 느낀다' '가끔 너무 솔직한 이야기에 웃길 때도 있다' 등등. 특히 스타트업처럼 성장 과정을 투명하게 공개해서 좋다는 피드백이 많다. "여러 기관에 후원을 많이 해봤지만, 후원금이 어디에 쓰이는지, 조직이 어떤 변화를 만드는지 이렇게 자세히 설명해주는 곳이 없었는데, 후원한 보람을 느낀다" 같은. 그래서 문제 해결이 어려워 보여 낙담할 때는 우리의 힘든 상황을 토로하고 응원을 더 보내달라는 편지를 쓰기도 한다.

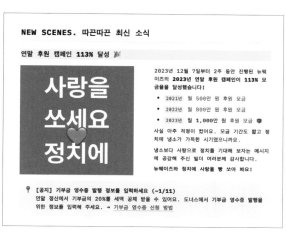

2023년 연말 빌더에게 보냈던 그로스 리포트.

지표가 낮아도 이번 달은 어떤 방향으로 한 발 나아갔는지, 그 래서 무엇을 알게 됐는지를 공유하면 다음 스텝이 생긴다.《프로세스 이코노미》의 저자 오바라 가즈히로는 과정의 스토리로 가치를 만들고, 결과가 아닌 과정을 파는 일이 새로운 마케팅이자 브랜딩이라고 소개한다. 나 또한 처음에는 비영리조직인 뉴웨이즈에서 마케팅, 브랜딩이 중요하다고 말하는 일이 어색했다. 브랜딩이나 마케팅은 돈을 벌기 위한 일인데, '비영리'조직에서 하려니 왠지 한눈 파는 느낌이랄까. 하지만 비영리조직이야말로 브랜딩과 떼려야 뗄 수 없는 관계다. 브랜딩이 곧 과정을 만드는 일이라면 말이다.

사람들을 과정에 초대하는 방식은 다종하다. 먼저 공동의 결과물을 만드는 방식이 있다. 설문을 요청해 그 결과를 우리 조직의 활동 방향에 반영하는 식이다. 뉴웨이즈가 그로스 리포트를 보내는 것처럼, 성공과 실패를 공유하는 건 가장 쉬운 방법 가운데 하나다. 우리가 알고 있는 정보를 널리 알려 동참하는 방법을 안내할 수도 있다. 이런 과정을 잘 만들려면 뒤에서는 샀바느질 같은 매일의 일들이 필요하다. 뉴스에서 중요하게 여기지 않는 데이터를 찾아서 정리하고, 뉴스레터 구독자에게 메일을 보내서 자신의 동네에 출마하는 젊치인을 확인하고 투표해보라고 권하는 일 등이 이에 해당한다.

사회 문제를 해결하는 일은 너무나 요원해 보인다. 결과만 가지고 말하다 보면 사람들은 무력감을 느끼거나 참여하지 못했다는 미안함에 문제 자체를 외면한다. 하지만 과정에는 힘이 있다. 우리와 함께하는 과정의 의미를 해석하며 사람들을 꾸준하게 기대하게 만들면, 마치 자기 일처럼 문제를 같이 해결하고 싶어 하는 사람들이 생긴다. 실제로 주변 사람들에게 정치에 관심을 가져보라며 뉴웨이즈를 추천하거나 정치는 바뀌지 않을 거로 생각했는데 우리의 노력에 감동했다며 뉴웨이즈를 후원하는 사람들이 늘어나고 있다.

겉보기에는 뉴웨이즈가 재밌는 일만 하는 것처럼 보이지만, 사실은 가장 멋진 방법으로 실패하는 과정을 만드는 팀일지 모른다. 당장 성과가 나오지 않아도 응원하고 싶은 의미 있는 도전을 고민하는. 어떤 과정으로 목표를 달성해야 우리를 지켜보는 사람들과 후원자, 그리고 사회에 더 유의미한 기록이 될까 고민하는. 그래서 무언가를 결정할 때 더 많은 애를 쓰는 것도 사실이다. 그렇지만 처음부터 잘하는 사람보다 천천히 성장해가는 사람을 더 응원하게 되는 것처럼, 과정에 담긴 의미를 아는 사람들은 쉽게 흩어지지 않는다.

 **3분 뉴스레터**

 **NEW WAYS**

# 지금의 선거제도는
# 충분할까?

**STEP 1. 소선거구제, 중선거구제는 무엇일까요?**

———————————————————————————————

➜ 선거구는 정치인을 선출하는 단위인데요, 우리나라는 거의 모든 선거에
   서 가장 많은 표를 얻은 1명이 당선되는 소선거구제를 채택하고 있어요.

  • 소선거구제: 한 선거구에서 가장 많은 표를 받은 1인이 당선돼요.

  • 중선거구제: 한 선거구에서 2인 이상 당선돼요.

  • 대선거구제: 한 선거구에서 4인 이상 당선돼요. (실제로는 중선거구제
    와 엄밀하게 구분하지 않고 '중대선거구제'라고 묶어서 불러요!)

➜ 중대선거구제를 채택하고 있는 선거는 기초의원 선거가 유일해요. 한 지
   역에서 최소 2명, 최대 5명을 뽑아요.

  • 중대선거구제는 정당 다양성에 기여할 수 있어요. 최다 득표자만 당선
    되는 소선거구제에서는 떨어질 수 있는 군소 정당이나 무소속 후보에
    게 기회가 생기기 때문이죠.

⤳ 반대로 한 정당에서 여러 명의 후보가 당선될 수도 있어요. **우리나라는 기초의원 선거에서 한 정당이 여러 명의 후보를 공천할 수 있게 하거든요.**

- 한 정당에서 후보가 여러 명 나오면 기호 1-가, 기호 1-나 순으로 구분해요. 거대 양당은 최소 가번 후보의 당선이 유력하기 때문에 나번 후보까지 당선되는 것을 목표로 삼기도 해요.

## STEP 2. 소선거구제의 장점과 한계, 그리고 대안

⤳ 많은 선거에서 소선거구제를 채택하는 이유는 뭘까요? 후보자가 적다 보니 유권자가 정보를 수월하게 파악할 수 있고 투표 과정도 효율적이에요.

- 유권자의 관심이 집중되고 투표율도 높아져요. 한 사람만 당선되기 때문에 후보 간의 경쟁이 치열하기 때문이죠.

⤳ 하지만 한계도 있어요. 먼저, 사표가 많다는 점이 꼽혀요. 예를 들어 두 후보가 51:49의 득표율을 얻더라도 의석은 한쪽만 가질 수 있으니 절반은 사표가 돼요.

- 참여연대 리포트에 따르면 제21대 총선에서 나온 2874만 표 가운데 자신이 찍은 후보가 당선되지 못한 사표가 1256만 표로 전체의 43.7%에 달한다고 해요.[*]

---

● 참여연대, 〈21대 총선, 유권자 지지와 국회 의석 배분 현황 이슈리포트〉, 2020년 5월 21일 자.

→ 거대 양당에 의석이 집중되니 양당 구조가 심화되는 문제도 있어요. 군소 정당에 대한 지지가 의석 수에 반영되지 않고 유권자도 다양한 의견이 반영될 거라 기대하지 않기에 고심해서 투표해야 하는 이유를 잃기 쉽죠.

→ 국회의원 선거에도 중대선거구제를 적용하자는 대안이 나오는 이유. 한 지역구에서 여러 명이 당선될 수 있는 제도가 생기면 득표율에 비례해 더 다양한 정당이 의석을 가질 수 있기 때문이에요.

- 여러 명의 후보가 당선될 수 있다면 사표 심리에 기대지 않고 소신에 따라서 투표할 수 있어요. 유권자의 선택을 받기 위해 정치인이 정책과 실력으로 경쟁하고 유능한 사람이 당선될 수 있는 환경이 만들어지는 것이죠. 유권자의 책임이 그만큼 커지기도 해요.
- 중대선거구제를 택하면 선거구가 더 넓어져요. 선거구의 크기가 넓어지면 더 다양한 유권자의 필요를 고민하게 되고, 지역 불균형이나 기후위기 등 전국적이고 지구적인 문제도 치열하게 논의될 수 있어요.

# 2부

# 젊치인의 도전과
# 성장을 돕는
# 에이전시가 될 거야

**- 뉴웨이즈 대표 박혜민**

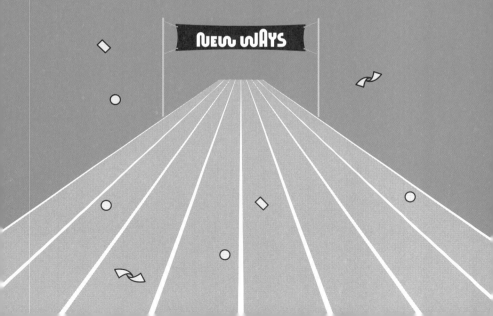

# 1장

# 정치를 해결한다고?
## 너무 큰 문제 아니야?

　　뉴웨이즈를 하면서 가장 자신만만했던 순간은 시작하기로 결심한 직후뿐이었다. 한국 정치가 얼마나 엉망인지, 왜 바뀌어야 하는지 온갖 이유와 촘촘한 사례를 들어서 설명하면 듣는 사람들도 꼭 필요한 일이라고 격하게 공감했다. 역시 이건 될 일이라는 자신감이 차올랐다.

> "국회의원이든 지방의원이든 만 50세 이상이 83% 이상인 거야."
> "진짜? 세상은 이렇게 빨리 바뀌는데 너무한 거 아니야?"
> "만 39세 이하 국회의원은 4.3%고, 지방의원은 6%야. 만 39세 이하 유권자는 34%인데.˙ 젊은 사람들이 더 많이 정치를 할 수 있어야 하지 않을까?"
> "그러게 말이야. 진짜 필요한 일이다. 다른 나라는 젊은 정치인이 많이

보이더라고."

"그래서 내가 이렇게 해보려고 하는데…."

호응을 받아 신나게 아이디어를 말하기 시작하자 자신감이 뚝 떨어졌다. "그렇게 해서 정치가 바뀌겠냐"는 우려가 번번이 맞는 말처럼 들려서 내가 뭣도 모르고 시작했다는 불안감이 들었다. "어려운 일이지만 꼭 필요한 일이니 열심히 해봐"라는 응원으로 대화는 끝났지만 불안감은 한동안 사라지지 않았다.

이 한 몸 바쳐서 정치를 바꿔보겠다는 비장한 마음으로 시작한 일은 아니다. 나는 정당 정치나 선거운동 경험도 없다. 단지 정치는 우리 삶에 막대한 영향을 끼치고, 정치는 의사결정의 연속인데 의사결정권자를 정하는 방식과 다양성 부재에 의문이 들었을 뿐이다. 이 호기심을 해결하고자 시작한 것이 뉴웨이즈다.

괜한 일을 벌였나 후회하기엔 이미 호기심은 커졌고, 한국 정치가 얼마나 엉망인지 잘 알게 되었다. 애초에 쉬운 일이었다면 정치가 이미 좋아지지 않았을까? 안 될 거라고 해서 안 하면, 달라지는 건 없고 기회만 줄어든다. 원래 일은 어려워야 재밌다!

불안을 다스리려고 골몰하다 이를 해소하려면 직접 해보는 수밖에 없다고 결론을 내렸다. 어차피 정치처럼 거대한 문제를 해결할 강력한 '한 방' 같은 건 없다. 완벽한 한 방을 찾아서 모두를 설득하려 하지 말고 우리가 품은 호기심을 따라 질문과 답을 찾아가기로 했다.

---

● 2024년 기준으로 만 39세 이하 유권자 비율은 31%가 되었다.

## STEP 1. 막연한 믿음이 무엇인지 확인하기

새로운 일을 시작하는 사람들은 모순되는 두 개의 명제를 마주한다.

하고 싶은 것을 하지 말고 세상이 원하는 것을 해라.

VS

하고 싶은 것을 하고 세상이 원하게 만들어라.

처음에는 '대체 어쩌라고' 싶었다. 그런데 지금 보니 둘 다 맞는 말이다. 우리가 하고자 하는 것의 '본질'은 유지하되 '세상이 원하는 것'을 만들라는 이야기. 만사가 명확한 논리에서 시작되진 않는다. 남들은 관심 없어도 자신은 중요하게 여기거나, 근거는 없는데 잘 되리라 확신하는 부분이 있다. 이 믿음이 우리가 문제를 해결하는 접근의 가장 중요한 '정체성'이 된다. 이 정체성을 선명한 언어로 정리하고 함께 공유해야 한다. 그것이 우리에게 이정표가 되어주고 자부심이 되어줄 테니까.

뉴웨이즈를 시작할 때 우리에겐 막연한 믿음 3가지가 있었다. 첫째, 다양한 개인의 영향력을 연결해 새로운 방식의 권력을 만든다. 개인은 시스템에 많은 영향을 받지만, 그 시스템을 바꾸는 건 다수의 개인이다. 정치 안에서 변화를 만들겠다고 결심한 가장 큰 이유도 '1인 1표'라서다. 주식회사는 주식 수에 따라서 의결권이 달라지지만 정치 안에서는 모두가 딱 한 표다.

다양한 개인을 연결해 변화를 만들겠다고 마음먹었으니 우리에겐 한 명의 성공보다 다수가 함께 변화를 만드는 게 더 중요하다. 한국 정치는 한 명의 영웅을 찾고 그 사람이 모든 문제를 해결해주기를 기대하다가 실망하는 것을 반복해왔다. 안타깝게도 완벽한 개인을 찾는 건 매우 어렵고 지속 가능한 방법도 아니다. 실패하면 그 책임을 개인에게 돌리고, 또다시 더 나은 영웅을 찾는 데 몰두할 게 아니라 다수가 협력해 실험하고, 실패하면 더 나은 방향을 찾아가는 모델을 만들고 싶었다.

둘째, 다원화된 사회에서 변화를 만들려면 다양한 정체성을 가진 개인들이 서로의 다름을 공유할 수 있어야 한다. 다원화된 사회에서 대중은 동질성이 큰 집단이라고 할 수 없다. 정체성에 따라 여러 갈래로 집단이 나뉘고 취향과 공유하는 정보들이 각각 생겨난다. 다원화된 주체는 나를 바꾸기보다 그대로 존중받고자 하고, '나다운 개인'으로서 정치에 참여하기를 바란다. 예전에는 종교나 시민교육을 통해 동질한 정체성과 방향성을 가졌지만 오늘날엔 어려워졌다.

현재의 개인은 변화에 참여하는 순간의 감정, 이를 통해 나를 어떻게 성장시킬 수 있는지가 중요하다. 참여가 소비의 형태와 비슷해진 면도 있다. 참여하는 이유나 욕구도 제각기 다르다. 이럴수록 개인들을 바꿔서 단일한 지향을 갖게 하는 것보다 다름을 공유하고 상호작용이 가능한 공간이 필요하다.

셋째, 정치 산업 내 의사결정권자는 더 다양해지기 위해 더 젊어져야 한다. 다양한 관점과 우선순위를 가진 사람에게 의사결정 권한이 있다면 정치는 더 나아질 수 있다. 물론 세대 관점으로 모든 것을 설명할 수 없고 한계도 있다. 그러나 어느 시대에 성장해서 무엇을 경험했는지에 따라 관점과 우선순위는 달라진다. 산업화 시대, 민주화 시대와도 다르고 경제 환경과 교육 환경에 따라서도 달라진다.

그렇다면 젊은 정치인을 더 많이 등장시키려면 어떻게 해야 할까? 뉴웨이즈를 시작하고 가장 가까운 선거는 대통령 선거와 지방선거였다. 대통령 선거는 만 40세 이상만 출마할 수 있어서 젊치인이 등장하기는 어려웠다. 우리는 2022년 6월 1일 실시하는 제8회 전국동시지방선거에 젊치인을 등장시켜보자는 목표를 세웠다.

다양한 개인의 영향력으로 변화를 만드는 것, 다양한 개인의 다름이 공존하는 공간을 만드는 것, 이를 통해 다가오는 지방선거에서 의사결정권자를 더 젊어지게 하는 것. 이 3가지가 뉴웨이즈가 꼭 보고 싶은 장면이었다. 다양한 개인과 '새로운 방식, 관점, 태도'로 변화를 만든다는 뜻을 담아 팀 이름을 뉴웨이즈로 정했다. 선거라는 이벤트가 목표긴 했지만, 젊치인을 성장시키는 지속 가능한 시스템을 만들고 싶었다. 이러한 지향을 담아 우리의 미션과 비전을 정리했다.

- **미션**: 정치 산업 내 의사결정권자가 다양해지게 만든다.
- **비전**: 다양한 개인의 영향력을 연결해 더 나은 의사결정권자가 성장할 수 있는 시스템을 만든다.

## STEP 2. 우리 산업의 본질 정의하기

정치 산업의 '본질'을 무엇이라고 정의할 수 있을까? 본질을 묻는 건 내가 새로운 산업에서 일을 시작할 때마다 고민하는 것이다. 비즈니스 전략이건 브랜드 전략이건 서비스 전략이건 좋은 결정을 고민하다 보면 결국 본질에 대한 질문과 마주하게 된다. '우리가 몸담은 산업을 무엇이라고 정의하는가?' '우리가 하는 일을 무엇이라고 정의하는가?' 이 답을 찾아야만 시장 안에서 경쟁력과 차별성 있는 포지셔닝을 할 수 있다. 본질의 정의에 따라 의사결정의 우선순위와 해야 하는 일이 달라진다.

정치의 본질은 무엇일까? 누군가는 국가를 통치하는 일이라고 하고, 누군가는 한정된 자원을 배분하는 일이라고도 한다. 뉴웨이즈에게 정치의 본질은 '커뮤니케이션'이다. 왜 정치의 본질이 커뮤니케이션이냐고?

관련한 일화가 하나 있다. 뉴웨이즈를 시작하고 얼마 지나지 않은 2021년 4월 재보궐 선거 후 라디오 방송에서 섭외가 왔다. 20대 남성의 투표율이 왜 오세훈 시장에게 더 쏠렸는지, 왜 그들이 보수화되는지 그 이유를 묻는 자리였다. 당시 정치권과 언론에서 더불어민주당의 권력형 성범죄로 인한 재보궐 선거인 만큼 국민의힘에 훨씬 유리한 선거라고 예측했음에도, 선거 결과가 공개되자 불공정함을 견디지 못한 20대 남성의 보수화 때문이라는 해석이 나왔다. 20대 남성과 20대 여성의 지지 후보가 달랐던 것은 주목할 만한 부분이었다. 그러나 기대한 선거 결과가 아니라고 해서 특정 세대론으로 좁혀

결론 짓는 건 정당의 성찰과 발전을 막고 유권자의 탓으로 돌리는 게 으른 해석이 아닐까?

질문을 전환하고 싶었다. 승부에서 누가 이겼고 졌는지 그 '이유'를 찾기 위해 현상을 납작하게 만들지 말고, 어떤 정치가 실패했고 어떤 정치를 기대하는지에 대한 풍부한 '성찰'이 필요하다고. 방송에서 기대한 답변이 아닐 수 있기에 작가님에게 미리 생각을 공유하고 출연하기로 했다.

결론부터 말하자면, 첫 라디오 방송은 완전히 '털리고' 끝났다. 불공정함에 화난 20대 남성은 보수화된 게 아니냐는 질문에 함께 나간 패널과 내가 답변할수록 진행자는 (원하는 답변이 나오지 않아서) 흥분하다가 급기야 젠더 갈등이 없다고 생각하느냐고 다그치기까지 했다. 방송이 끝나고 스튜디오 밖으로 나오자 작가님은 진행자가 이번 선거 결과에 크게 실망한 모양이라며 사과했다.

잔뜩 위축되어 돌아오는 길에 예전 회사 동료에게서 얻은 인사이트가 떠올랐다. 그는 누군가와 대화가 안 되면 정의Definition, 맥락Context, 의도Interest 3가지를 점검해보라고 조언했다. 서로 같은 단어를 쓴다 해도 그 뜻이 다를 수 있고, 상황에 대한 이해가 달라 사실을 다르게 인지한다는 얘기였다. 정의와 맥락이 같은데도 서로 다른 이야기를 한다면 그건 의도 혹은 이해관계가 달라서다. 내가 라디오 방송을 망친 건 어떤 요소 때문이었을까. 정의? 맥락? 의도?

아마도 셋 다였을 것이다. 나는 선거를 두 당이 이기고 지는 승부라고 정의하지 않았다. 선거 결과 자체를 특정 성별이나 세대 때문이라고 이해하지도 않았다. 특정 정당이 잘되길 바라는 마음도 없었다.

제대로 망쳐보니 자연스럽게 차이를 느꼈다. 기성 정치권이 정치를 무엇으로 정의하는지, 어떤 맥락으로 읽고 있는지, 의도와 이해관계를 어떻게 설정하고 바라보는지. 그리고 이 모든 것이 뉴웨이즈의 방식과 어떻게 다른지.

이 커뮤니케이션 자체, 구체적으로는 정의와 맥락, 이해관계를 바꿔야 정치가 바뀐다. 정확한 커뮤니케이션 없이 문제 해결은 어렵고, 좋은 커뮤니케이션 없이 가치를 공유할 수 없다. 정치 안에서 뉴웨이즈가 하고 싶은 커뮤니케이션은 얼마나 '우리가 옳고 상대가 틀렸는지'를 찾고 전달하는 게 아니다. 서로를 더 이해하고, 변화의 가능성을 발견하고, 우리가 변화를 만들 수 있다고 믿으며 함께 만들어가는 여정이다. 여기서 뉴웨이즈가 가진 경쟁력과 차별성이 만들어진다고 생각했다.


## STEP 3. 정보를 모으고 구조화하기

하지만 뉴웨이즈를 시작한 초반, 정치라는 문제는 거대하고 복잡한데 우리는 뭘 모르는지도 모르는 초짜였다. 그렇다고 무작정 덤벼들기보다는 '될 만한 일'을 하고 싶었다. 목표가 클 때는 작은 목표를 세우고, 차근차근 성공 사례를 만드는 것이 중요하다. 우리는 해도 그만인 일 말고, 진짜 해결할 수 있는 문제를 찾아 결과를 내보기로 했다.

일단 아는 것보다 모르는 게 많을 땐 계속 찾아봐야 한다. 이때 무턱대고 정보만 찾다 보면, 어디까지 뒤져야 하는지 길을 잃기 쉽다. 우리는 이를 막기 위해 2가지를 계속 염두에 뒀다. 첫째, 가설을 세워보는 것. 정보를 찾으며 생긴 통찰을 바탕으로 크고 작은 가설을 세우는 것이다. 그 가설이 진짜 유효할지를 다음 단계 정보에서 확인한다면, 정말 될 만한 일이 무엇인지 알 수 있을 것이다. 둘째, 정보를 수집하면서 구조화하는 것. 물건을 알맞은 선반에 옮기고 정리해 이름표를 붙이듯, 찾은 정보를 분류하고 정리해 구조화하려고 했다.

이 원칙에 따라 가장 먼저 젊은 정치인이 얼마나 적은지 그 숫자를 찾아봤다. 2018년 제7회 지방선거 결과를 확인하니, 광역단체장과 기초단체장 중에서 만 39세 이하 당선자는 한 명도 없었고, 광역의원과 기초의원에는 몇 명이 눈에 띄었다. 퍼센트로는 만 39세 이하 유권자 비율이 34%, 광역의원 당선자는 5.6%, 기초의원 당선자는 6.6%였다. 전체 후보자 비율에서도 10%를 넘지 않았다.

만 39세 이하가 가장 많이 도전하고 당선되는 선출 단위는 기초의원, 그다음이 광역의원이었다. 그럼 기초의원은 정확히 무슨 일을 하는 걸까? 어떤 준비가 필요하기에 이런 결과가 나온 걸까? 기

| 구분 | 광역자치<br>단체장 | 기초자치<br>단체장 | 광역의원 | 기초의원 | 교육감 |
|---|---|---|---|---|---|
| 후보자 | 5<br>(7.0%) | 8<br>(1.1%) | 197<br>(9.0%) | 442<br>(7.1%) | 0<br>(0.0%) |
| 당선자 | 0<br>(0.0%) | 0<br>(0.0%) | 46<br>(5.6%) | 192<br>(6.6%) | 0<br>(0.0%) |

2018년 지방선거 후보자, 당선자 수 (출처: 중앙선거관리위원회)

초의원은 기초자치단체(시/군/구)의 의회를 구성하는 의원으로, 우리가 투표 용지에서 한 번쯤 봤던 시의원, 군의원, 구의원이 바로 기초의원이다. 기초의원 기탁금은 200만 원으로 선출 단위 중 가장 적은 돈이 든다. 2018년 기초의원 당선자는 총 2927명으로, 지방선거에서 뽑는 선출직 중 73%에 해당하는 가장 많은 수를 뽑았다. 우리나라 기초의원 선거는 중대선거구제를 채택해서 한 선거구당 최소 2명, 최대 5명을 뽑기 때문에 2등, 5등까지도 당선될 수 있다. 의정활동을 하는 회기 일수도 평균 100일인 데다가 겸직이 가능해서 상대적으로 부담이 적다. 가장 작은 단위의 선거구에서 지역 주민과 밀접하게 연결되어 영향을 주는 정치인이기도 하다.

다른 선출 단위보다 당선율도 높았다. 기초의원에 도전하는 후보자가 많아지면 당선자도 늘어나지 않을까? 우리는 기초의원이 상대적으로 가능성이 크고 부담은 적은, 가장 가까운 데서 확실한 변화를 만드는 일이라고 판단했다. 한 명의 시장·도지사가 아니라 수백 명의 기초의원에 집중해보기로 했다.

**가설:** 기초의원 후보자가 늘어나면 당선자가 늘어날 수 있다.

그럼 왜 만 39세 이하 후보자가 늘어나지 않는 걸까? 청년 정치인이 등장하기 어려운 이유를 분석한 기사들을 찾아봤다. 2014년과 2018년 지방선거 기간에 나온 기사들 대부분이 기시감이 들 정도로 내용이 유사했다. 정리하면 다음과 같다.

## 1. 당내 청년 정치 육성 시스템이 부재하다

한국 정당에는 정치인 육성 시스템이 없다. 아니, 인재풀을 관리하고 키우는 조직 자체가 없다. 회사에 인재팀이 없는 셈이다. 물론 아예 시도가 없지는 않았지만 당내 지도부가 바뀌면 유야무야되었고, 발굴한 인재조차 당시 지도부 이름에서 딴 '○○○ 키즈'라는 꼬리표가 붙었다. 당내 청년 정치 아카데미 같은 교육 프로그램은 현직 국회의원들의 특강으로 채워진 일회성 이벤트 정도다. 장기적 관점에서 인재상을 세우고 육성하는 프로그램이 없다.

정당 자체가 청년 정치 육성 시스템을 지속할 수 없는 구조라면, 당 밖에서 초당적으로 젊은 정치인을 성장시키는 시스템을 만드는 건 어떨까? 당내 지도부 변화와 무관하게 지속적으로 운영될 수 있지 않을까? 우리는 또 하나의 가설을 세웠다.

**가설:** 초당적으로 당 밖에서 청년 정치 육성 시스템을 만들면 후보자가 늘어날 것이다.

## 2. 기성 정치 구조가 정치 신인에게 불리하다

공천제도는 정당이 공식 후보로 추천하는 일이다. 출마 후보가 많으면 당내 경선을 하거나 당이 전략 후보를 정하는 등의 방식으로 결정한다. 관련 논문도 여러 개 찾아 읽었지만 낯선 개념이 많은 데다 방식도 다양해서 어느 것이 우리나라에 적합한지 판단하기 어려웠다. 무엇보다 당내 의사결정을 따르는 방식이기에 당 밖에서 할 수 있는 일에는 한계가 있었다.

다만 공천제도가 불투명하고 비체계적이라는 것, 정치 신인이 돌파하기에는 기성 정치인에게 유리한 구조라는 것, 이를 보정하기 위해 할당제나 가산점제 같은 제도가 필요하다는 것은 분명했다. 공천제도를 우리가 어떻게 접근해야 할지 명확히 할 필요가 있었다.

*가설:* 정치 신인에게 장벽이 되는 공천제도가 그대로면 후보자가 늘어날 수 없다.

### 3. 출마 비용이 너무 비싸다

출마하는 데는 큰돈이 든다. 당선되면 일정 금액을 보전받지만, 예비 후보자로서 쓴 비용은 돌려받을 수 없다. 또한 출마 비용을 정당이 아닌 외부 조직이 부담하는 경우는 정치자금법에 어긋난다. 그나마 2022년 지방선거부터는 예비 후보자들이 선거운동 기간에 후원금을 모금할 수 있게 되었다. 우리가 직접 비용을 지원할 수 없다면 후원금 모금을 지원해주는 건 어떨까? 돈을 직접 줄 수는 없어도 시간과 네트워크에 드는 비용을 줄여주지 않을까?

*가설:* 후원금을 보낼 사람들을 모아두면 후보자들의 출마 비용 부담이 줄어들 것이다.

리서치를 하면서 여러 가설이 쌓이고 나니, 이 중에 가장 중요한 문제, 진짜 문제가 무엇인지 궁금했다. 직접 만나서 물어볼 차례였다. 우리는 2018년 지방선거에 출마해서 당선된 현역 기초의원 6명,

낙선한 후보자 3명과 인터뷰를 진행했다.

우리는 선출직 정치인으로 출마하기까지 크게 5단계가 있을 거라 전제했다. '관심'을 갖고 '탐색'하고, 관련 '활동'을 해보다가 확신이 들었을 때 '도전'하여 '출마'하는 것. 여느 직업과 다를 바 없다. 현역 기초의원과 낙선자들에게 각 단계에서 어떤 상황을 마주하고 해결했는지 묻고 단계별로 정보를 구조화해보기로 했다.

### 1단계: 관심

선출직 정치인을 '직업'으로 삼는다는 건 흔한 생각이 아니다. 보통의 청년들은 어떤 선출직이 있는지, 그들이 무슨 일을 하는지 잘 모르기 때문이다. 있는 줄도 모르는데 도전이 적은 건 당연한 일 아닐까? 또 선출직 정치인을 직업으로 인식하는 것 자체가 어렵다. 미디어에 노출된 정치인들은 중년 남성인 경우가 많아 나이가 들고 성공 경험이 있어야 할 수 있는 일이라는 편견도 있다.

먼저 정치인을 직업으로 인지시키고, 정치를 해보고 싶게 만들어야 한다. 우리는 인터뷰를 통해 이 낯선 일에 도전한 사람들의 유형을 분석했다. 대개 세 유형이었는데 첫째, 이미 정치에 관심이 있어서 정당 활동을 해온 경우. 둘째, 본인이 해결하고 싶은 사회 문제가 있고 관련 활동을 해온 경우. 셋째, 의사결정에 영향력을 발휘해서 공적으로 유의미한 일을 하려고 커리어를 전환한 경우였다. 우리는 기존에 해결하려는 문제가 있거나 더 나은 사회를 만드는 데 영향력을 미치고 싶은 사람들에게 선출직 정치인을 직업의 선택지로 제시한다면, 정치인에 대한 관심이 높아지겠다는 가설을 세웠다.

| 1단계 | 관심 |
|---|---|
| 상황 | "내가 정치를 해볼 수 있을까? 정치를 일로 하면 어떨까?" |
| 어려움 | • 정치인이 매력적인 직업으로 보이지 않는다.<br>• 선출직 정치인이라는 직업에 대한 정보량이 적다.<br>• 젊은 정치인의 사례가 많지 않다.<br>• 애초에 관심 자체를 가지는 경우가 적다. |
| 기대 | • 구체적으로 어떤 일을 하는지 알고 싶다.<br>• 어떤 능력이 필요한지 알고 싶다.<br>• 먹고살 수 있는지 업무 환경이 궁금하다.<br>• 비슷한 또래 중에 경험해본 사람이 있는지, 어땠는지 궁금하다. |
| 기존 대안 | 없음 |
| 시도해볼 만한 솔루션 | • '정치인'을 더 나은 사회를 만드는 직업으로 브랜딩한다.<br>• 선출직 정치인에 도전할 때 필요한 시간과 비용에 대한 정보를 제공한다.<br>• 다양한 배경과 캐릭터의 젊치인들에 대한 레퍼런스를 전달한다. |

**가설:** 선출직 정치인이 '더 나은 사회를 만들 수 있는 매력적인 직업'이라는 것을 알리면 관심 갖는 사람들이 늘어날 것이다.

### 2단계: 탐색

새로운 직업을 선택할 때 우리는 자신의 능력이 적합한지, 무엇을 준비해야 하는지, 시간과 돈은 얼마나 드는지부터 찾아본다. 하지만 선출직 정치인이 되는 법은 검색으로 나오지 않는다. 당내에서도 체계적으로 정리되어 있지 않아서 사람을 통해 전수된다. 인터뷰에서 현역 기초의원과 낙선자 모두가 공통적으로 꼽은 어려움이바로 이 '정보의 폐쇄성'이었다. 한 현역 기초의원은 출마를 결정한다음 무엇부터 해야 하는지 물어볼 사람조차 없었다고 토로하며,

가까스로 출마 경험이 있는 사람을 소개받아 편도 2시간 반을 이동해 만났다고 했다.

정당 활동을 오래 한다고 저절로 체득되는 것도 아니다. 출마자가 많은 정당의 경우, 젊은 정치인이 출마 의사를 밝히면 회유와 공격이 이어진다. 경쟁자가 적어서 출마를 권하는 당의 경우 당내에 노하우를 전수해줄 사람이 없어 직접 부딪히며 알아가야 한다.

탐색 과정부터 정보가 폐쇄적이다 보니 정보를 제공해주는 특정한 관계에 의존할 수밖에 없다. 이렇게 정보가 막연하다면 관심을 갖는다고 해도 그것이 지속되기는 어렵지 않을까?

| 2단계 | 탐색 |
|---|---|
| 상황 | "선출직 정치인은 어떻게 준비해야 하지?" |
| 어려움 | • 핵심 역량이 무엇인지, 그것을 어떻게 준비해야 하는지 알기 어렵다.<br>• 예상 기간이나 비용 등 필요한 자원에 대한 정보를 찾기 어렵다<br>• 본인의 역량과 자질에 대해 객관적인 판단이 어렵다. |
| 기대 | • 무엇부터 어떻게 시작해야 하는지 궁금하다.<br>• 시간과 돈이 얼마나 드는지 알고 싶다.<br>• 내가 적합한 인재인지, 어떤 면이 부족한지 검증받고 싶다. |
| 기존 대안 | 아는 정치인에게 물어본다. |
| 시도해볼 만한 솔루션 | • 선출직 정치인을 하려면 어떤 단계를 거치는지 정보를 제공한다.<br>• 필요한 역량과 자질 측면에서 선출직 정치인 후보자의 강점과 약점에 대해 객관적인 분석을 제공한다. |

**가설:** 선출직 정치인에 도전할 때 필요한 기간, 방식, 비용에 대한 정보를 쉽게 접할 수 있다면 탐색하는 사람들이 늘어날 것이다.

### 3단계: 활동

선출직 정치인에 출마하기 위해 필요한 역량, 비용 등에 대한 정보를 얻었다면 이제 실력과 태도를 쌓기 위해 활동할 차례다. 그러나 당내에 인재를 키우는 성장 시스템이나 교육 프로그램이 없다 보니 이 또한 쉽지 않다.

인터뷰이들은 당원으로 가입해도 특별한 교육이 없으므로, 대개 정당 행사에 적극적으로 참여한다고 했다. 그런데 이 행사들은 주로 평일 오후에 열린다. 시간을 맞춘다 해도 대개 행사 진행 실무나 청년들을 모아오는 역할을 요청받는다. 자조적인 말로 '청년 동원' '청년 들러리'라는 말이 여기서 생겨났다.

이러한 현실에서 청년 정치인들이 정치에 도전하면 준비되지 않았다는 평들을 한다. 그러다 보니 정치에 도전하고 싶은 청년들은 활동가, 변호사, 사업가 등으로 외부에서 성과를 만들어야 한다고 생각해 정치 밖에서 준비한다. 정치도 전문성이 필요한 일인데 제대로 실력을 쌓을 수가 없다. 실력도 어떤 목표를 가지고 쌓느냐에 따라 그 내용이 달라진다.

그럼 정치적 전문성은 어떻게 키워야 할까. 선출직 정치인을 준비한다면 그에 맞는 노력이 필요하다. 단순히 많이 배우는 게 전부가 아니라 나를 응원하고 지지해줄 사람들을 모아 활동해나가야 한다. 현실적인 문제도 있다. 당선될 때까지는 정치로 일정한 소득을 얻을 수 없으므로 생계 활동을 병행해야 한다. 이 문제까지 해결된다면, 꾸준히 실력을 쌓는 사람들이 늘어나지 않을까?

| 3단계 | 활동 |
|---|---|
| 상황 | "정치인으로서 준비도 하고 활동도 해볼까?" |
| 어려움 | • 정당에서 정치적 전문성을 기르는 방법을 알려주지 않는다.<br>• 평일 낮에 진행되는 정당 행사에 참여하기가 어렵다.<br>• 책임과 권한 없이 실무적인 동원에 참여를 요구받는다.<br>• 수도권 중심으로 교육 프로그램이 운영되어 참여가 어렵다. |
| 기대 | • 정치인으로서의 전문성을 기르고 싶다.<br>• 정치적 영향력을 키우고 성장하는 경험을 하고 싶다.<br>• 생계 활동을 지속하면서 정치도 할 방법을 찾고 싶다. |
| 기존 대안 | 정치 학교, 정치 아카데미, 리더십 학교 등의 교육 기관 |
| 시도해볼 만한 솔루션 | • 정치 활동 방법과 경험에 대한 커리큘럼을 제공한다.<br>• 또래 젊치인의 정보와 노하우를 공유한다.<br>• 자신이 가능한 시간과 장소에서 학습할 수 있도록 온라인으로 서비스를 제공한다.<br>• 직접 해보면서 역량과 경험을 쌓을 수 있게 한다.<br>• 지지 기반을 쌓고 선거에 영향을 주는 활동에 집중한다. |

**가설**: 생계 활동을 하면서 정치인으로서 꾸준히 성장하고 활동할 수 있다면 정치에 도전하는 사람이 늘어날 것이다.


### 4단계: 도전

정치인으로서 전문성을 기르고 출마를 결심했다면, 무소속으로 출마하지 않는 이상 정당의 '공천'이라는 관문을 거쳐야 한다.

거대 양당에서 출마한 인터뷰이들은 하나같이 지역위원장이나 당협위원장 이야기를 꼭 했다. 정당은 국회의원 선거구를 기준으로 당내 지역위원회나 당원협의회를 만들고 그 지역의 수장을 지역위원장 혹은 당협위원장이라고 부른다. 주로 국회의원 선거에서 당선 혹은 낙선된 사람들이 맡는다(이하 지역·당협위원장).

　　당헌 당규에는 공천 절차가 명시되어 있지만, 암묵적으로 기초의원 공천은 지역·당협위원장의 의견에 따라 결정되는 게 현실이다. 이들은 다음 총선에서 함께 선거를 뛰고, 자신을 유리하게 만들어줄 팀을 중심으로 공천을 구상한다.

　　지방선거를 경험해본 사람이라면, 지방선거 공천은 "지역·당협위원장 by 지역·당협위원장"이라고 말한다. 정당은 이른바 '시스템 공천'을 통해 심사와 면접을 본다고 하지만 실제는 다르다. 선거한 달 전에 갑자기 위원장이 바뀌기도 하고, 위원장이 이미 구상을 마쳤다는 이유로 공천 심사 서류 자체를 안 받아주기도 한다. 한 인터뷰이는 선거가 몇 주밖에 안 남았는데도 공천이 정해지지 않아서 지역 사무실에 매일같이 찾아가 무작정 기다렸다고 했다.

　　지역·당협위원장은 좋은 팀을 만들어 지역 정치에 힘쓰겠다고 하지만 자칫 어긋나면 중앙 정치에 지역 정치가 종속되고 만다. 시민을 대의하는 일이 아닌, 줄 서기 정치로 중심이 옮겨진다. 이렇게 당선되면 눈치를 보느라 의정 활동도 자유로울 수가 없다.

　　기초의원이 되기 위해 지역·당협위원장에게 잘 보여야 한다니. 이 이야기를 처음 들었을 때 투표 용지에 쓰인 이름 중에 뽑을 사람이 없어서 고민하다가 겨우 찍었는데, 결국 투표 용지에 쓰인 이름이 어떻게 결정되는지부터가 중요했다는 허탈감이 들었다. 이 폐쇄성 때문에 기초의원보다 시장·도지사 선거가 더 쉬울 거라고 조언하는 사람도 있었다.

　　우리는 후보가 되기 위해 거쳐야 하는 공천제도를 혁신하거나 제도 안에서 젊치인들이 경쟁력을 가져야만 더 많은 젊치인 후보가 등장할 수 있겠다고 판단했다.

| 4단계 | 도전 |
|---|---|
| 상황 | "후보로서 무엇부터 해야 할까?" |
| 어려움 | • 전체적인 준비 과정과 집중해야 할 방향에 대한 정보를 찾기 어렵다.<br>• 정당 기여도나 당원 조직력이 중요하다.<br>• (거대 양당) 지역·당협위원장의 의존도가 높다. |
| 기대 | • 정당에서 공천을 받아 후보로 출마하고 싶다.<br>• 선거를 무엇부터 어떻게 준비하면 되는지 알고 싶다. |
| 기존 대안 | 당내 선거 아카데미, 선관위 교육 프로그램 |
| 시도해볼 만한 솔루션 | • 선거 관련 가이드를 제공한다.<br>• 지지 기반을 만들 수 있도록 유권자와 연결한다.<br>• (거대 양당) 당내 공천제도의 혁신을 요구한다. |

**가설**: 공천제도에 변화를 만들어야 더 많은 후보가 등장할 것이다.

### 5단계: 출마

후보가 되어 선거운동이 시작되면 돈, 시간, 네트워크의 부족에서 오는 총체적인 어려움을 겪는다. 선거운동에 대한 경험과 노하우가 공유되지 않기 때문에 시행착오를 혼자 오롯이 겪으면서 한정된 돈과 인력으로 돌파하게 된다.

지역구에서 선거를 준비하면 관행적으로 지역 내 '빅마우스'나 관변단체,* 동호회, 봉사단체 등을 찾아간다. 이들은 이미 기성 정치

---

* 정부기관에서 직접 혹은 간접적으로 지원을 받는 공익성을 띤 단체.

인들이 관계를 맺어둔 그룹이므로, 기성 정치인의 소개를 받아야 하고 스스로 쌓는 데는 오랜 시간이 걸린다.

젊치인들은 기존 네트워크에서 신뢰를 쌓으면서도, 기성 정치인과 결속되지 않은 새로운 유권자들을 만나야 경쟁력이 생긴다. 여기서 새로운 유권자는 대개 2030세대, 더 넓게는 2040세대를 말하는데, 문제는 이들이 낮에는 지역 밖으로 빠져나간다는 것이다. 젊치인에게는 다양한 유권자를 만날 기회가 없고, 새로운 유권자들은 정치가 나를 위해 일하도록 하는 연결고리를 갖지 못한다.

선거운동 노하우와 경험을 미리 안다면 비용을 효과적으로 쓸 수 있지 않을까? 또 낮에 지역 밖으로 나가는 유권자들에게 후보의 존재를 알리고, 서로 연결될 수 있도록 다리를 놓는다면 젊치인에게 새로운 지지 기반이 생기지 않을까?

| 5단계 | 출마 |
|---|---|
| 상황 | "어떻게 선거운동을 해야 당선될 수 있을까?" |
| 어려움 | • 선거운동 전략에 대한 정보와 경험이 부족하다.<br>• 돈과 네트워크가 부족하다.<br>• 자신의 지지 기반을 만들기가 어렵다.<br>• 언론·미디어 노출 등의 홍보가 어렵다.<br>• 나이 때문에 후보로 인지를 못 하거나 전문성과 역량에 대한 의심을 받는다.<br>• 기성세대 중심의 지역 네트워크에 적응하며 신뢰를 얻기가 쉽지 않다. |
| 기대 | • 유권자를 누구부터 어떻게 만나 지지를 얻을 수 있을지 알고 싶다.<br>• 선거운동 비용을 아끼면서 효과적으로 하고 싶다.<br>• 선거운동을 함께할 사람이 필요하다.<br>• 선거법이나 선거 회계 등이 까다롭고 어렵다. |
| 기존 대안 | 당내 선거 아카데미, 당내 지원 |

| 시도해볼 만한 솔루션 | • 선거운동 관련 가이드를 제공한다.<br>• 지지 기반을 만들 수 있도록 유권자와 연결한다.<br>• 동료를 만날 수 있도록 연결한다.<br>• 브랜딩이나 홍보를 돕는다.<br>• 언론·미디어 노출 등의 홍보를 연결한다.<br>• 후원금을 쉽게 모을 수 있도록 돕는다. |
| --- | --- |

**가설:** 다양한 지역 상황에 맞는 출마 경험과 정보를 쉽게 접할 수 있고, 더 많은 유권자에게 알릴 기회가 있다면 후보자가 늘어날 것이다.

인터뷰를 진행하면서 초면인 우리에게 몇 시간씩 할애해 답변해준 현역 젊치인들이 신기하고 고마웠다. 본인들이 고생하며 얻은 배움을 똑같은 시행착오를 겪지 말라고 다른 사람에게 나눠주다니. 이들은 진심으로 더 많은 젊치인과 같이 일했으면 좋겠다는 마음으로 인터뷰에 임했다고 말했다.

약 10~20명 규모의 의회에서 젊치인이 한 명이면 다른 사람을 설득하느라 많은 시간을 쓰게 된다. 예컨대, 젊은 사람들이 왜 결혼하지 않는지, 현재 청년 정책이 왜 실효성이 없다고 생각하는지 등 동시대를 경험한 또래들은 그 이유를 당연히 알지만, 50~60대 동료 정치인들은 이해하지 못하는 문제들이 있다. 현역 젊치인들은 정당과 관계없이 또래 정치인이 3명만 넘어도 더 많은 성과를 낼 것 같다며 아쉬워했다.

양당에 젊치인이 2명씩 있는 지방의회의 한 젊치인은 우리에게 "의회 안에서 당 사이 갈등이 격해지면, 젊치인들이 따로 만나 어떻게 합의할 수 있을지 방향을 상의"한다고 했다. 의회가 일할 수 있도록 머리를 맞댄 것이다. 으레 다른 정당끼리는 대립하리라 생각한 나에게 예상치 못한 장면이었다. 정당이 달라도 동료로서 협력하고 성장하는 커뮤니티를 만든다면, 막연한 두려움과 외로움을 덜어줄 것이란 기대가 들었다.

> **가설:** 정당과 상관없이 젊치인들은 서로 협력하며 성장할 수 있다. 이러한 커뮤니티가 커지면 외로움은 줄어들고 지속적으로 도전하는 후보자가 늘어날 것이다.

이렇게 새로운 정보를 얻으면서 가설을 세워감과 동시에 인터뷰에서 얻은 정보를 단계별로 나누어 구조화했다. 선출직 정치인에 관심을 가지고 출마하기까지 어떤 경험과 어려움을 겪을지 여정을 그려본 셈이다.


## STEP 4. 우리의 우선순위 정하기

이제 정보를 얻었으니, 그 안에서 할 뉴웨이즈의 '역할'을 찾아야 했다. 타임라인은 명확했다. 1년 5개월 뒤인 2022년 6월 제8회 지방선거. 우리는 단 2명. 시간과 자원이 한정된 만큼 우리가 어디에 더 집중할지 우선순위를 세워야 했다.

우리는 몇 가지 기준을 세웠다. 적어도 2026년 제9회 지방선거에서 누군가 우리와 똑같은 의문을 품고 검색했을 때, 현재와는 다른 상황이 펼쳐지게 하자. 매번 진단만 똑같다는 푸념이 아니라 그래도 여기까지 해본 사람들이 있구나, 여기서부터 다시 해보면 되겠구나 힌트를 얻었으면 했다. 다른 한 줄이 적힌다면 무엇이 가장 의미 있을지 생각해보려 했다. 두 번째, 우리가 재밌게 할 수 있는 일이어야 한다. 20대 후반을 모조리 쏟을 건데 재미없는 일을 하느라 괴로워하기 싫었다. 물론 그렇다고 해서 하고 싶은 것만 할 생각도 없었다. '될 일'을 되게 만들고 싶었다.

　그래서 대체 그런 일이란 게 뭘까? 정치에 관해 우리보다 많이 혹은 조금 아는 사람, 정치 경험이 있는 사람, 지역 커뮤니티 경험이 있는 사람 등 다양한 인물을 만나면서 그들에게 받은 질문부터 떠올렸다. 사람들이 뉴웨이즈가 하려는 일에 대한 설명을 들었을 때, 던질 만한 질문부터 답변할 준비가 되어 있어야 했다.

　기왕이면 질문을 밸런스 게임처럼 극단적으로 만들었다. 하다 보면 타협할 수도 있지만, 우선 한쪽에 가까운 답을 고민해봐야 우리 지향이 뭔지 스스로 깨달을 것 같았다.

### 유명한 한 명의 성공 VS 평범한 여러 명의 성공

　뉴웨이즈 초기, 많은 사람이 프로젝트가 확실하게 알려지려면 유명한 인물을 데려와야 한다고 조언했다. 코미디언 출신이 대통령으로 당선되는 나라의 사례처럼 이미 유명한 인물이 정치를 결심하면 더 많은 사람이 동참할 것이라는 얘기였다. 같은 맥락에서 여러 명을 지원할 에너지로 서울시장 한 명을 당선시키는 게 더 효과적이라는 의견도 있었다.

유명하고 확실한 인물을 찾아서 단박에 알려질 것인가, 평범한 사람도 도전 가능하다고 할 것인가. 무엇을 더 큰 임팩트로 볼 것인지에 대한 결정이 필요했다. 우리는 평범한 다수의 성공을 만들기로 했다. 뉴웨이즈는 다양한 개인의 영향력을 연결해 변화를 만들고 싶은 팀이니까. 게다가 하나의 큰 성공은 그만큼 감당해야 할 리스크도 크다. 그 리스크를 감당해서 한 명의 스타를 만든다 해도 동료 정치인과 지지 기반 없이 혼자 만들 수 있는 변화는 제한적이다.

작더라도 확실한 성공 경험 수백 개가 지역마다 쌓인다면, 다음에 더 큰 변화를 만들 가능성이 생긴다. 우리는 지속 가능한 변화를 기대하니 더더욱 당연한 결정이었다.

### 젊치인 먼저 모으기 VS 유권자 먼저 모으기

그다음은 젊치인을 먼저 찾을 것인지, 유권자부터 모을 것인지 선택할 차례였다. 출마할 만한 젊치인을 먼저 모으기엔 우리가 그들에게 내세울 것이 없었고, 유권자를 먼저 모으기엔 지지할 만한 젊치인의 실체가 없었다. 둘 다 어렵기는 마찬가지였지만, 둘 다 해내야 하는 일이기도 했다. 무엇부터 하는 게 좋을까? 해리포터와 함께 자란 우리는 덤블도어 교장 선생님에게 아주 중요한 가르침을 받았다. 여러분은 앞으로 '쉬운 길'과 '옳은 길' 중에 선택하게 될 거라고. 자신을 보여주는 건 '자신의 역량'이 아니라 '자신의 선택'이라고. 우리는 더 어렵더라도 우리다울 수 있는 선택을 하기로 했다.

이 말을 부표 삼아 1부에서 확인한 것처럼 우리는 젊치인을 기대하고 응원할 2030 유권자를 먼저 모으기로 했다. 2030 유권자는 선거 때마다 캐스팅 보트로 꼽히며 표심을 잡아야 한다고 사람들은 말하지만, 이들은 조직화된 어떤 세력이 아니다. 이른바 '부동층'으로, 모으긴 어렵지만 그만큼 선거에 큰 영향력을 줄 수 있다.

2030 유권자가 모이면 새로운 종류의 영향력이 생기지 않을까? 그 에너지에 용기를 얻어서 출마를 결심하는 젊치인이 더 많이 등장하지 않을까?

### 당선자 늘리기 VS 후보자 늘리기

후보자를 많이 등장시킬 것이냐, 당선자를 많이 만들 것이냐? 같은 말 같아도 무엇을 우선순위로 두는지에 따라 전략이 달라진다.

결론적으로 우리는 후보자 수를 늘리는 데 집중하기로 했다. 후보자 수 자체가 적으면 당선율을 높이더라도 당선자 수를 늘리는 데 한계가 있다. 게다가 당선에는 통제할 수 없는 여러 정치적 변수가 개입한다. 우리와 정당의 역할이 많이 겹칠 경우 후보에게 혼란을 줄 수 있고, 공직선거법을 고려하면 현실적으로 할 수 있는 역할이 적었다.

후보로 나오는 것보다 당선되는 게 더 어려운 군소 정당에는 어떤 역할이 더 필요할지도 계속 고민했다. 후보를 늘리는 데 집중하되 특정 시점 이후에는 군소 정당 소속 후보의 홍보에 더 자원을 쏟기로 했다.

### 무소속 VS 창당 VS 정당 연결

후보자를 많이 내기로 했으니, 그다음 차례는 이들을 어디 소속으로 낼 것이냐가 문제였다. 무소속이 좋을까? 아니면 우리가 창당해야 할까? 다른 방법은 없을까?

처음에는 출마할 사람들을 모아서 무소속 후보로 내보려 했다. 그렇게 하면 공천 과정도 건너뛸 수 있으니까. 하지만 이는 한계가 명확했다. 많은 무소속 후보가 당선된 이후에 입당했다. 정치는 반드시 팀으로서 함께해야 하는 일이다. 기초의회에서 조례를 만드는 것부터 국회에서 법안을 만드는 일까지 팀을 이루어 해결해야 하므로, 무소속으로 일하는 데는 한계가 있다. 민주주의 사회에서 정당의 역할은 아주 중요하다. 역할을 제대로 하는 정당이 없다고 해서 소속 없이 가는 것보다 정당을 더 나은 방향으로 이끌 기반을 쌓거나 새롭게 만드는 게 더 낫겠다고 생각했다.

그러면 역시 창당일까? 새 당을 만들려면 서로 동의하는 정치적 이념이 있어야 하고, 정당만의 언어와 정책, 정치적 입장을 내세워야 한다. 우리는 이런 경험과 역량이 전무한 데다 정치적 자산 없이 이를 채워가기에는 지방선거까지 시간이 짧았다. 우리가 뉴웨이즈를 시작한 동기와 동떨어진 선택이기도 했다.

우리가 선택한 건 '초당적인 젊치인 에이전시'라는 기존 업계에 없던 길이었다. 다양한 정당에 속한 젊치인들을 만나면서 알게 된 것은 어디에 속하든 비슷한 어려움을 겪는다는 사실이다. 우선 젊치인들이 직면한 어려움을 해소하는 것부터 시작하고, 초당적인 에이전시로서 젊치인을 지원하는 모델로 가닥을 잡았다.

방향을 결정하자 새로운 역할이 보였다. 출마를 결심하면 후보는 정당을 결정해야 한다. 한국에는 정당과 정치 활동에 대한 교육이 따로 없으므로 정당별로 무엇이 다른지, 어떤 정당에 가입해야 하는지 알 수가 없다. 그렇다고 각 정당을 경험해본 뒤 결정할 수도 없다. 후보들이 정당을 탐색하고 결정하는 과정부터 돕는다면, 정치 산업에 새롭고 다양한 인재를 연결할 수 있지 않을까? 또 서로 다른 의견을 가진 다양한 젊치인이 어렵고 힘든 도전의 과정을 함께 돌파하면, 그 과정에서 같이 동료로 성장하는 다원적인 커뮤니티가 만들어질 것이다. 그런 커뮤니티에서 각자 의견을 개진하고 합의해 나간다면 협치를 통해 한 발짝 나아가는 정치가 가능하지 않을까?

### 어떤 결과가 나오면 성공인가

마지막으로 "뉴웨이즈가 잘되면 뭐가 좋아지냐"는 질문에도 답이 필요했다. 어떤 결과가 나와야 뉴웨이즈가 성공했다고 말할 수 있을 것인가. 계속 달라지겠지만, 일단 2021년 우리의 목표와 결과를 남겨둔다는 의미로 다음과 같이 정리해두었다.

- **누가:** 젊치인 에이전시 뉴웨이즈가
- **언제:** 2022년 지방선거에서
- **왜:** 정치 산업 내 의사결정권자가 다양해질 수 있도록
- **무엇을:** 만 39세 이하 기초의원을 20% 이상 등장시킨다. (2018년 기준 6.6%)
- **어디서:** 온라인을 기반으로
- **어떻게:** 더 나은 의사결정권자가 성장할 수 있는 시스템을 다양한 개인의 영향력을 연결해 함께 만든다.

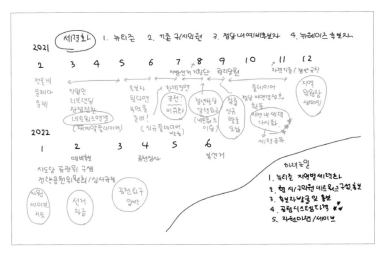

2021년 1월 말에 아이패드로 썼던 뉴웨이즈의 지방선거 타임라인.

일의 우선순위를 정하기 위해 지방선거 타임라인을 그렸다. 선
관위에 올라온 선거 일정을 확인하고, 정당 일정은 기사와 정당 공
지 게시판을 뒤져서 찾았다. 그 위에 시점별로 예상되는 어려움을
적고 이를 해결하기 위해 할 수 있는 일들을 적었다. 그런 다음 문제
상황과 우리가 할 일들을 한 호흡으로 시뮬레이션해봤다.

거대하고 복잡한 담론에서 진짜 문제를 짚어내고, 해결 방향에
대한 우리의 관점을 세우니 할 수 있는 것과 하지 않아도 되는 것이
얼추 보였다. 레퍼런스가 전무한 일이라 진짜 변화를 만들 수 있는
지는 직접 경험해봐야만 알 터였다. 이제는 막연한 압도감이 아니라
해볼 만하겠다는 고무감이 들었다.

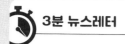
**3분 뉴스레터**

# 선거는 내가 할게,
# 관리는 누가 할래?

## STEP 1. 선거관리위원회가 하는 일

⟶ 선거관리위원회(이하 선관위)는 선거와 투표, 정당 및 정치 자금과 관련한
일을 해요.

- 1962년 헌법 개정을 통해 국회, 정부, 법원, 헌법재판소처럼 독립된
지위를 보장받는 헌법 기관이 됐어요.

- 이전까지는 행정 기관인 내무부의 부속 기관으로 집권당이 승리를 위
해 선관위를 이용할 수 있었어요.

⟶ 선관위가 하는 일은 크게 3가지로 요약할 수 있어요.

- 선거가 절차에 맞게 진행되도록 관리해요.

  - 대통령 선거, 국회의원 선거, 지방선거 등 공직 선거를 관리해요.

  - 후보자 등록부터 선거운동, 투표 및 개표까지 선거의 전체 과정을 감
  독해요.

  - 공직선거법 위반 행위를 예방, 감시하고 단속해요.

- 정치자금법에 따라 정치 자금을 관리해요.
  - 정치인의 후원금 모금 및 기부 상황을 감독해요.
  - 국고 보조금을 지급하고 지출 상황을 감독해요.
  - 정당 및 후원회의 회계 보고를 접수하고 확인해요.
- 공정하고 투명한 선거 문화를 만들어요.
  - 정당 관계자, 학생, 시민을 대상으로 민주 정치를 교육해요.
  - 더 바람직한 선거와 정치 제도를 연구해요.

## STEP 2. 선관위는 어떻게 구성될까

→ 선관위가 존재하는 이유는 투명하고 깨끗한 선거를 만들기 위해서예요.

→ 선거 사무를 관장하는 만큼 정치적 중립성과 외부의 압박에서 자유로운 공정성이 중요하죠. 선관위 위원은 중립성과 공정성을 위해 다음의 원칙을 지켜야 해요.
- 정당 활동 금지: 선관위 위원은 특정 정당에 가입하거나 정당의 정치 활동에 참여할 수 없어요.
- 임기와 신분 보장: 헌법과 법률에 위원의 임기와 신분이 보장되어 있어요.
- 부당한 파면 금지: 선관위 위원은 탄핵 또는 금고 이상의 형을 받지 않는 이상 파면되지 않아요.

→ 선관위 위원들은 어떤 기준으로 선발될까요?

- 중앙선관위는 위원장, 상임위원, 위원으로 구성돼요. 상임위원이 상근하며 사무처를 감독해요.
- 중앙선관위 위원은 총 9명으로 구성되어 있어요. 대통령과 국회, 대법원장이 3명씩 임명해요. 임기는 6년이에요.
- 중앙선관위 위원으로 위촉되면 국회 인사 청문회를 통과해야 해요.
- 선관위 사무처 공무원은 행정부 공무원과 별도로 선거 행정직 공무원으로 분류돼요. 행정부의 영향에서 독립성을 보장받기 위해서예요.

# 혼자가 힘들 땐, 같이 풀면 됩니다

　　몇 년 전 나는 사회 문제를 해결하는 스타트업에 투자하는 회사에 다녔다. 사회적·경제적 가치를 함께 스케일업하는 비즈니스 모델을 가진 회사가 주요 투자 대상이었다. 당시 동료들과 어떤 팀에 투자해야 하는지 그 '기준'을 세우는 회의를 한 적이 있다.

　　우리는 기업이 수익을 창출한 다음 사회에 환원하는 게 아니라 사회적 가치가 있는 일로 돈을 벌고, 회사가 돈을 벌수록 사회 문제도 해결되는 모델을 찾고자 했다. 주로 아이디어 단계에 있는 신생 회사에 투자했는데, 그러다 보니 수익 창출이 가능한지 검증이 안 된 상태에서 그 가능성을 어떻게 알아낼 것인지가 가장 큰 과제였다. 동료들과 이전에 투자한 기업 중 이런 모델을 가진 회사들의 공통점을 살펴보다가 '고객이 직접적인 수혜자일 때 그 모델은 사회적 가치와 경제적 가치가 함께 스케일업할 수 있을 것'이라는 가설을 세웠다.

고객과 수혜자가 다른 사회적 비즈니스도 많다. 예를 들어 고객이 물건을 하나 사면 수혜자에게 하나 기부되는 모델은 고객이 그 물건을 사지 않으면 수혜자에게도 기부되지 않는다.

이때의 일을 떠올리며 뉴웨이즈의 방식을 고민했다. 왜 필요하고 왜 좋은지 한 번은 설득할 수 있다. 하지만 그다음에 한 번 더 하도록, 다른 사람에게 권하도록 하려면 '진짜 욕구'와 연결되어야 한다. 선한 일을 하려고 구매하는 게 아니라 진짜 필요해서 샀는데 이게 나와 사회에 도움이 되면 더 확장될 수 있다.

바른말로만 설득 가능한 사람의 수는 제한적이다. '하면 좋은 일'이 아니라 '진짜 필요한 일'이면서 개인과 공동체에 모두 유리한 전략을 찾고자 했다. 자신에게 좋은 결정을 하고 싶은 인간 본성의 '욕구'와 더 나은 사회에 기여하고 싶다는 '시민성'을 연결하는 기획이 필요했다. 우리는 이를 우스갯소리로 '낭만적'으로 이기는 방법이라고 했다.

## STEP 5. 이해관계자 정의하기

누구에게 유리한 일을 할 것인가. 그 '누구'부터 정의해야 한다. 이들은 뉴웨이즈의 이해관계자가 된다. 일단 이해관계자를 최대한 구체적인 대상으로 설정했다. 가령 '정당'은 너무 광범위한 대상이다. 정당 안에서도 우리와 이해관계가 맞닿은 사람이 누구인지 명확하게 정하려고 했다. 문제는 정당에는 등장인물이 많고 복잡하다는 것이다. 선거 과정 동안 등장하는 인물만 해도 처음 들어보는 역할과 직책이 대다수였다. 심지어 정당마다 조직 구조가 다른 데다가 같은 직책이지만 용어가 다르기도 했다.

다 알고 있되 모두 고려하지는 않았다. 우리 목표에 함께할 수 있고 결과에 영향을 미칠 수 있는 핵심 이해관계자를 중심으로 관계도를 그렸다. 이해관계자는 다시 '수혜자'와 '협력자'로 나눴다. 수혜자는 우리가 해결하는 문제를 겪고 문제 해결의 혜택을 받는 사람이라면, 협력자는 이 문제를 함께 해결하는 파트너이자 그 과정에서 이익을 얻어가는 사람이다. 선거 과정에서 핵심 이해관계자의 정의는 다음과 같다.

- **수혜자**: 뉴웨이즈가 문제 해결을 하면 혜택을 받는 사람은 누군가?
- **협력자**: 문제를 함께 해결하는 파트너이자 과정에서 이익을 얻는 사람은 누군가?

### 1. 젊치인

만 39세 이하 젊은 정치인. 뉴웨이즈가 해결하는 문제의 대상인 수혜자이자 함께 문제를 해결하는 협력자다. 상대적으로 돈, 시간, 네트워크가 다 부족하다.

- **도전 젊치인**: 초선을 목표로 한다. 수혜자다. 무엇부터 시작해서 어떻게 해야 하는지 정보와 경험이 필요하다.
- **현역 젊치인**: 재선을 목표로 한다. 출마 경험과 의정 활동 경험

을 공유해줄 수 있는 협력자다. 지역과 정당 안에서 자신의 지지 기반을 만들어야 한다.

## 2. 정당

후보자가 정치적 지향을 공유하고 팀으로서 함께하는 조직으로, 협력자다. 정당의 인재 육성, 공천 전략과 방향에 따라 젊치인의 성장 환경이 달라진다. 대부분의 정당은 인재 성장 시스템과 인재풀을 갖추고 있지 않아 뉴웨이즈와 협력이 필요하다.

공천 과정은 정당에 따라 절차와 방식이 다르지만 거대 양당을 기준으로 크게 중앙당과 시·도당위원회, 지역·당협위원회로 나뉜다. 각 단위의 의사결정권자는 당 대표, 시·도당위원장, 지역·당협위원장이 된다. 지방선거 안에서도 선출 단위에 따라 중요한 이해관계자가 달라진다.

• **당 대표**: 선거를 앞두고 중앙당에는 선거기획단, 공천관리위원회, 인재영입위원회 등 다양한 조직이 생긴다. 이 중앙당에서 선거 전략이나 방향성, 공천 룰 등을 결정한다. 당 지도부에서 각 조직의 위원장을 인선하기 때문에 당 대표의 의견이 다수 반영된다. 광역자치단체장 공천을 진행한다.

• **시·도당위원장**: 중앙당에서 기조를 결정하면 각 시·도당 상황에 따라 구체적인 방향을 설정한다. 시·도당 공천관리위원회 등 별도의 조직을 만든다. 이 인선도 시·도당위원장에게 큰 영향을 받는다. 시· 도당위원장에 따라 비례 후보는 공개 오디션을 통해 발굴하거나 청년 비중을 공격적으로 늘리기도 한다. 기초단체장과 지방의

원(광역의원, 기초의원) 공천을 진행한다.

• **지역·당협위원장**: 시·도당 공천관리위원회는 지방의원 공천에 대해 지역·당협위원회의 추천을 받거나 의견을 개진할 수 있다. 시·도당위원회가 심사하고 결정하지만 사실상 지역·당협위원장의 영향력이 가장 크다. 지역·당협위원장이 공석일 경우 시·도당위원회에서 진행한다.

### 3. 2030 유권자

뉴웨이즈와 함께 젊치인의 등장을 기대하고 응원하는 그룹. 협력자다. 정치가 더 나아지길 바라지만 무엇을 알아야 하고 어떻게 참여해야 하는지 정보와 경험이 부족하다. 낮에는 일터나 학교로 가고 이사도 잦아서 우리 지역에서는 어떤 정치인이 일하고 있는지 알기 어렵다. 반대로 정치인은 2030 유권자를 지역에서 만나기가 어렵다.

### 4. 그 밖의 일반 유권자

젊치인에 투표할 수 있는 유권자. 협력자다. 어떤 선거(당내 경선, 본선거 등)인지, 어떤 출마 단위(기초의원, 광역의원, 기초단체장, 광역단체장)로 나왔는지, 출마 유형(지역구, 비례)은 무엇인지에 따라 설득해야 하는 유권자가 다르다.

• **당원**: 당내 경선을 할 경우 당원 투표가 있으므로 당원의 지지가 중요하다. 지역·당협위원장에 따라 지역 당원에게 얼마나 지지받는지 지역 조직력을 확인하기 위해 당원 명부를 모아오라고 하기

도 한다.

• **지역 유권자**: 경선을 하는 경우 당원 투표만이 아니라 지역 유권자 투표도 포함될 수 있다. 여론조사로 어떤 후보를 더 선호하는지 묻는다. 후보들은 당원과 지역 유권자 비율, 유선·무선 전화 등에 따라 경선 결과가 달라지기 때문에 이에 민감하다.

• **지역 네트워크(관변단체, 동호회, 종교단체 등)**: 오프라인에 모여 있는 지역 주민. 봉사 활동, 취미 활동, 종교 활동 등 다양한 목적으로 뭉쳐 있다. 특히 지역에 오래 살고 인맥이 넓은 사람들이 많아 후보들은 이 그룹에게 자신을 알리고 신임받는 게 중요하다.

뉴웨이즈의 목표를 달성하려면 이해관계자 중 누구와 협력하거나 경쟁하고, 누구에게 변화를 요구해야 할까? 젊치인과 이해관계자의 욕구가 서로 연결되는 지점은 어딜까? 각 이해관계자의 관계를 어떻게 설정해야 이 문제를 해결할 수 있을까?

2022년 제8회 지방선거는 대통령 선거 3개월 뒤에 치르는 전무후무한 상황이었다. 2030 유권자의 정당 지지율이 중요한 각 당 대표를 비롯해 대선 후보들도 정당 혁신 차원에서 청년 정치인들에게 기회를 더 많이 주겠다는 약속을 경쟁적으로 했다. 이러한 흐름이 중앙당의 전체적인 방향성에 영향을 줬고, 지역·당협위원장이 급하게 청년 후보를 찾느라 분주해졌다는 말이 들려왔다. 2030 유권자의 마음을 얻기 위해 정치 대표성의 확대를 약속하며 젊치인 공천 확대로 이어진 것이다.

## STEP 6. 이해관계자의 욕구를 이해하고 재구성하기

다음으로 뉴웨이즈의 문제 해결에 영향을 주거나 영향을 받는 사람들의 욕구를 정리해봤다. 하지만 이해관계자의 욕구에서 출발하는 것에는 위험이 따른다. 권력을 가진 이해관계자의 욕구가 말끔하게 충족된다면, 되려 기존 시스템을 더 견고하게 만들 수 있다. 이런 정치적 관성을 바꾸는 시스템을 만들고자 뉴웨이즈를 시작했기에 어떻게 출발하면 좋을지 머리가 아팠다.

　2021년 4월 즈음, 은주 님에게 전화가 왔다. 은주 님은 지역 기반 시민 활동가로 일하다가 2018년 지방선거에서 기초의원으로 당선됐다. 우리는 앞서 은주 님에게 만남을 요청해 기초의원 출마 과정에 대해 다양한 내용을 물어봤고 그는 모든 질문에 친절하게 답변해주었다. 은주 님은 뉴웨이즈의 등장을 무척 반가워했지만 걱정하는 기색도 보였다. 만남 후 한 달 정도 지났을 때 전화가 왔다.

> 은주: 그때 너무 어렵다고만 한 게 아닌지 마음이 불편하더라고요. 일하다가도 종종 뉴웨이즈가 떠올랐는데, 그러다 갑자기 이런 생각이 났어요. '나에겐 현역 의원으로서 가진 영향력이 있지 않나. 왜 다음 사람이 더 많이 등장하고 동료가 되는 일에 내가 할 수 있는 것이 없다고 생각했지? 내가 어떤 영향력을 가졌는지 발견하고 더 많은 사람이 등장하게끔 돕고 싶다'.

은주 님의 설레는 얘기를 전해 듣자 나도 덩달아 떨렸다. 그와 동시에 아이디어 하나가 떠올랐다. '정치적 관계성에 대한 시각을 바꿔보자!' 우리는 그동안 정치권의 관계를 '대결과 경쟁'이라는 고정된 시각으로 보았다. 예컨대, '젊치인은 서로를 경쟁자로 볼 것이다' '우리가 많은 후보자를 발굴해도 권력을 가진 지역·당협위원장의 마음에 안 들면 끝이다'라고 단정 지었다. 그런데 은주 님의 말을 곱씹어보니, 이해관계자들을 서로 협력 관계로 보고 문제를 풀면 기회의 틈이 생길 것 같았다. 그 가능성이 만들어지는 방향으로 정치 산업 내 이해관계자의 욕구를 연결하며 관계성을 재정의해보기로 했다.

우선 이해관계자들의 욕구를 단순하게 만들었다. '젊치인은 후보가 되어 당선되고 싶다.' '2030 유권자는 말이 잘 통하는, 뽑을 만한 정치인이 늘어났으면 한다.' '지역·당협위원장은 이후 자신이 출마했을 때 선거에서 협력할 수 있는 사람들을 공천해서 많이 당선시키고 싶다.' 이 욕구들을 어떤 관계성으로 풀어내야 서로가 협력하며 이해관계를 충족시킬 수 있을지 고민했다.


### 1. 젊치인

후보가 되어 당선되고 싶다. 출마 지역 자체에서 경쟁력을 갖추기 위해서는 기성 정치인이 연결되지 못한 지지 기반을 가져야 한다. 오프라인에서 만나기 어려운 2030 유권자와 연결되는 것이 중요하다. 2030 유권자와 연결되면 지역 내에서 다른 유권자 그룹과 연결되었다는 '경쟁력'을 갖추면서 2030 유권자의 관점, 우선순위를 대변하는 관계를 맺을 수 있게 된다.

더 많은 젊치인이 들어오는 것이 중요하다. 젊치인이 모여 있으면 혼자일 때보다 더 많은 기회와 자원이 집중된다. 메시지에 영향력이 생기면서 더 많은 변화를 만들 수 있다.

### 2. 지역·당협위원장

지역·당협위원장도 총선에 출마하는 후보자로서 당선되고 싶다. 지방선거 공천에서 여러 연령대의 후보를 공천해 다양한 유권자와 접점을 만들고 총선에서 기민하게 움직일 수 있기를 기대한다.

지역마다 유권자 지형은 다르지만 공통적으로 2030 유권자와 접점을 만드는 데 어려움을 겪는다. 만약 젊치인이 2030 유권자를 대변하고 관계를 연결하는 통로가 된다면 지역·당협위원장과의 관계는 '지역 내 다양한 유권자와 접점을 만들어내는 협력 관계'가 될 수 있다. 젊치인이 2030 유권자에게 효능감을 주는 활동을 할수록 지역·당협위원장 선거에도 도움이 될 수 있다.

### 3. 2030 유권자

이해관계자 중 가장 욕구가 약하다. 기대하는 것이 없으면 욕구가 생기기 어렵다. 선거에 참여하지만 뽑고 싶은 사람이 없고 나를 이해하고 대변하는 정치인이 없다고 생각해 정치 효능감이 크지 않다. 이러니 지역 정치에 관심이 줄어든다.

이 2030 유권자에게 지역 정치가 일상의 변화를 만든다는 것을 보여주고 욕구를 일깨워야 한다. 그래야 말 통하는 젊치인을 더 많이 원하게 되고, 이들을 뽑고 싶어 하게 된다. 지역 정치에 관심이 생긴 2030 유권자에게 현재 젊치인이 후보가 되기 어려운 이유를 알리고, 투표 용지에 올라올 후보를 더 젊고 다양하게 바꿀 수 있는 영향력이 2030 유권자에게 있다는 것을 알려줌으로써 참여를 만든다. 만나기 어려운 유권자인 만큼 적은 숫자로도 큰 영향력을 가질 것이다. 지역·당협위원장에게 이 지역에서 투표할 2030 유권자의 숫자를 구체적으로 보여주면 영향력을 발휘할 수 있다.

정리하면 이렇다. 젊치인이 많아지면 2030 유권자가 원하는, 말 통하는 정치인이 늘어난다. 2030 유권자가 젊치인이 늘어나길 기대하는 마음으로 젊치인을 응원하면, 젊치인은 지역·당협위원장도 지역에서 만나기 어려운 2030 유권자 지지 기반을 갖게 된다. 젊치인과 지역·당협위원장은 서로 다른 연령대의 지지 기반을 갖춘 협력 관계가 된다. 젊치인이 많아지면 젊치인에게도 좋다. 젊치인이 많이 모여 있을수록 주목도가 올라가고 정치 활동에도 영향력이 생긴다.

이 시뮬레이션으로만 된다면 젊치인은 서로에게 경쟁자가 아닌 동료가, 2030 유권자는 정치에 무관심한 유권자가 아니라 정치의 가능성을 믿고 영향력을 키워주는 파트너가 된다. 지역·당협위원장과 젊치인은 공천권을 가진 사람과 선택받는 사람이 아니라 서로 다른 유권자 그룹의 지지에 기반한 협력 관계가 된다.

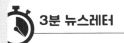 **3분 뉴스레터**

**NEW WAYS**

# 그 많던 여론은
# 어디에서 나왔을까

## STEP 1. 여론조사, 아무나 할 수 없다?

→ 여론조사는 사회 문제나 정책, 쟁점 등에 대해 구성원의 공통된 의견을 구하기 위해 실시해요. 하지만 모든 구성원에게 물을 수 없으니 표본을 뽑는 과정이 포함되어 있죠.

→ 여론조사는 인증된 기관만 공표, 보도할 수 있어요. **공표, 보도를 목적으로 선거 여론조사를 하려면 중앙선거여론조사심의위원회**(이하 여심위)**에 여론조사 기관으로 등록해야 해요.**
  • 여심위는 실제 조사 기술이 있는지, 분석 전문 인력이 있는지, 여론조사 실적이나 매출액, 상근 직원이 머무는 사무 공간 여부 등을 따져서 승인해요. 현재 59개 기관이 등록되어 있어요(2024년 1월 기준).

→ 여론조사를 시작할 때도 신고가 필수! 조사 목적, 표본 크기, 조사 지역 및 일시, 방법, 설문 내용 등을 여심위에 신고해야 해요. 하지만 정당이나

방송·신문·정기 간행물 사업자, 뉴스 통신 사업자, 인터넷 언론사 등은
신고하지 않아도 돼요.

⟶ 여론조사 전화를 받아본 적 있나요? 여론조사 기관은 공직선거법에 따
라 통신사에 여론조사를 위한 가상번호를 요청할 수 있어요.

- 만약 전화를 받고 싶지 않다면 가상번호 제공에 동의하지 않는다고 통
신사에 밝히면 돼요. 하지만, 0000~9999번호를 무작위로 추첨해서
전화하는 RDD(Random Digit Dialing) 방식으로 진행되는 조사까진 막
을 수 없어요.

---

**더 알아보기 – 여론조사 표본 추출 방법**

여론조사에서는 특정 지역, 세대, 성별 등에 치우치지 않는 표본을 선정하
는 일이 중요한데요. 표본 추출 방법으로는 ① 0000~9999번호 중에 무작
위로 전화를 거는 RDD 방식 ② 통신사에서 가상번호를 제공받는 방식이 있
어요. RDD 방식은 유선전화, 휴대전화를 다 사용할 수 있고 가상번호 방식
은 휴대전화로만 진행돼요.

---

## STEP 2. 여론조사 똑똑하게 읽는 방법

⟶ 여론조사 결과는 왜 조금씩 다를까요? 하나의 이유는 응답 수집 방식이
다르기 때문이에요. 응답 수집 방식에는 조사원이 직접 질문하는 전화
면접 방식과 녹음된 기계 음성이 질문하는 자동응답 방식이 있어요.

- 전화 면접은 실제 인물과 통화하는 만큼 전화를 끊기가 어려워 응답을 끝까지 마치는 비율이 높고요.
- 자동응답 방식은 전화 버튼만 누르면 되니 솔직한 진짜 생각이 드러나요. 끊기 쉬운 기계 음성에 끝까지 응답한 사람이니 정치에 관심이 많은 층이라 말할 수 있죠.

➤ 질문지에 따라서도 답변이 달라요. 정당이나 인물에 대해 부정적 인식을 유발하는 키워드를 넣으면 답변에 영향을 주기 때문이에요. 여심위는 이를 막기 위해 특정 정당이나 후보자에게 편향된 어휘나 문장을 사용하여 질문하지 않도록 규정하고 있어요.

➤ 선거일 전 6일부터 투표 마감 시각까지는 여론조사 결과를 공표하거나 보도할 수 없어요. 정확하지 않은 여론조사 결과를 토대로 승산 있는 후보를 더 지지하거나, 열세에 있는 후보를 편드는 등 여론을 왜곡할 수 있기 때문이죠.

➤ 여론조사를 잘 읽으려면? 선관위는 여론조사를 읽을 때 '조사 방법과 표본 추출 틀, 조사 기관과 의뢰자 등을 종합적으로 고려'하라고 권해요.
- 여론조사 시점을 확인해보세요. 서로 다른 날짜에 진행된 같은 여론조사가 있다면 그사이에 결과에 큰 영향을 미치는 사건이 있었는지 따져볼 필요가 있어요.
- 표본 응답 수가 충분한지 보세요. 대통령 선거나 전국 단위 여론조사는 1000명 이상을 최소한의 표본 크기로 정하고 있어요.

- 표본 추출 및 응답 수집 방법을 살펴보세요. 유선전화를 이용하는지, 휴대전화를 이용하는지에 따라 답변 계층이 달라질 거라고 유추할 수 있어요. 전화 면접과 자동응답의 차이도 있고요.

- 오차 범위를 파악해요. 지지율 30%에 대해 '95% 신뢰 수준, 표본 오차 3%'라고 하면요. 실제 지지율은 30%에서 ±3%인 27~33% 안에 있고, 실제 지지율이 이 구간 안에 포함되어 있을 확률이 95%라는 의미!

## 3장

## 기존에 없던 방식을 어떻게 만들까?

지방선거가 끝난 뒤 한 지원사업 심사 면접에서 이런 질문을 받았다.

**면접관:** 정치라는 힘든 영역을 선택한 이유가 뭔가요?

**혜민:** 모르고 시작했어요. 정치를 잘 몰랐지만 바꿀 수 있지 않을까 하는 호기심이 컸습니다.

**면접관:** 처음엔 그랬겠지만 이제 힘들다는 것을 알잖아요. 그런데 왜 계속하는 거죠?

**혜민:** 하면 바뀐다는 것을 알게 됐거든요. 정치는 공고해 보이지만 시스템이 없는 시스템이더라고요. 뾰족한 시스템을 만들어서 실행력으로 돌파할 수 있는 부분이 있다는 것을 알게 되었죠.

정말 그렇다. 처음 시작할 때 모두가 정치는 원래 그런 거니까 바뀌지 않을 거라고 말했는데, 막상 부딪혀보니 정치는 바뀔 수 있는 영역이었다. 사람들이 말한 '원래 그런 것'의 대부분이 암묵지였다. 즉 그동안 쌓인 경험과 지식으로 돌아가는 시스템이었을 뿐, 실제 시스템 같은 건 존재하지 않았다. 시스템은 투명하고 체계적이며 일관적이어야 시스템이다.

시스템 아닌 시스템으로 돌아가니 기존에 있는 시스템을 바꾸라고 요구하기가 어려웠다. 새로운 시스템을 만들라고 하는 것도 마찬가지다. 시스템을 만드는 건 정당의 역할인데 지금은 그럴 의지와 실행력이 정당에 없으니까.

상황을 파악했으니 우리가 믿는 세계관대로 성장 시스템을 만들 차례였다. 처음에는 작더라도 구체적으로 돌아가는 시스템을 만들고 이 시스템의 효과성이 검증되면 더 의미 있는 형태로 키워보고자 마음먹었다.


## STEP 7. 효과적인 솔루션 만들기

우리가 만든 시스템이 돌아가려면 사람들이 실제로 이용해야 하고 그러려면 당장 유용해야 했다. 2030 유권자의 쓸모를 고민한 노력이 1부에서 다룬 '커뮤니케이션'이었다. 여기서는 젊치인과 지역·당협위원장에게 유용하고자 했던 노력을 공유하려 한다.

인터뷰와 자료를 정리해 젊치인들이 지방선거에서 겪는 공통의 어려움을 실력, 세력, 기회, 자원 4단계로 나누었다. 구체적으로 정치인으로서 어떻게 성장해서 경쟁력을 키울지에 대한 '실력', 그 경쟁력으로 만들어가는 지지 기반인 '세력', 실제 후보자가 되어 출마할 수 있는 '기회', 돈과 네트워크 등 선거에 필요한 '자원'. 우리는 이 4단계에 대한 솔루션을 구상했다.

이때 3가지 원칙을 세웠다. 첫째, 솔루션의 목적과 목표를 명확히 하고, 이를 달성하는 가설을 세운다. 둘째, 솔루션을 기획한 뒤 실행하기 전에 이해관계자와 함께 시뮬레이션한다. 우리는 실제로 겪는 문제 상황을 구체적으로 해결할 수 있는지, 이해관계자가 참여할 이유와 참여하지 않을 이유는 무엇인지를 예측하고 개선하고자 했다. 별로 유용하지 않으면 의미가 없었다. 셋째, 무엇을 시도하든 성과를 측정 가능하게 만든다. 실제 의미 있는 결과를 만드는지 확인하고 우리가 어디까지 해냈는지 기록을 남기는 일이면서 우리가 성취감을 느끼기 위해서도 필요한 일이었다. 거대한 문제를 해결할 때 너무 막연하게 느껴지면 일하는 구성원들의 에너지가 소진되고 만다. 작더라도 성취를 실감하고자 했다.

### 실력을 키우는 솔루션: 젊치인을 위한 성장 프로그램

STEP 3에서 정보를 구조화하면서 정보의 폐쇄성이 다양한 젊치인의 등장을 가로막는다는 것을 알 수 있었다.

2021년 7월, 우리는 젊치인 성장 프로그램 모집 공고를 냈다. 오는 2022년 지방선거에 기초의원으로 출마할 사람을 찾는다는 내용이었다. 캐스팅 매니저와 함께 정한 자격 요건과 급여, 근무 장소,

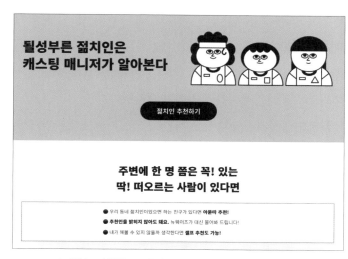

뉴웨이즈가 처음으로 올린 젊치인 성장 프로그램 모집 공고.

책임과 권한 등 정치를 산업으로, 정치인을 직업으로 탐색하는 사람이라면 궁금해할 만한 정보를 넣었다. 2030 유권자들이 정치를 우리의 일상과 맞닿은 것으로 생각하도록 언어를 고안했다. '다른 사람의 이야기를 내 일처럼 공감하는 오지라퍼' '어떻게든 솔루션을 찾아내는 문제 해결사' '동네에서의 일상을 고민하는 동네 반장'처럼 정치인을 새로운 언어로 규정하고 캐릭터로 만들었다.

평소 정치에 관심이 많더라도 출마에는 또 다른 용기가 필요하다. 정치를 결심한 사람들은 대부분 공적인 마음을 가졌기 때문에 자신보다 더 나은 사람이 있다거나, 자신이 충분하지 않다거나, 자신이 할 수 없는 일이라고 예단하는 경우가 많다. 우리는 이 점을 고려해 자원하는 방식 외에 주변인 소개를 더하여 투 트랙으로 추천을 받았다. 주변인 소개는 본인 생각에 이 사람이 정치인으로 적합하다고 추천하면 뉴웨이즈가 대신 제안하는 방식이었다. 누군가 나를 기초의원으로 추천했다는 사실과 그 이유가 전달된다면 당사자에게 새로운 동기를 부여해줄 것이라 생각했다.

우리는 당사자가 선출직 정치인에 도전 의사를 밝히면, 단계별할 일과 들어가는 시간 및 비용 등을 정리한 '출마 체크리스트'를 제공했다. 다양한 정당과 지역 젊치인 인터뷰, 그리고 리서치한 내용을 조합해 노션에 정리한 파일이었다. 2021년 7월 1일 첫 공고를 게시하고 약 4주간 중복 제외 409명이 지원했다. 우리는 모집 기간 내내 웹사이트에 몇 명이 어떤 경로로 방문했는지, 그중 몇 퍼센트가지원 버튼을 눌렀는지 계속 확인했다. 추천과 지원 이유를 보다가새로운 동기부여 요인을 발견하면 모집 내용을 수정했다.

최종적으로 409명 중 실제 출마 의사를 밝힌 사람은 230명이었다. 지방선거 출마를 전제로 한 젊치인에게 유용한 솔루션이란당선 가능성을 높이는 것이다. 그러나 젊치인마다 준비 단계, 지역현황, 고민 내용이 모두 다르므로 각자의 상황에 맞춘 프로그램이필요했다. 두 마리 토끼를 잡으려면 어떤 프로그램을 만들어야 할까. 선거까지 10개월이 남은 시점이었다.

우리는 '부트캠프'가 되기로 했다. 부트캠프는 주로 IT 개발자를 양성하기 위해 단기간 압축적으로 진행하는 교육 프로그램을 말한다. 단순히 기술만 가르치지 않고 곧장 실무에 투입될 수 있도록팀 프로젝트를 하면서 프로토타입을 만들게 한다. 직접 해보면서통찰과 성찰을 얻는 방식이다.

기서 힌트를 얻어 우리는 당을 초월해 젊치인 동료들이 실시간으로 서로 정보와 고민을 나눌 수 있는 온라인 메신저 채널을 열었다. 도전 젊치인들은 메신저에 모여 토론하고 서로 격려를 나누며 스크랩한 기사와 소식을 공유했다. 도전 젊치인들은 함께 모인 것만으로도 용기와 위안을 얻는다고 반응했다.

뉴웨이즈 또한 젊치인의 동료가 되려고 했다. 후보들의 현황 파악을 위해 1~2주에 한 번씩 전화를 걸어 물었다. 준비에 어려움은 없나요? 프로그램을 얼마나 시도해봤고, 직접 했을 때 어떤 어려움이 있었나요? 등등.

전화로 고민을 들으니 가이드나 비대면 세션으로도 해결되지 않는 문제 상황이 파악됐다. 정당에서 요구하는 자기소개서나 의정 활동 계획서의 작성법에 대한 고민, 셀프 브랜딩과 메시지 설정에 대한 고민, 효과적인 SNS 채널 운영에 대한 고민 등. 우리는 각 고민에 답을 줄 만한 젊치인과 외부 전문가를 찾아 비대면 세션과 별도의 강연을 준비했다. 코치단의 비대면 세션 7번과 전문가 강연 8번, 앞선 비대면 세션과 전문가 강연 정리본을 포함해 23개의 가이드를 도전 젊치인에게 제공했다.


### 세력을 만드는 솔루션: 2030 유권자 연결

젊치인의 세력이 되어줄, 가장 경쟁력 있는 지지 기반은 바로 2030 유권자다. 우리는 이 둘을 연결하기 위해 웹사이트에 '기초의 회별 동네 리포트'를 만들었다. 목적은 2가지였다. 첫째, 2030 유권자에게 젊치인의 존재를 알리고 이들에 대한 호기심을 높이기 위해서. 둘째, 2030 유권자에게 우리가 모이는 게 왜 중요한지 알리고 모일수록 영향력이 더 커진다는 것을 가시적으로 보여주기 위해서. 우리는 2030 유권자 그룹을 모을 때 자신이 소속된 지역(시/도, 시/군/구) 정보도 받았다. 226개 기초의회 단위별로 모은 셈이다. 지역·당협위원장 입장에서는 자기 지역구의 캐스팅 매니저 숫자가 더 큰 임팩트일 게 분명했다.

기초의회별 동네 리포트에서는 지역별 기초의회의 현역 젊치인 숫자와 해당 인물의 프로필을 공개했다. 물론 극히 적었다. 젊치인이 0명인 경우가 226개 기초의회 중 50%였다. 하지만 이 사실 자체도 힘이 된다고 봤다. 기초의회별로 전국 기준 다양성 지수 순위와 캐스팅 매니저의 숫자를 보여주자 우리의 의도대로 이 화면을 캡처하고 뉴웨이즈를 태그해 인스타그램 스토리에 올리는 사람들이 등장했다. "'우리 동네 젊치인은 이렇게 적음" "이걸 바꾸고자 하는 사람들이 우리 지역에는 ○○○만큼 모였대, 더 모이면 좋겠어"라는 글과 함께.

우리는 숫자만 보여주는 것이 아니라 젊치인과 2030 유권자를 실제로 연결하고 싶었다. 젊치인이 2030 유권자를 만나기 어려운 것처럼, 2030 유권자 역시 자신의 문제를 해결해줄 젊치인을 만나는 게 어렵다. 우리는 〈도미노 학습지〉 초기부터 있었던, 실제 젊치인들의 현업 이야기가 궁금하다는 후기에 주목했다.

곧바로 뉴스레터에 현역 젊치인의 인터뷰를 담아 보냈다. 어느 날에는 환경미화원의 근골격계 부상을 줄이기 위해 종량제 봉투 100L짜리를 없애고 75L로 줄인 뒤 무게 제한을 했다는 이기중 관악구의원의 스토리를 보냈다. 그 메일을 읽은 관악구 캐스팅 매니저에게 답장이 왔다. "최근 슈퍼에 100L 봉투를 사러 갔는데 판매가 중지됐다며 작은 것을 주기에 의아했어요. 그런데 이런 이유였다니 알게 되어 반갑고 기뻐요"라는 내용이었다. 몇 달 뒤엔 관악구청의 젊은 공무원에게서 메일이 왔다. "업무적으로 젊치인들을 종종 마주치지만, 어떤 생각으로 일하는지 잘 몰랐습니다. 그런데 뉴웨이즈 뉴스레터를 보고 응원하게 되었습니다"라고 말이다. 연결하면 젊치인에 대한 관심과 응원, 정치에 대한 효능감이 이렇게 높아질 수 있다니. 더 많은 젊치인의 이야기를 뉴스레터로 전달하면 유권자와 동료로서의 관계를 형성할 수 있지 않을까? 기대감이 들었다.

선거일이 가까워지자 현역 젊치인의 인터뷰를 도전 젊치인의 인터뷰로 바꿨다. 웬걸. 예상과 달리 뉴스레터 오픈율과 피드백이 줄고 뉴스레터 구독 해지자가 증가했다. 실제 결과를 보여주는 현역 젊치인과 비교해 계획과 다짐을 제시하는 도전 젊치인의 인터뷰는 상대적으로 매력이 덜한 듯했다. 어떻게 하면 도전 젊치인의 이야기가 더 매력적으로 보일 수 있을까?

그때 채용 플랫폼이 떠올랐다. 예를 들어 링크드인에 가입하면 나와 어울리는 회사나 관련 업계 사람들을 팔로우하라고 추천하는 이메일이 온다. 유권자에게도 이런 방식으로 젊치인을 추천하면 어떨까?

먼저 뉴웨이즈 홈페이지에 도전 젊치인들의 프로필을 게시하는 웹페이지를 만들었다. 거기에 2030 유권자가 해당 젊치인을 궁금해하거나 응원하고 싶다면 연락처를 남기는 버튼을 추가했다. 도

현역 젊치인 인터뷰 반응이 좋자 도전 젊치인 인터뷰를 뉴스레터로 내보냈다.

전 젊치인의 사진을 포함해 기본 정보, 지금까지 해온 일, 앞으로 정치를 통해서 하고 싶은 일 등을 담아 프로필을 완성하면 해당 지역 캐스팅 매니저에게 이메일을 보냈다. '○○ 님이 사는 ○○구에 출마를 결심한 젊치인이 등장했어요!'라는 제목의 이메일에는 젊치인의 간단한 인터뷰와 프로필이 담긴 웹페이지로 이동하는 버튼을 심었다. 그러자 이메일 오픈율이 다시 높아지기 시작했다.

가장 많은 유권자의 연락처를 받은 젊치인은 마포구 도전 젊치인 김가영 님이었다. 가영 님은 20명 이상의 유권자에게 연락처를 받았는데, 그중 한 캐스팅 매니저는 가영 님의 개소식에 참석하고 싶다고 연락을 해왔다. 가영 님이 문자로 보내준 활동 소식을 보고 처음으로 개소식에 가보고픈 마음이 들었다는 것이다. 가영 님은 캐스팅 매니저의 존재에 대해 이렇게 말했다.

"뒤에서 응원하는 사람이 있다는 것만으로도 커다란 마음 근육이 생긴 느낌입니다. 매일매일 나가서 만나는 사람들에게 거절을 많이 당하거든요. 뉴웨이즈 캐스팅 매니저들이 조례도 도와주고 응원 메시지도 주어서 내가 틀리지 않았다는 자기 신뢰가 쌓이고 격려도 됩니다."

지방선거 직전인 2022년 5월에는 자기 지역구에 젊치인 후보가 있는지 궁금하다는 유권자의 피드백에서 출발해 226개 지역구의 캐스팅 매니저들에게 각각 메일을 보냈다. 지역별로 광역단체장, 기초단체장, 광역의원, 기초의원, 교육감 후보 중 젊치인이 몇 명 있는지, 뉴웨이즈 후보라면 그 후보의 프로필을 담았다. 지역구에 캐스팅 매니저가 한 명밖에 없어도 빠뜨리지 않았다. 한 땀 한 땀 눈이 빠지게 정리하고 수기로 발송한 최고의 삯바느질이었다.

이렇게 우리는 2030 유권자에게 지역구 맞춤으로 젊치인 프로필이 담긴 이메일만 2만 1366회를 발송했다. 이메일에서 소개한 젊치인 프로필에 들어가 내용을 보고 자신의 연락처를 남긴 캐스팅 매니저는 200명이 넘었다. 연락처를 남기는 버튼은 프로필을 빠짐없이 작성한 젊치인으로 한정했는데, 프로필을 완성한 젊치인 후보가 96명이었고 54명(56%)이 1개 이상의 연락처를 획득했다.

도봉구의원으로 당선된 손혜영 님은 뉴웨이즈가 제공한 것 중

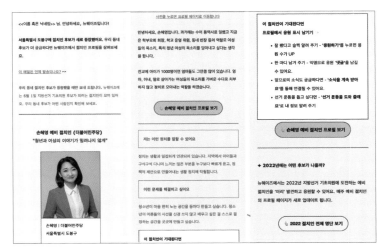

도봉구의원으로 당선된 손혜영 님을 소개한 이메일.

캐스팅 매니저와 직접 연결된 일이 가장 큰 도움이 됐다고 말했다. 혜영 님은 자신에게 연락처를 남긴 오동운 님에게 연락해 동네 카페에서 만났다. 두 사람 모두 교육에 관심이 많아 두 시간 동안 대화를 나누었고 이 일을 계기로 동운 님과 연결된 혜영 님은 처음으로 자신에게 '찐팬'이 생긴 느낌이라고 했다. 동운 님도 출마 후보에게 관심을 갖거나 실제로 만나리라곤 상상해본 적이 없다고 했다.

### 기회를 확대하는 솔루션: 지역·당협위원장과의 연결

2030 유권자와 젊치인을 연결해 지지 기반을 만들면, 지역·당협위원장과도 협력할 수 있을까? 가장 긴장되는 가설이었다. 결과부터 말하자면, 후보자 모집 기간에 7개 정당과 업무 협약을 맺고

56명의 양당 지역·당협위원장에게 협력 약속을 받았다.

정당과의 업무 협약은 젊치인 모집을 진행한 2021년 7월에 대부분 이루어졌다. 지방선거는 의석 수가 4000석이 넘는다. 의석 수가 많은 만큼 각 정당에서는 청년들을 공천해 더 다양한 후보를 내고자 했고, 눈에 불을 켜고 함께할 인재들을 찾았다. 당시는 대통령 선거를 8개월 앞두고 각 정당이 2030 유권자에게 더 우호적임을 강조하며 혁신 경쟁을 벌이던 시기였다. 그러나 정당이건 지역·당협위원장이건 인재 성장 시스템과 인재풀을 갖추지 못해 어려움을 겪고 있었고, 이들에게는 준비된 인재를 찾을 방법이 여전히 전무했다.

뉴웨이즈는 각 정당에 아래의 내용을 골자로 업무 협약을 제안했다. 1) 정당에서 열심히 활동하거나 아직 정당 가입은 안 했지만 전문성이 있는 젊은 인재를 연결해주고, 2) 해당 후보를 대상으로 성장 프로그램이나 브랜딩·홍보를 제공한다. 3) 지역별로 2030 유권자 지지 그룹을 연결하고, 4) 언론·미디어 소개를 지원하는 것을 내용으로 업무 협약을 제안한다. 이 제안으로 국민의힘, 기본소득당, 녹색당, 미래당, 시대전환, 정의당, 진보당과 업무 협약을 맺었다.

7개 정당과 업무 협약을 맺었다는 기사가 나가자 양당의 지역·당협위원장에게서 개별 연락이 왔다. 지역에 젊치인을 공천하고 좀 더 혁신적으로 지역구를 운영하고 싶은데 아무리 애를 써도 발견하기 어렵다면서 뉴웨이즈에 자기 지역 젊치인도 있는지, 있다면 소개받고 싶다고 얘기했다. 생각지도 못한 상황이었다. 우리는 지역·당협위원장이 공천에 영향을 준다고만 여겼지, 인재가 없어 곤란을 겪으리라고는 상상하지 못했다.

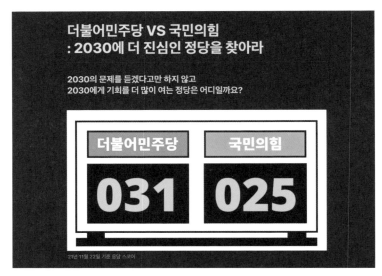

더불어민주당 VS 국민의힘
: 2030에 더 진심인 정당을 찾아라

2030의 문제를 듣겠다고만 하지 않고
2030에게 기회를 더 많이 여는 정당은 어디일까요?

더불어민주당 **031**  국민의힘 **025**

21년 11월 22일 기준 응답 스코어

열려라 젊깨 캠페인 웹페이지 화면.

이 전화에서 착안해 캠페인을 하나 기획했다. 일명 '열려라 젊깨' 캠페인. 중앙당에 공천 구조의 투명성과 체계성, 일관성을 요구하면서 동시에 지역·당협위원장을 대상으로 젊치인에게 기회를 열라고 압박하는 캠페인이었다.

당시 지역·당협위원회는 253개 선거구를 기준으로 나뉘어 있었고, 각 지역에 국민의힘 당협위원장과 더불어민주당 지역위원장이 있었다. 물론 공석도 있었지만 단순히 산술적으로 계산하면 총 506명이었다. 어떻게 해야 이 506명을 젊치인에게 기회를 열겠다고 선언하게 만들 수 있을까? 일단 상황이 좋았다. 대통령 선거가 4개월 뒤로 다가오면서 2030 유권자의 표심을 잡기 위해 각 정당의 구애가 더

욱 뜨거워진 상황이었다. 우리는 이 감정을 활용하기로 했다. '국민의힘 VS 더불어민주당: 2030에 더 진심인 정당을 찾아라'라는 카피 아래 지역·당협위원장마다 거대 양당의 문을 만들고 현재 젊치인의 숫자를 보여주는 웹페이지를 만들었다. 매일 양당이 몇 명의 젊치인에게 문을 열어줬는지 공개함으로써 지역·당협위원장을 압박하는 기획이었다.

그런데 문제가 하나 있었다. 지역·당협위원장들이 이런 캠페인이 있다는 것을 알아야 압박감을 느낄 게 아닌가? 아는 보좌진들에게 연락을 돌려 물었다. 이것이 지역·당협위원장에게 먹힐 만한 기획인지, 어떻게 하면 더 적극적으로 참여시킬 수 있을지.

보좌진들은 하나같이 일단 지역·당협위원장의 보좌진들이 알아야 한다고 말했다. 지역·당협위원장 506명 중 253명은 국회의원으로 일하고 있고, 보좌진은 의원들에게 소식을 전하는 역할을 한다. 의원이 의견을 물었을 때 보좌진이 긍정적으로 검토 의견을 전한다면 참여할 가능성이 커진다. 우리는 캠페인 중심 지역을 여의도 의원회관으로 좁혔다. 여의도에 모인 보좌진들의 동선에 노출시키기 위해 국회의사당역에 전광판 광고를 걸고, 의원회관에 직접 가서 포스터를 붙였다.

의원실은 새로운 소식을 들으면 신문 기사를 확인한다. 이에 착안해 우리의 제안에 응답한 지역·당협위원장들의 이름과 그들이 전한 코멘트를 담아 보도자료를 배포했다. 〈민주당과 국민의힘, 누가 더 '젊치인'에 진심이죠?" 2030이 손 걷어붙인 공천개혁 캠페인〉이라는 제목으로 기사가 나갔다. 주기적으로 의원실에 각 정당

여의도 국회의사당역에 걸었던 전광판 광고.

의 총 응답 수를 비교하는 이메일을 보냈다. 이메일도 못 보면 그만
이었기에 우리는 모든 의원실과 원외 지역·당협위원장의 연락처를
구해서 한 명 한 명에게 전화를 걸었다. 이메일 확인을 요청하면서
우리의 제안과 이에 응답하면 뭐가 좋은지 의원들에게 설명했다.

 캠페인 결과 총 56명의 지역·당협위원장에게서 확답이 왔다.
이때 당협위원장과 연결된 사람 중 한 명이 바로 김한슬 구리시의원
이다. 김한슬 시의원은 전 EBS 입시 대표강사로, 구리시에서 교육기
업을 운영한다. 여러 교육 봉사 활동을 병행하면서도 교육 불평등
문제를 해결하는 데 한계를 느끼던 중 기사를 통해 뉴웨이즈를 접
했다. 그는 정치로 문제를 해결할 수 있겠단 생각에 뉴웨이즈 젊치
인으로 등록하면서 동시에 국민의힘 당원으로 가입했다. 그때 마침

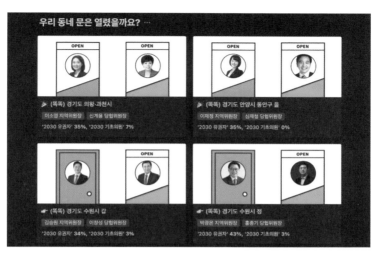

열려라 젊깨 캠페인 결과 총 56명의 지역·당협위원장에게서 확답이 왔다!

젊은 인재를 찾기 위해 '열려라 젊깨'에 응답한 나태근 구리시 당협위원장과 연결되었다. 김한슬 시의원은 2030 유권자의 지지를 기반으로 추천받은 인재였기 때문에 당협위원장과 협력적인 관계로 정치를 시작할 수 있었다.

가설로만 짐작했던 욕구를 실제로 확인하고 결과를 만들면서 우리는 새로운 가능성을 발견했다. 기존 정치권과 다른 관계성을 맺는다면, 그 관계를 바탕으로 시스템과 솔루션을 적용한다면, 지속적인 변화를 만들 수 있겠다는 것. 뭔가 실마리가 보였다.

### 자원을 모으는 솔루션: 젊치인 후원 캠페인

돈은 출마에 큰 장벽이 된다. 2022년 지방선거부터는 지방의원도 예비 후보자 등록 후 후원회를 설립하고 후원금을 모금할 수 있게 됐다. 문제는 지인만으로는 목표한 후원금을 채우기가 어렵다는 것. 이에 더해 젊치인이 적은 팀 인원으로 후원회 관리까지 하려면 어려움이 많았다.

우리는 3가지 문제를 해결하기로 했다. 첫째, 운영을 더 간편하게 해서 발품을 덜어주고, 둘째, 매력적인 후원 요청 페이지를 만들어 더 쉽게 후원할 수 있도록 하고, 셋째, 후원 캠페인을 도와 더 많은 후원을 받게 한다.

기존 지방의원이나 국회의원의 후원 방식은 불편이 많았다. 페이스북이나 문자 메시지로 후원 요청을 하고, 후원금에 대한 세액 공제를 제공하려면 설문 링크에 들어가 정보를 입력하라고 요청해야 하고, 후원자가 정보를 입력하지 않으면 은행에 전화를 걸어 정보를 확인해야 한다. 후원을 하기도, 후원을 권하기도 불편하고 후원 이후 정보가 누락되기도 쉬웠다.

우리는 이 문제의 해답을 이미 알고 있었다. 뉴웨이즈도 후원을 받는 비영리단체였기 때문이다. 우리가 사용하고 있는 모금 솔루션 업체 '도너스'에 연락했다. 도너스가 정치 후원금 모금 및 관리를 위한 솔루션을 개발해주면, 뉴웨이즈가 젊치인들에게 영업을 하고 후보자 스토리를 매력적으로 전달하는 후원금 모금 웹페이지 템플릿을 제작하기로 했다. 그 대신 젊치인들에게 솔루션 이용료를 할인해달라고 요청했다.

이렇게 모금 솔루션을 사용하는 젊치인을 모아서 홍보 페이지를 만든 다음 캐스팅 매니저들에게 알렸다. 크라우드펀딩에 익숙한

우리는 지금까지 전화와 이미지로 후원을 요청했어요

후원회

후원 정보를 안내할 때
후원회 계좌 번호와 안내가 담긴 이미지를
제작해 이미지를 전달합니다

후원 요청을 할 때
• 지인에게 전화로 후원을 요청합니다
• 틈틈히 SNS에 소식을 업로드하며 달성
률 현황을 공유합니다

영수증 및 세액공제 정보를 받을 때
• 구글폼을 제작해 받거나 대표 번호에 문
자로 보내 달라고 요청합니다
• 만약 정보가 누락된 경우 은행에 정보를
요청해 연락합니다

도너스와 젊치인 후원 솔루션을 만들며 정리한 기존 후원 방식의 어려움.

2030 유권자에게 기후위기, 돌봄, 교육 문제 등을 고민하는 젊치인들을 보여주고, 이들을 후원하면 세액 공제를 받으면서 더 나은 일상에 투자할 수 있다고 설명했다.

이미 좋은 솔루션을 가진 도너스 팀이 정치 산업 안에서 역할을 찾도록 연결한 것도 우리에게는 큰 의미였다. 이 사례를 본 기업들에서 정치인을 고객으로 새로운 서비스를 시도하고 싶다는 연락이 왔다. 그들은 특정 정치인이나 정당과의 협업은 부담스럽지만, 초당적인 젊치인과의 협업은 기대된다고 했다. 문제를 하나 해결할 때마다 새로운 가능성이 하나 열리는 기분이었다.

## STEP 8. 정치에도 스포츠 정신이 있다면

나이키 광고 캠페인을 보면 마음이 웅장해진다. 지방선거를 두 달 앞둔 2022년 4월, 나이키 '모두의 운동장' 광고 캠페인을 봤을 때도 그랬다. 타고난 근수저인 개그맨 김민경이 호루라기를 불면 아이들이 신나게 뛰어와서 다 같이 운동을 한다. 내레이션이 흘러나온다. "정해진 게 있다고 생각해? 아직 모르잖아. 네가 얼마나 과감한지. 얼마나 섬세한지. 얼마나 끈질긴지. 가능성은 이미 네 안에 있어." 숨차게 웃는 아이들의 얼굴 위로 글자가 올라온다. "끊임없이 서로의 가능성을 믿다. 너의 운동장을 바꿔봐."

스포츠 에이전시가 뉴웨이즈의 콘셉트이기에 자주 스포츠와 정치를 비교하곤 한다. 스포츠가 좋은 건 승패만으로 결과를 말하지 않고, 좋은 경기와 그렇지 않은 경기로도 나눈다는 것이다. 좋은 경기를 만드는 건 경기에 나선 모든 선수의 몫이고, 선수들의 스포츠 정신은 보는 이의 마음을 뜨겁게 한다. 이 뜨거워지는 마음이 정치에도 생길 수 없을까? 누가 이기고 지는지 결과와 관계없이 좋은 경기였다고 할 만한 그런 선거를 우리가 해본 적이 있나?

시스템을 만든다는 건 어떤 체계만이 아니라 그 안에 작동되는 '문화'까지 만드는 일이다. 우리의 선수인 젊치인들이 운동장에 들어온 순간, 어떤 표정으로 경기에 임해야 할 것인가. 즉 과정에 대한 책임, 그리고 결과를 위해 어떤 '태도'로 일할 것인지 함께 정하고 싶었다. 때로는 시스템보다 문화가 힘이 더 세다. 시스템이 빛바래더라도 문화가 남아 있다면 다시 기름칠하고 앞으로 나아갈 수 있다.

뉴웨이즈를 젊치인이 서로를 도우며 성장하는 커뮤니티로 만들고자 한 것도 이런 고민의 결과였다. 실제로 지방선거를 준비하는 동안 젊치인 커뮤니티는 기존 정치와 다른 장면들을 만들어냈다. 어디서도 찾기 어려운 유용한 정보를 서로가 소속된 당과 관계없이 주고받았고 협력했다. 이때만이 아니다. 지방선거 이후에도 당선자, 낙선자 할 것 없이 기존 젊치인들은 이제 시작하는 사람들에게 자신이 받았던 것처럼 경험과 노하우를 공유하고 싶다고 먼저 연락을 주었다. 그들은 정당이 달라도 동료로서 함께하는 것을 어려워하지 않았다.

젊치인 모집을 본격적으로 시작하기 전인 2021년 7월, 우리는 캐스팅 매니저들과 함께 '다양성과 신뢰에 대한 약속을 담은 커뮤니티 가이드'를 만들었다. 우리가 스스로 자부심을 느낄 수 있는 문화적 토대를 만들기 위한 작업이었다. 만드는 과정 또한 뉴웨이즈다웠다. 처음엔 우리가 구글문서에 초안을 쓰고, 그다음엔 캐스팅 매니저들과 실시간으로 의견을 주고받으면서 다듬었다. 이 커뮤니티 가이드는 지방선거 때 뉴웨이즈가 젊치인에게 요구하는 기준으로 삼았다. 이에 동의하는 후보만이 뉴웨이즈의 지원을 받고, 이에 위배되는 젊치인은 성장 프로그램에서 방출됐다.

꼭 좋은 경기를 만들겠다고 다짐한 만큼 우리의 경기 모습을 어떻게 남길 것인지에 대한 책임감도 느꼈다. 뉴웨이즈로서 진행한 일들은 수많은 사회적 자원을 받았기에 가능했고, 많은 사람이 공유해준 정보와 경험, 영향력을 연결함으로써 만들 수 있었다. 그렇기에 우리의 시도와 한계, 그리고 시행착오 또한 사회적 자산으로 남기고

자 했다. 2022년 4월, 선거를 앞두고 나는 이렇게 일기를 썼다.

> 선거가 다가올수록 함께 달리기와 이어달리기를 떠올린다. 함께 달릴
> 마음으로 가야 하고 한 번에 다 가려고 하지 않아도 된다. 함께 달리기
> 위해 넓게 잇고, 이어달리기 위해 우리가 어디까지 왔는지 구체적인 우
> 리의 언어로 정의해야 한다.

당시는 마치 만나본 적 없는 사람들과 '함께 달리기'와 '이어달
리기'를 하는 기분이었다. 과거의 사람들에게 이어받아 오늘까지 우
리와 함께 달려왔고, 우리가 달린 곳 이후부터 미래의 사람들이 달
리는 이어달리기. 그렇다면 우리는 다음 주자가 더 좋은 환경에서
더 나은 방향으로 달릴 수 있게 해야 하지 않을까? 다른 직업을 가
졌을 때는 오로지 나의 성장만을 고민하며 일했는데, 그때와는 완
전히 다른 마음이었다.

지방선거 당일, 우리는 '플레이 뉴 신PLAY NEW SCENE'이라는 팝업
행사를 열었다. 뉴웨이즈와 함께 변화를 만들어온 사람들, 즉 캐스
팅 매니저, 젊치인들과 지방선거 과정과 그 결과를 공유하는 행사
였다. 약 100여 명의 사람과 우리가 만든 장면들을 보며 기뻐하고,
회고를 통해 성찰하면서 우리는 '치열하게 팀으로 움직이는 것'이
뉴웨이즈만의 플레이였다고 결론 내렸다(자세한 내용은 201쪽의 '중
간점검: 2022년 첫 번째 경기 결과'에서 확인해보시길).

## 지방선거 이후: 2030년을 세우다

지방선거가 끝나고 우리는 2주간 휴가를 떠났다. 이국의 뙤약볕에 머리를 식히고 돌아와 앞으로 뉴웨이즈를 어떻게 할지 고민했다. 지방선거까지는 경험도, 레퍼런스도 전무하니 프로젝트 형태로 다양하게 실험하는 것이 목표였다. 조직 형태도 최대한 가볍게 했다.

그렇다면 이다음 뉴웨이즈는 어떤 조직이 되어야 할까? 휴가에서 돌아온 첫 출근 날, 화이트보드에 포스트잇을 붙여가며 워크숍을 했다. 앞으로 가장 집중해야 하고 해결해야 하는 문제가 무엇인지를 고민했다.

방향을 정리하던 중에 이전 직장 동료 형욱 님과 미팅을 했다. 개발자이자 창업가인 형욱 님은 조직이 원칙을 세우고 그에 맞는 의사결정을 해야 한다고 생각한다는 점에서 나와 잘 맞았다. 한편으로는 나와 소리 높여 대립할 정도로 지독히 다른 면이 있기도 했다.

같은 방향을 보면서도 다른 방식으로 사고하는 사람이다 보니 중요한 결정을 앞두거나 고민이 있을 때 자주 이야기를 나눴다. 그동안 고민을 많이 한 만큼 할 말이 많았다. 한국 정치 산업의 문제들과 뉴웨이즈가 앞으로 집중할 문제에 대해 말했더니 한참을 듣던 형욱 님이 되물었다.

**형욱**: 지금 '문제'라는 단어를 얼마나 많이 말했는지 알아요? '문제'라는 단어를 빼고 뉴웨이즈가 뭘 하려는지 이야기할 수 있어요?

**혜민**: 한국 정치에 어떤 문제가 있는지, 그것을 뉴웨이즈가 어떻게 해

결할지 설득해야 하지 않을까요?

**형욱**: 문제를 해결하겠다고 설득하지 말고 무언가를 같이 믿자고 설득해야죠. 사람들은 부정적인 이야기를 싫어해요. 기대할 수 있는 이야기에 관심이 생기죠. 믿음을 세우고 그 믿음에 더 많은 사람이 모이도록 해야 해요. 사람들이 얼마나 문제인지 알도록 하는 게 아니라 모두가 미친 일이라고 해도 뉴웨이즈와 같이 꿈꾸고 싶게 만들어야 해요.

믿음이라니. 너무 추상적으로 느껴졌다. 반발심도 들었다. 뉴웨이즈는 지금까지 눈앞의 문제를 집요하고 성실하게 해결한 쪽에 가까웠다. 문제를 진단하고 솔루션을 도출하고 그것을 이해관계에 맞추어 제공하는 게 우리의 일이었다.

하지만 믿음을 세우는 건 필요한 일인 동시에 해내고 싶은 일이었다. 법인이 된다는 건 '법인격'이 생긴다는 뜻이다. 조직을 만든 민해 님과 내가 존재하지 않는 뉴웨이즈도 상상할 수 있어야 했다. 뉴웨이즈는 무엇을 믿어 모인 곳이 될까. 뉴웨이즈가 잘되면 사회에는 어떤 변화가 일어날까. 뉴웨이즈가 말하는 정치는 뭘까, 어떻게 다를까.

2022년 가을, 우리는 사단법인 창립총회를 앞두고 있었다. 사단법인을 설립하려면 창립회원들이 모여서 성원해주는 절차가 필요하다. 뉴웨이즈 정기 후원자 빌더에게 참여 신청을 받았다. 토요일 오전인 데다 인감증명서도 챙겨서 걸음해야 하는 귀찮은 자리라 걱정했는데 금방 자리가 차서 인원을 추가했다. 과분한 응원을 해주는 사람들 앞에서 정치가 얼마나 문제인지 설명하기보다 뉴웨이즈가 정치 안에서 어떤 가능성을 믿기로 했는지 이야기하고 싶다는 마음이 저절로 들었다.

일하는 우리 스스로 '현타'에 빠지지 않기 위해서도 중요했다. 정치를 바꾸겠다고 정치만 바라보면 실망하기 쉬웠다. 실패할 경우 경험의 자산이 축적되기도 어려웠다. 우리는 우리가 세운 세계관 위에 정치권의 정보와 맥락을 가져다 변화를 상상하고 조립해가면서 검증하고 싶었다.

## 훌륭한 사람은 정치하면 안 된다고?

2022년 10월 1일 열린 사단법인 뉴웨이즈 창립총회에서 다음의 이미지를 보여주면서 이런 이야기를 했다(우리는 비영리 임의단체였다가 이때 사단법인으로 전환했다).

> "사람들은 훌륭한 사람을 보면 정치하면 좋겠다고들 말해요. 그러다가 그 훌륭한 사람이 정치를 하겠다고 나서면 만류합니다. 정치하면 그 멋지고 훌륭하던 사람이 다 똑같아지고 망가진다는 이유로요. 이렇게도 말하죠. 훌륭한 사람은 정치를 금방 관두고 만다고. 역시 정치는 훌륭한 사람은 못 하는 거라고. 대체 왜 그런 걸까요?"

정치인이 권력을 얻는 과정, 그 방식이 똑같으니 결과의 내용도 똑같아지는 것 아닐까? 정치는 책임과 권한이 필요한 일이다. 책

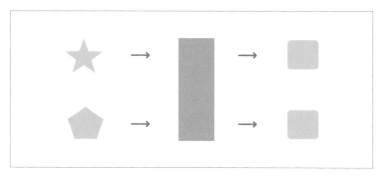

모두가 똑같은 과정을 거치는데, 다른 정치가 가능할까?

임과 권한이 만들어지는 과정 자체가 이후 그 책임과 권한을 쓸 때 영향을 미친다. 오각형인 사람도 별 모양인 사람도 같은 방식으로 책임과 권한을 얻고 나면 비슷한 정치를 하게 된다.

그럼 그 과정이 어떤 모양이길래 비슷해진다는 걸까. 현재 한국 정치는 정보도 절차도 폐쇄적이다. 폐쇄적인 환경에서는 힘을 가진 사람이 가장 큰 영향력을 가진다. 예측 가능한 부분이 적으니 운과 상황, 힘을 가진 사람의 영향력에 기댄다. 만약 이 폐쇄적인 정보와 관계, 절차가 개방된다면 정치는 어떻게 달라질까? 훨씬 더 다양하고 고유한 정치가 가능해질 것이다. 즉, 과정의 방식이 달라져야 결과의 내용이 바뀐다.

많은 사람이 이미 이런 사례를 경험했다. 크리에이터를 위한 크라우드펀딩 플랫폼 '텀블벅'을 떠올려보자. 창작물을 만들려면 돈이 필요하다. 그러나 처음부터 자금력이 있거나 자금을 원활히 조달할 수 있는 창작자는 한정되어 있다. 크라우드펀딩은 자신의 창작물을 원하는 다수의 지지자에게서 먼저 후원부터 받고 창작물로 그에 보답하는 방식이다. 과정의 방식이 달라졌더니 훨씬 다양한 창작자와 창작물이 등장하고 새로운 성공 사례가 만들어졌다.

이처럼 정치인이 책임과 권한을 얻는 과정의 방식을 독점된 소수에 의존하지 않도록 바꾸면, 기존과 다른 성공 사례를 만들 수 있다. 그 전에 정치를 누구와 함께 배우며 성장했느냐에 따라서도 정치에 대한 태도와 기준이 달라진다. 정치에서 그게 가능하냐고? 우리는 이를 지방선거에서 충분히 경험했다.

뉴웨이즈와 함께한 젊치인과 유권자에게는 새로운 질감의 관성이 생겼다. 뉴웨이즈 후보자 중 어떤 이는 자신이 영향력을 키울 수 있었던 건 본인 혼자 잘나서가 아니라 뉴웨이즈에 다양한 유권자가 모인 덕분이었으므로, 좋은 정치를 해야 한다는 책임감을 느낀다고 했다. 또 선거를 치르면서 새로운 경험과 정보를 얻었는데, 내가 도움받았던 것처럼 새로운 젊치인에게 나누고 싶다고 한 사람도 있었다. 낙선한 사람도 자신의 경험이 나중에 낙선한 사람들에게 힘이 됐으면 좋겠다고 했다.

우리가 만든 과정이 보편의 방식이 된다면, 이러한 모습이 더 늘어나지 않을까? 그 모습이 더 빨리 보고 싶어져 갑자기 조바심이 났다. 이 방식을 빠르게 보편화하려면 시스템으로 만들어야 한다. 이 시스템에 필요한 편리하고 유효한 솔루션이 많은 사람에게 선택되어야 한다. 여기까지 생각이 미치자 우리는 앞으로 크게 2가지 솔루션에 집중하기로 했다. 이 솔루션이 성장하고 산업에서 유효해질수록 새로운 과정으로 등장하는 정치인을 만날 수 있을 것이다.

## 도전을 쉽게, 뉴웨이즈 메이트

'정치인 되는 법'을 포털에 검색해보면, '어떻게 될 수 있느냐'는 질문은 넘쳐 나지만 실제 방법을 알려주는 공식 사이트나 기관 같은 건 없다. 우리는 '정치인 되는 법'을 검색했을 때 '뉴웨이즈에 들어가면 알 수 있어'가 답이 되도록 만들고 싶었다. 정치인이 될까 고민하는 사람들이 첫 번째로 뉴웨이즈에 접속해서 자격의 기준을 점검하고, 준비의 방향성을 설정하고, 탐색해보고, 결심하면 옳은 방향으로 성장하도록 말이다. 정치를 하면서도 생업을 포기하지 않고 꾸준히 도전할 수 있도록 용기를 불어주는 곳을 마련하고 싶었다.

일단 뉴웨이즈의 인재상부터 정리했다. 여기에는 뉴웨이즈가 기대하는 젊치인, 유권자가 기대하는 젊치인, 선거에서 경쟁력이 있는 젊치인의 상이 모두 포함되어야 했다. 당선에 영향을 미치는 요소가 무엇인지 정리했다. 지방선거를 함께한 젊치인 후보 중 72명을 분석해서 다음과 같이 공통된 항목을 뽑았다.

- **양당 여부**: 현 선거제도에서는 2인 선거구의 경우 거대 양당에서 당선되는 경우가 많다.
- **지역 활동**: 지역 활동을 해서 지역 기반이 있는 경우 당선되는 경우가 많다.
- **정당 활동**: 정당 활동을 하거나 당원을 많이 모을 경우 당내 경선 경쟁력이 높아진다.
- **전문성·역량**: 지역이나 의제 기반으로 문제 해결 경험이 있는 경우 후

보 경쟁력이 높아진다.

- **지역 현황**: 출마 지역의 정당 지지율, 지역·당협위원장의 성향 등 다양한 특성에 영향을 받는다.
- **정당 현황**: 전국 정당 지지율, 중앙당 정치 구도와 판세에 따라 영향을 받는다.

이를 정리해 세운 뉴웨이즈의 인재상은 '자기 경쟁력을 가지고 지역과 의제를 기반으로 문제 해결 경험을 쌓은 젊치인'이다. 우리는 크게 자기역량, 지역 활동, 정당 활동을 인재의 3가지 성장 요소로 설정하고, 정치인이 선거 때 평가받는 항목을 종합적으로 정의했다.

집중할 항목을 정리했으니 이제 그것을 쌓는 과정을 정리할 차례다. 정치도 하나의 전문성이 필요한 일이다. 정치인 성장 프로그램이 있다면, 그래서 단계적으로 목표를 설정하고 배우고 시도하고 성장하고 그다음 단계로 넘어감으로써 전문성을 키울 수 있다면 어떨까? 우리는 서울에 살지 않아도, 전업 정치인이 아니어도 출퇴근하며 지속할 수 있도록 젊치인을 위한 온라인 정치 학습 커뮤니티를 기획했다. 이름하여 '뉴웨이즈 메이트'. 메이트는 동료MATE를 뜻하기도 하고, 러닝메이트Running Mate의 의미기도 하다. 단순한 학습 프로그램이 아니라 동료와 서로 격려하며 어려운 여정을 함께 달릴 수 있는 초당적인 학습 커뮤니티를 지향한다.

우리는 뉴웨이즈 메이트를 만들면서 3가지 핵심 가치를 정했다. 노와이Know-why, 액셔너블Actionable, 인터랙션Interaction. 이 핵심 가치는 뉴웨이즈 서비스의 차별성을 정의하는 언어다.

1. **노와이**: 노하우만 학습해서는 자기다운 정치를 하기 어렵다. 스스로 목표와 자신만의 성장 방향을 설정하게 한다. 정보만이 아니라 그것이 필요한 맥락과 해야 할 고민을 제시하고, 해결 방법 등을 이해할 수 있도록 돕는다.

2. **액셔너블**: 많이 배운다고 혹은 인기만 얻는다고 좋은 정치인이 되지 않는다. 실제 문제를 겪고 해결하는 경험을 쌓아야 한다. 젊치인들이 지역구 유권자를 만나 문제를 해결하고 지지를 얻는 과정, 정당 안에서 자기 역할을 하며 신뢰와 역량을 쌓는 과정, 그 안에서 자신의 전문성을 정의하고 학습하는 과정을 직접 해보게 한다.

3. **인터랙션**: 꾸준히 학습하려면 혼자만의 의지로는 어렵다. 학습하고 경험한 것을 나누면서 성장할 수 있도록 돕는다. 나 홀로 성장하는 게 아니라 초당적인 동료 그룹과 함께 성장해나간다는 것을 인지한다.

이러한 핵심 가치를 반영한 우리의 학습 모델은 다음과 같다. 일단 뉴웨이즈 메이트에 가입하면 가장 먼저 셀프 진단을 한다. 셀프 진단은 자기역량, 지역 활동, 정당 활동 3개의 카테고리, 12개 항목, 52개의 질문으로 구성되어 있다. 선출직 정치인이 갖춰야 할 전문성을 이해하고, 자신이 준비된 부분은 무엇인지, 어떤 부분을 채워나가야 하는지 객관적으로 이해할 수 있다.

셀프 진단이 끝나면 다음으로 스타터 레벨을 시작한다. 뉴웨이즈 메이트는 스타터, 챌린저, 러너 3단계로 나뉜다. 러너를 졸업하면

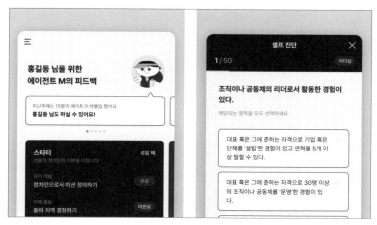

뉴웨이즈 메이트 메인 화면과 셀프 진단 화면.

마스터가 되어 '뉴웨이즈 피드'에 가입할 수 있다.

첫째, 스타터의 목표는 선출직 정치인으로서 정치를 하려는 이유와 시작할 지역구 및 정당을 결정하고 중심을 잡는 과정이다.

둘째, 챌린저 단계에서는 지역과 정당에서 자신의 경쟁력이 무엇인지 구체적으로 파악한다. 자신의 정치적 방향을 위해 어떤 경험을 쌓았는가? 출마 지역구에서 어떤 문제를 해결할 것인가? 소속 정당에서는 어떤 역할을 할 것인가? 지역구와 정당에서 자신의 경쟁력은 무엇인가? 이러한 내용을 학습하고 정리한다.

셋째, 러너 단계에서는 자신의 경쟁력을 바탕으로 어떤 메시지를 제시하며 활동을 해나갈지 계획을 세운다.

새로운 레벨이 될 때마다 자기역량, 지역 활동, 정당 활동 세 주제에 대한 미션 질문이 제공된다. 처음 이 질문을 받으면 젊치인들은 보통 막막해한다. 출마 지역의 현안, 유권자의 관심사와 특징 등을 정리해본 적이 없기 때문이다.

모른다고 포기하지 않고 하나씩 배우며 직접 해나갈 수 있도록 돕는 스타터, 챌린저, 러너의 단계별 커리큘럼은 아티클 형태의 학습 콘텐츠로 제공된다. 이 학습 콘텐츠를 만들기 위해 커리큘럼마다 토픽을 정하고 그 안에 여러 개의 학습 콘텐츠를 기획했다.

예를 들어 스타터 레벨의 목표는 선출직 정치인으로서 정치에 도전하는 이유와 목표를 자기 언어로 정리하고, 출마 지역과 정당을 결정하는 것이다. 이 목표에 맞춰 스타터 레벨의 커리큘럼과 토픽, 콘텐츠를 기획한다. 가령 스타터 레벨의 토픽 중 하나가 '정치인은 직업으로 어떨까?'라면, 그 안에는 '정치인이 되기 전에 꼭 해야 하는 질문' '정치인을 추천하는 4가지 이유' '정치인을 말리는 4가지 이유'라는 학습 콘텐츠가 들어 있는 식이다.

학습 콘텐츠의 내용은 전·현직 지방의원 코치단과 그룹 인터뷰를 진행한 내용을 바탕으로 재구성했다. 학습 콘텐츠 하단에는 다 읽고 직접 실행해볼 수 있는 미션이 붙어 있는데, 내용만 읽고 끝나는 게 아니라 '나라면 어떨까?' '우리 지역이나 정당은 어떨까?' 하고 스스로 고민하고 시도해보도록 남겨둔 질문이다. 하단에는 이미 미션을 수행한 메이트들의 댓글이 달려 있다. 예컨대 '정치인을 추천하는 4가지 이유'를 읽고 '나에게 어떤 부분이 가장 설득력이 있는가?'라는 미션 질문에는 "긍정적인 영향력을 빠르게 미칠 수 있다는 추천 이유가 특히 매력적입니다. 그동안 긍정적인 결과를 보기까지 많은 시간이 걸리는 경우가 많았습니다. 빠른 피드백을 받을 수 있다면 거대하고 오래 걸리는 일이더라도 그 작은 성공을 용기 삼아 꾸준히 해낼 수 있을 것 같습니다" 같은 댓글이 달려 있다. 이렇게 이제 막 시작하는 메이트들은 동료들의 깨달음과 배움을 보면서 동기를 부여받고 함께 성장해나갈 수 있다.

댓글이나 미션 관련 질문에는 '에이전트M'이 피드백을 남긴다. 에이전트M은 우리가 만든 가상의 에이전트다. 실력 있는 조력자 에이전트M은 메이트의 훌륭한 점과 아쉬운 점을 정확하게 피드백해주고, 지치지 않고 성장해나갈 수 있도록 격려를 아끼지 않는다. 메이트가 설정한 방향에 필요한 고민과 예상되는 어려움도 다정하게 전한다.

2023년 3월 말에 론칭한 뉴웨이즈 메이트는 딱 1년 뒤 가입자가 1140여 명이 되었다. 우리가 기대한 대로 '정치인 되는 법'을 검색해 들어오는 사람이 대다수다. 정치인 육성 시스템이 전무한 우리나라에 뉴웨이즈 메이트라는 새로운 대안이 생긴 것이다.

우리는 앞으로 상시적이고 더욱 적극적인 학습 커뮤니티로 뉴웨이즈 메이트를 만들어가려 한다. 뉴웨이즈 메이트를 통해 다양한 경험, 관점, 의제를 가진 정치인이 얼마나 많이 등장할지 기대된다.


## 성장을 다르게, 뉴웨이즈 피드

뉴웨이즈 메이트에서 지역과 의제 기반으로 문제 해결 경험을 쌓은 인재로 성장했다면, 이제는 선거에서 승리할 수 있는 '기반'을 만들 차례다. 선출직 정치인 후보가 되어 당선되려면 지지 기반이 필요하다. 지지 기반은 가깝게는 당원, 동네 주민이고 크게는 시민과 국민이라고 할 수 있다. 양적 확대도 중요하지만, 질적으로 더 나은 정치를 할 수 있도록 피드백을 주고 응원해주는 관계를 잘 구축했느냐도 중요하다.

그렇다면 어떻게 지지 기반을 만들어야 더 다양하고 개방적인 관계로 이어질 수 있을까? 일단 현재 상황을 살펴보자.

첫 번째로 정치인. 이들의 현안을 알아보기 위해 지방선거가 끝난 뒤 선출직 후보자들과 인터뷰를 진행했다. 이번 지방선거에서 지지 기반을 만들어갈 때 기존과 다른 방식을 시도했었는지, 잘된 부분과 어려운 부분은 무엇이었는지 물었다.

공통적으로 후보자들은 젊은 유권자를 만나기가 예상보다 더 어려웠다고 했다. 선거 출마 전에는 사람들 바쁜 출퇴근 시간에 왜 지하철 역에서 인사하며 명함을 주나 싶었단다. 유권자로서 봤을 때 '구리다'고 생각한 모든 방법이 현재 선거법상에서 할 수 있는 '최선'이었다. 젊은 유권자들은 낮에 학교와 일터를 향해 다른 지역으로 나간다. 또 이사가 잦다 보니 누구의 자녀나 친구로 관계가 연결되지 않는다. 학부모나 자영업자가 아니면 만날 기회가 정말 적다.

온라인 상황은 어떨까? 후보자들은 이 또한 쉽지 않다고 했다. 페이스북에는 젊은 세대가 없고 정치인, 당원, 정당 관계자들이 주로 모여 있어 그들을 대상으로 말할 수밖에 없다. 인스타그램은 텍스트가 아닌 이미지 기반이고 자기 의견을 개진하는 공간이 아니다. 실명 사용을 전제하지 않는 곳이어서 관계 맺기도 어렵다. 그래도 혹시나 해시태그를 통해 노출되지 않을까 하는 마음에 출마 지역의 맛집을 다니면서 해시태그를 다는 정도다. 인스타그램 릴스나 유튜브 쇼츠는 확산이 중요한 대통령이나 시장·도지사 선거에는 적절하지만, 작은 단위 선거에서는 타깃에 맞게 노출되지 않아서 사용이 애매하다. 지역 유권자가 모인 온라인 커뮤니티는 어떨까? 아파트 커뮤니티나 지역 맘카페, 당근마켓, 오픈채팅방처럼 지역을 기반한 공간들은 대개 정치 이야기가 금지여서 홍보할 수가 없다. 이렇다 보니 자신을 검색할 때 노출되게끔 블로그에 꾸준히 글을 쌓아두는 정도다. 이것에도 근본적인 문제가 있다. 유권자가 정치인의 이름을 잘 모른다는 것이다. 정치에 관심이 많다고 해도 자기 지역 선출직 정치인의 이름을 외우는 사람은 거의 없다.

두 번째로 유권자. 보통 유권자들은 선거 때 공보물로 정치인의 이름을 확인한다. 대통령이나 시장·도지사 선거가 아니고서는 당선인을 확인하지 않는 경우도 많거니와 다음 선거까지 그들이 어떤 일을 하는지 잘 모른다. 정치인들이 일을 안 해서 화가 나지만 정작 누가 무슨 일을 하는지 관심이 없다.

우리는 유권자에게 자기 지역 정치인을 찾아보게 하는 간단한 테스트를 한 적이 있다. 사회 문제에 관심이 많고 정당 현수막을 눈여겨보는 한 20대 여성에게 자신의 지역 구의원과 시의원을 찾아보라고 요청했다. 그는 검색어 설정부터 어려워하더니 선거 단위에서 막히고 말았다. 기초의원은 가나다라, 광역의원은 1234, 국회의원은 갑을병정으로 선거구를 나눈다. 내가 마포구 상수동에 산다고 할 때 상수동이 기초, 광역, 국회의원 선거 단위마다 어느 선거구에

속하는지 아는 사람은 드물다.

분석을 마치고 우리는 이런 상상을 했다. 낮에는 지역 밖으로 나가는 유권자를 위해 온라인으로 지역구 정치인과 연결되는 서비스가 있다면? 유권자는 진짜 '일을 하는' 정치인이 누군지 알 수 있고, 활동 소식을 보며 정치가 변화를 만든다는 효능감을 느낄 수 있다. 정치인은 다양한 유권자를 만나서 자신을 지지해달라고 설득할 수 있다. 꼭 자기 지역구가 아니어도 된다. 전국의 어떤 정치인이 자신의 관심 주제에 맞는 활동을 하는지도 알 수 있다. 예컨대 관심 주제가 '기후위기'라면, 관련 활동을 하는 정치인이 전국 어디에 있는지 확인이 가능하다. 다른 지역에서 실행되는 정책이 자기 지역에 없다면 그 정책을 제안할 수 있고, 더 넓게는 해당 정책의 상위법에 관심 있는 정치인에게 건의할 수 있다. 이러면 훨씬 역동적이고 생산적인 정치 활동을 기대할 수 있지 않을까?

물론 이 상상에는 문제가 있었다. 과연 사람들이 정치 소식을 보기 위해 온라인 공간에 모이겠냐는 것이다. 말이야 좋지, 안 그래도 바쁘고 힘든데 누가 정치 서비스에 모여서 그런 것을 쓰고 있겠는가. 그렇다면 '진짜' 필요하게 만들어야 했다. 우리는 고객에 대한 충분한 이해를 갖추고 일단 작게 만들어 테스트해보기로 했다.

**Q. 어떤 정치 소식을 궁금해하고 계속 받아보고 싶을까?**

먼저 사람들이 정치 소식을 찾는 방식과 이유, 그리고 어떤 정보를 주로 궁금해하고 계속 보기를 원하는지 확인하기 위해 뉴스레터 구독자 8000여 명에게 설문을 보냈다. 총 874명이 답변을 보냈는

데, 메일을 받은 사람 중 10%가 넘는 사람이 38개 질문에 답한 것이니 놀라운 반응이었다.

우리는 답변을 보내온 874명을 정치 관심도에 따라 '매우 관심 있는 사람' '관심이 많은 사람' '관심은 있지만 크지 않은 사람' '관심이 없는 사람' 이렇게 4개 그룹으로 분류했다. 이 중 우리가 주목한 그룹은 37%에 해당하는 '관심이 많은 사람'이었다. '이슈가 된 사회 문제나 정책 소식' '내가 주목하는 특정 문제나 정책 소식'에 대한 관심이 평균보다 높은 그룹이다.

이 그룹은 '우리 지역에서 시행되는 사업이나 정책에 만족하지 않을 때'와 '지역 정치인이 일을 잘하고 있는지 궁금할 때' 동네 정치인에 관심이 생기고, 궁금해지면 '포털 사이트에 검색'하거나 '관공서 혹은 정치인의 홈페이지에 방문'했다. 실제로도 뉴웨이즈 홈페이지에 유입된 사람들의 경로 데이터를 살펴보면 '○○ 의원 프로필'로 검색해 들어오는 경우가 적지 않았다.

**결론:** 정치에 '관심이 많은 사람'을 우리의 타깃으로 한다. 이들이 지역에서 시행되는 사업이나 정책에 만족하지 않고 일을 잘하는지 궁금할 때 검색해서 원하는 정보를 얻을 수 있게 한다.

## Q. 정치인 프로필에서 어떤 정보를 기대할까?

사람들이 정치인 프로필을 검색하는 의도가 있을 것이다. 그 의도를 충족하려면 어떤 정보를 제공해야 할까? 나아가 그 정보를 보고 해당 정치인을 계속 지켜보게 만들려면 어떻게 해야 할까? 답을 얻기 위해 우리는 여러 번의 테스트를 거쳤다.

실제로 정치인 프로필을 주기적으로 검색해서 정보를 찾아보는 2명과 워크숍 형태의 인터뷰를 진행했다. 먼저 우리가 기획하는 웹페이지에 들어갈 기능과 정보 들을 포스트잇에 쓴 다음 인터뷰이에게 중요하다고 생각하는 순서대로 붙여달라고 요청했다. 사용자가 원하는 혹은 익숙하다고 느끼는 구성과 우선순위가 무엇인지 확인하는 방법이다. 이렇게 얻은 정보로 프로토타입을 만들어서 다른 참여자에게 보여주고 피드백 인터뷰를 진행했다.

이 테스트와 인터뷰를 통해 우리는 유권자들이 정치인의 프로필에서 '맥락'을 알고자 한다는 인사이트를 얻었다. 왜 정치를 시작했나? 그와 관련해 과거에는 실제 무슨 일을 했나? 앞으로의 정치적 계획은 무엇인가? 등을 사람들은 궁금해했다. 당내 활동 경력만 나열된 기존의 프로필로는 지금까지 무슨 일을 했는지 정확히 알 수 없어 직업과 전공으로 추측할 수밖에 없다고 했다.

> **결론**: 정치인의 관심 문제를 직관적인 키워드로 보여주고, 왜 정치를 하고자 하는지 인터뷰로 담는다. 마치 링크드인처럼 이력과 경력에 부연 설명을 쓰도록 하고, 현재의 활동도 쌓아갈 수 있게 한다.

### Q. 정치인 지지까지 이어지려면 어떻게 해야 할까?

뉴웨이즈 피드는 처음부터 온라인을 기반으로 지역구 유권자와 연결되어 지지 기반을 확장한다는 것을 목표로 구상한 서비스였다. 우리가 찾는 건 그 서비스를 실제로 작동시키기 위한 '킥'이었다.

서비스가 현실에서 작동하려면 유권자의 기대에 맞춰 정치인의 프로필을 만들고, 유권자가 그 프로필을 보고 '응원'하는 마음이 들어야 했다.

우선 가입 단계에서 사용자가 지역 정보와 관심 키워드를 선택하면 그와 관련된 정치인의 프로필을 보여주는 방식으로 프로토타입을 만들어 테스트했다. 페이스북처럼 팔로우 버튼을 심어놓고 정치인을 팔로우한 참여자에게 그 이유를 물어보는 인터뷰를 진행했다. 우리는 내심 관심 키워드가 큰 영향을 미치리라 예상했다.

팔로우로 가장 많이 이어진 건 '자신의 지역구 정치인이면서 공통적인 관심 키워드를 가진 사람'인 경우였다. 내가 사는 동네에 영향을 미치는 사람인 데다 관심사도 맞으니 곧바로 눈길이 간 것이다. 이때 새롭게 알게 된 의외의 사실은 팔로우 버튼에 대한 사용자들의 거부감이었다. 참여자들은 해당 정치인에 대해 아는 게 별로 없는 상태에서 팔로우를 누르는 것 자체가 마치 지지 행위처럼 느껴져 거부감이 든다고 했다. 우리는 정치인을 팔로우하는 게 아니라 해당 정치인의 소식을 '구독'하는 형태가 더 알맞겠다는 인사이트를 얻었다. 마치 유튜브에서 콘텐츠를 구독하는 것처럼 정치 소식을 구독하는 셈이다.

> **결론:** 자신의 지역구와 관심 키워드에 맞는 정치인을 보여준다. 정치인을 '팔로우'하는 건 부담스러우니, 정치인이 전하는 소식을 콘텐츠로 '구독'할 수 있도록 한다.

뉴웨이즈 피드의 정치인 프로필. 지역 정보와 관심 키워드가 담겨 있다.

## Q. 정치인의 어떤 소식을 받아보고 싶을까?

정치인이 일하는 소식을 페이스북 뉴스피드 형식으로 유권자에게 전달해보자는 아이디어가 떠올랐다. 하지만 정치 소식만으로 가득한 뉴스피드는 솔직히 나부터 보기가 부담스럽다. 뉴웨이즈 뉴스피드에서 제공하는 콘텐츠와 유권자의 기대감이 맞아떨어져야 이들이 계속 찾아올 것이었다.

설문 조사에서 받아보고 싶은 정치인 소식이 무엇이냐고 물었을 때 참여자들은 지원사업 안내, 동네 쟁점 해설, 문제 해결 브리핑, 정치인의 의견 등을 꼽았다. 이것이 사실인지 확인하기 위해 설문에서 '정치에 관심이 많다'고 답변한 2030세대에게 비대면 인터뷰를 요청했다. 그들에게 여러 정치인의 페이스북과 블로그에서 모은 예시 글을 보여주었다. 실제 정치인이 쓴 다양한 주제의 글을 노션에 올려놓은 뒤 '좋아요'처럼 리액션을 남기고, 댓글을 달거나 질문을 남기는 등 여러 방식으로 피드백할 수 있게끔 옵션을 만들었다. 참여자들의 반응을 관찰하면서 무슨 글에 집중하고, 어떤 방식으로 글을 읽고, 어디서 어려움을 느끼는지 확인했다.

　　확실히 사람들은 자신의 관심 주제를 다룬 글은 빠져들어서 읽었다. 예컨대 공유 킥보드 주차 문제 때문에 스트레스를 받았는데, 이 문제에 관심을 기울이며 해결하려고 하는 정치인이 있다는 게 반갑다는 식이었다. 지원사업 자체보다는 자신들이 겪는 문제를 얼마나 진심으로 고민하고 해결하려 노력하는지에 대한 반응이 컸다.

　　기성 정치인들이 온라인에 가장 많이 올리는 소식은 '일정 인증'이다. 어디에서 누구를 만나 무슨 이야기를 했다는 게시물을 한 번쯤 봤을 것이다. 정치인은 이 자체가 문제 해결에 대한 메시지라고 생각하지만, 유권자에겐 그렇게 보이지 않는다. 그런 데 가서 사람을 만난 게 문제 해결에 무슨 의미인지 잘 모르겠다고 반응한다.

　　사용자들은 글을 위아래 순으로 읽지도 않았다. 초반에 좀 읽다가 아래로 쓱 내려서 결과를 보고 다시 중간으로 올라왔다. 즉 글의 '의도'를 먼저 파악하고자 했다.

　　인터뷰를 진행하면서 의외였던 건 '재밌고 신기하다'는 반응이었다. 정치인이 이런 유의 글을 올린 것을 본 적이 없었는데 막상 읽어보니 해결 과정을 보는 게 재밌고, 정치인이 직접 소식을 전해준다는 게 신기하다고 했다. 만약 자신이 남긴 피드백에 응답을 받는다면 더욱 흥미로울 것 같다고 의견을 전했다.

　　우리는 인터뷰 결과를 가지고 실제 뉴스피드와 프로필이 연결된 여러 버전의 프로토타입을 만들어 테스트를 반복했다.

> **결론:** 이미 해결한 문제나 해결하는 과정을 중심으로 게시물을 업로드하고 사용자들이 단번에 글의 '의도'를 파악할 수 있게 한다. 정치인이 유권자의 피드백에 반응하도록 한다.

### Q. 정치인들은 뉴웨이즈 피드를 왜 써야 할까?

뉴스피드는 정치인이 스스로 소식을 올려야 기능을 하는 플랫폼 서비스다. 그럼 정치인이 계속 글을 쓰게 하려면 어떤 쓸모를 제공해야 할까? 이미 다양한 채널에서 유권자와 적극적으로 소통하는 기초의원 한 명, 광역의원 한 명과 워크숍 인터뷰를 진행했다. 이 문제를 실제로 경험하고 자기만의 방식으로 해결해본 사람의 인사이트가 필요했다.

우리가 기획한 서비스에 대한 의견과 기존 서비스의 불편한 점, 그리고 돈을 지불하더라도 쓰고 싶은 서비스는 무엇인지 물었다. 특히 마지막 질문의 답이 이 서비스의 정체성이 될 것이었다.

정치인이 돈을 내서라도 쓰고 싶은 건 2가지였다. 하나는 데이터. 자신을 지지하는 사람들의 연령대, 지역, 관심사, 성별에 대한 정보다. 국회의원이나 대통령 선거처럼 규모가 큰 경우에만 여론조사를 진행하므로 지방의원은 데이터를 확인할 기회가 귀하다. 다른 하나는 자신을 구독한 사람들에게 메시지를 보내고 싶다는 것. 가능하면 앞선 데이터를 기반으로 한 타깃 메시지 발송을 원했다. 정치 외 영역에서는 이미 쓰고 있는 마케팅 전략이었다. 오프라인에서 만나는 유권자와 뉴스피드 구독자가 다르다고 가정할 때 몇 명 정도가 유의미한 숫자냐고 물으니 두 사람 모두 100명을 말했다.

**결론**: 정치인이 최소 100명의 구독자를 얻고 구독자의 연령대, 지역, 관심사, 성별과 같은 데이터 정보를 받을 수 있거나 구독자에게 타깃 메시지를 보낼 수 있다면 서비스를 쓸 것이다.

### Q. 정치인을 먼저 모을까, 유권자를 먼저 모을까?

이런 플랫폼 서비스는 정치인도 유권자도 서비스에 참여해야 돌아간다. 우리는 다음으로 유권자와 정치인 중 어느 쪽을 먼저 참여시켜야 이 서비스가 자연스럽게 활성화될지 고민했다. 처음에는 유권자로 찍었다. 정치인이 모인 곳에 유권자가 간다는 말은 어색하지만 유권자가 모인 곳에 정치인이 간다는 말은 당연하니까. 일단 유권자부터 모으는 방법을 찾기 시작했다.

현 상황에서는 정치인이 적더라도 유권자가 이 서비스에 가입할 이유가 하나라도 있어야 했다. 일단은 가입자의 지역구에 맞춰 누가 일하는 정치인인지, 그가 어떤 공약을 약속했는지 보여주는 것에 집중했다. 선거구는 행정동에 따라 구성되므로 가입자가 자신의 주소를 입력하면 행정동으로 연결되어 간편하게 해당 지역구 정치인의 프로필을 확인할 수 있게 했다. 최대한 많은 가입자를 모집하기 위해 4405명의 정치인이 발표한 8만 4598개의 대표 공약을 모았다. 말이 쉽지 10명이 넘는 사람과 선거 공보물을 긁어모으고 거기에 적힌 공약을 하나하나 옮겨 쓴 결과였다. 마지막으로 정치인 프로필에서 구

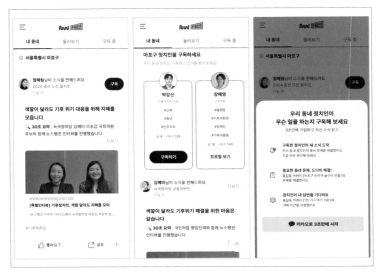

지역만이 아니라 관심사로도 젊치인 소식을 받아볼 수 있다.

독 버튼을 누른 가입자에게 해당 정치인이 새 소식을 올릴 때마다 카카오톡으로 알림톡을 보내주기로 했다.

이제 실제 정치인 소식을 올려서 시범 론칭을 할 차례였다. 2023년 6월 우리는 마포구의회와 당협위원회 사무실에 가서 서비스 계획을 설명하고 정치인을 섭외했다. 동시에 마포구 주민들의 가입 유도를 위해서 마포구 맘카페에 배너광고를 올리고, 친구 추천 가입 이벤트를 하고, 출퇴근 시간에 땀을 뻘뻘 흘리며 전단을 돌리는 등 온·오프라인에서 홍보를 했다. 그러고서 확인하니 뉴웨이즈 피드의 가입자 수가 눈에 띄게 높아졌다. 가설이 사실이 되는 걸까? 느낌이 좋았다.

하지만 모든 프로모션이 끝나자 가입자 숫자가 쭉 떨어졌다. 사람들이 스스로 필요를 느껴서 찾아오게 만드는 데는 한계가 있었다. 다시 말해서 사람들은 자기 동네 정치인들에 대한 정보가 찾기 어려워도 큰 불편을 느끼지 않았다.

어떻게 해야 지속적으로 가입을 유도할 수 있을까? 가입자들과 인터뷰를 진행해서 뉴웨이즈 피드를 써보고 만족한 점과 기억에 남는 점을 물었다. 이미 만족을 느낀 부분을 극대화하는 동시에 뉴웨이즈 피드의 여러 장점을 광고 메시지로 만들어서 LMF Language/Market Fit를 찾아보기로 했다. LMF는 우리 말로 하면 '언어/시장 적합성'으로, 제품의 장점에 대해 설명하는 방식이 표적 청중의 공감을 얼마나 잘 이끌어내는지 살펴보는 아이디어 검증 방법이다. 우리는 사람들이 어떤 메시지를 가장 많이 클릭하고 가입까지 이어지는지 광고 반응을 보고자 했다.

결과는 의외였다. 이미 써본 사람들은 '나라님들이 직접 일하는 소식을 알려준다는 것'에 가장 만족했다. 정치인이 직접 올린 콘텐츠를 볼 수 있다는 것 자체가 좋았던 것이다. LMF 조사에서는 알림톡으로 편리하게 정치인이 일하는 소식을 받아보는 것에 가장 반응이 컸다. 이 결과들을 정리하면, 정치인이 글을 써야 유권자도 모일 수 있다는 뜻이 된다. 우리의 가설이 틀렸던 것이다.

> **결론:** 유권자는 정치인이 일하는 소식을 직접 올리고 그것을 받아볼 때 서비스에 대한 만족감을 느낀다. 정치인들의 가입을 먼저 유도해서 소식을 쓰게 해야 한다.

## Q. 정치인을 어떻게 먼저 모을까?

정치인을 먼저 모은다는 말은 유권자 없이도 정치인이 꾸준히 새로운 소식을 올려야 한다는 뜻이다. 그러나 의지를 갖고 잘 써보려는 정치인도 어려워하는 부분이 있었다. 바로 글쓰기다. 지방의원들은 국회의원과 달리 보좌진이 없으므로 모든 업무 관리를 본인이 직접 한다. 일정을 다니고, 약속을 조정하고, 정책을 만들고, 발언을 준비하는 등 기본적인 업무를 하는 데도 24시간이 모자라다. 홍보는 그중에서도 가장 마지막이었다.

게다가 젊치인들은 뉴웨이즈 피드에 올리는 글을 부담스러워했다. 지금까지 페이스북에 글을 쓸 때는 당원이나 정치인, 정당 관계자를 대상으로 글을 썼다. 그에 반해 뉴웨이즈 피드는 정말 선거운동 기간에 길에서 만날 법한 유권자가 궁금해할 주제를 찾아서 잘 전달되도록 써야 했다.

우리는 정치인의 일을 줄여주기로 했다. 일단 게시물 템플릿을 만들어서 글쓰기에 대한 부담부터 덜었다. 템플릿에는 사용자 인터뷰를 거치면서 발견한 인사이트와 젊치인 콘텐츠를 제작하며 얻은 노하우를 담았다. 예를 들어 유권자는 실제 내 일상이 어떻게 변하는지 결론부터 구체적으로 알려고 한다는 점을 반영해 글의 구성을 만들어주고, 긴 글은 정보 파악이 어려우니 적절히 개조식으로 전달할 수 있도록 안내했다. 이에 더해 Open AI를 활용해 버튼 하나로 30초 요약 문장이 완성되도록 템플릿을 제작했다. 정치인은 효율적으로 글을 쓰고 유권자에게는 효과적으로 전달되는 방법을 찾은 셈이다.

우리가 개발한 글쓰기 템플릿 화면.

**결론:** 2023년 6월 말에 오픈한 뉴웨이즈 피드는 2024년 4월 30일 기준, 2718명이 가입하고 3490건의 구독이 발생하고 75명의 정치인이 쓰고 266개의 소식이 올라와 있다.

우리의 바람은 앞으로 정치인과 유권자가 더 나은 동네, 더 나은 문제 해결을 위해서 동료가 되는 공간으로 뉴웨이즈 피드가 성장하는 것이다. 정치인은 그 과정에서 지지 기반을 얻어 영향력을 쌓고, 유권자는 정치가 내 곁에 있다는 든든함을 느낄 수 있으면 좋겠다. 무엇보다 가장 보고 싶은 건 뉴웨이즈 메이트를 졸업하고 뉴웨이즈 피드에 데뷔한 젊치인이 이를 통해 모은 다양한 유권자를 기반으로 당선되는 사례가 더 늘어나는 것이다.


## 정치를 사랑할 수 있는 커뮤니티

넷플릭스의 CEO 리드 헤이스팅스는 "넷플릭스의 경쟁 상대는 인간의 수면 시간"이라고 했다. 이를 보고 경쟁 상대를 수면 시간으로 설정했다면 넷플릭스는 잠이 안 올 정도로, 잠을 줄여서라도 보고 싶은 '재밌는 이야기'에 집중하겠구나 싶었다.

　뉴웨이즈의 경쟁 상대는 누굴까? 아무래도 '정치 혐오'다. 정치가 꼴 보기 싫고 한심하면 누가 정치인이 되고 싶을까. 정치인이 무슨 일을 하든 나와는 딱히 상관없는 일이다. 누구도 관심 두지 않고 욕만 한다면 정치인은 칭찬받는 것보다 '덜 욕먹는 게' 더 중요해진다. 나보다 상대를 '더 욕먹게' 만들면 그만이다. 정치를 포기할수록 뉴웨이즈가 만든 것들, 뉴웨이즈 메이트와 뉴웨이즈 피드가 필요 없어진다.

　뉴웨이즈는 정반대의 마음에서 시작한다. 정치가 나의 일상과 우리 사회를 더 나아지게 하리라 믿으면 사람들은 정치라는 '멋진 일'을 하고 싶어 할 것이다. 그 멋진 일을 정치인이 하고 있다고 유권자가 신뢰한다면 그들이 하는 일에 더 관심을 쏟고 의견을 줄 수밖에 없다. 그러면 정치인은 더 잘하려고 할 것이다. 정치를 기대할수록 뉴웨이즈 메이트와 뉴웨이즈 피드가 매우 필요해진다.

　안타깝게도 정치 뉴스를 보는 사람들이 점점 줄어들고 있다.

어차피 봐봤자 짜증만 나니까 안 본단다. 똑같은 잘못을 하고 반성 없이 서로에게 잘못을 물으며 또 싸우는 것이 반복되니 뽑고 싶은 사람이 없다고 한다. 위태로운 일이다. 우리는 정치를 기대하고 사랑하는 사람들을 크게 하나의 커뮤니티로 모아가고 싶다. 그래서 뉴웨이즈는 젊치인 에이전시면서 젊치인을 키우는 일에만 집중하지 않고 더 많은 유권자를 모으는 데도 열심이다.

우리는 매주 뉴웨이즈와 함께하는 느슨한 커뮤니티 그룹의 사람들이 몇 명이나 늘었는지 확인한다. 이메일 뉴스레터 구독자, 인스타그램 팔로워 등이 그 대상이 된다. 매번 숫자를 확인하고 목표를 세우지만, 채널을 어떻게 운영할지보다는 우리 메시지를 받아보는 사람들이 어떤 감정을 느낄지, 또 어떻게 정치를 기대하게 만들지, 그리고 그 마음으로 더 많은 사람을 만나려면 어떻게 해야 하는지를 먼저 고민한다.

이것이 뉴웨이즈 정기 후원자에게 '빌더'라는 이름을 붙인 이유기도 하다. 더 나은 정치 시스템을 만들어가는 데 동참하는 후원자들에게 이름을 붙이고 정체성을 부여해서 자부심과 재미를 주고 싶었다. 뉴웨이즈 빌더는 인스타그램 계정을 별도로 만들어서 기대하는 정치의 모습이 무엇인지, 왜 빌더가 되었는지 인터뷰를 진행한다. 그 계정 안에서 우리는 이야기로 느슨하게 연결된다.

2023년 연말 후원 캠페인의 슬로건은 'LOVE POLITICS: 정치를 바꾸는 최선의 전략은 사랑'이었다. 후원 캠페인 웹페이지에 민해 님이 이런 문장을 썼다.

"사랑은 기대를 만들고, 기대는 질문을 만들고, 질문은 변화를 만듭니다. 뉴웨이즈는 정치가 사랑으로 해야 하는 일이라고 믿습니다.
빠르게 변하지 않을 수 있다는 것을 알고도 더 나아질 가능성을 포기하지 않을 분을 찾습니다. 뉴웨이즈와 정치를 사랑해보아요!"

정치가 달라질 수 있다고 믿는 이유로 누군가 뉴웨이즈를 떠올린다면, 거기서부터 우리가 만들어갈 가능성이 시작될 것이다.

# 2022년 첫 번째 경기 결과

> ### SCORE가 아닌 SCENE

2022년 6월 1일. 지방선거가 있던 날, 황금 같은 휴일 저녁인데도 50명이 넘는 사람이 서교동 슈퍼스티치에 모였다. 사람들은 한자리에 둘러앉아 맥주와 감자칩을 먹으며 박수 치고 환호했다. 뉴웨이즈가 6월 1일 열었던 오프라인 전시 '플레이 뉴 신'의 풍경이다.

지방선거는 뉴웨이즈가 첫 목표로 정했던, 이른바 '결전의 날'이었다. 하지만 선거 날이 가까이 오면서 한 가지 질문이 떠올랐다.

'6월 1일 경기를 통해서 우리가 남겨야 할 이야기를 후보자와 당선자의 숫자로만 요약할 수 있을까?'

실제 선거에는 너무 많은 변수가 개입된다. 당선이 확실시되던 후보도 자신이 어찌할 수 없는 정당의 실책이나 선거 정세의 변화로 인해 낙선할 수 있다.

이런 상황에서 결과를 당선자 숫자만으로 압축해버리면 유권자가 변화를 만들 수 있다고 말했던 메시지를 무력하게 만드는 것 같았다. 미래에 누군가 우리가 도전한 지방선거 기사를 찾아 읽었을 때 더 다양한 시도와 실험을 발견했으면 했다. 변화를 만든 만큼 어떤 과정을 거쳐서 만들었는지, 어디까지 해보고 못 한 것은 무엇인지를 정확하게 알아야 누군가 이어서 변화를 시도할 때 우리가 하지 못한 지점부터 시작할 수 있을 테니 말이다.

그래서 유권자와 젊치인이 한 공간에 모여서 선거를 축하하는 날을 만들기로 했다. 뉴웨이즈가 시작부터 지금까지 거친 과정과 만든 변화를 스토리와 데이터로 돌아보는 전시회를 열고, 뉴웨이즈 팀이 2022년 지방선거를 회고하는 시간도 넣기로 했다. 장소는 뉴웨이즈의 첫 사무실이 있었던 서교동 로컬스티치 1층으로 정했다.

전시장에 들어오면 관중석과 2018년 지방선거 스코어가 가장 먼저 보인다. 전시를 둘러보면 공간은 뉴웨이즈 팀 로커와 젊치인의 캐비닛, 그리고 경기장으로 이어진다. 이 과정에 캐스팅 매니저와 함께 만든 직업윤리, 젊치인과 캐스팅 매니저의 전국 분포 지도, 젊치인의 플레이를 소개한 영상을 배치했다. 뉴웨이즈의 플레이를 통해서 관중석을 넘어 경기장을 바꾸게 된다는 의미를 담았다.

'플레이 뉴 신'이라는 슬로건을 통해서 보여주고 싶었던 건 정치라는 오래된 경기장에서 새로운 장면을 연출하는 젊치인의 '플레이'다. 사전에 젊치인 후보들을 인터뷰해 영상으로 담았다. "당신은 어떤 플레이를 펼치고 싶은가요?" 이들을 스포츠 선수로 조명하고 싶어 던진 질문에 돌아온 답은 생생했다. 누구의 말도 따라 하지 않은 자신만의 것이었다.

성남시장 선거에 도전했던 이대호 젊치인은 "새로운 표준을 만드는 플레이"를 말했다. 스타트업에서 일했고 캐주얼을 즐겨 입으며 수평적인 조직

문화에 익숙한 그는 선거 과정에서 자신이 평소 입는 옷을 그대로 입고 동료들과 일하는 방식을 바꾸지 않은 것을 자랑스러워했다.

정치권에 오래 몸담은 선배들은 "그렇게 하는 거 아니"라며 심지어는 그에게 "선거는 여자랑 같이하는 게 아니"라는 말도 했단다. 하지만 그의 팀에는 젊은 여성 선거대책위원장이 있었고 선거운동 영상에는 코리빙 하우스에 함께 사는 동료들이 춤을 추며 등장했다.

마포구의원으로 당선된 차해영 젊치인은 "직구와 변화구를 자유자재로 쓰는 플레이"를 말했다. 1인 가구와 프리랜서를 위한 커뮤니티를 만드는 일을 했던 그는 변화구를 잘 던지는 사람이다. 입고 싶은 옷을 입고, 하고 싶은 일을 하며, 돌봄을 주고받을 권리를 말하기 위해 플러스 사이즈 모델과 사회적경제네트워크 이사장, 동네 주민과 간호사를 후원회 구성원으로 선임했다. 하지만 정치는 변화구만 쓰면 직구를 잘 쓰는 사람에게는 먹히지 않을 수 있기에 직구와 변화구를 자유자재로 쓰는 플레이를 하고 싶다는 게 그의 바람이었다.

용산구의원에 도전했던 이세원 젊치인은 어렸을 때 레고를 만들었던 경험에 비추어 "설명서에서 자유로운 플레이"를 말했다. 설명서를 보지 않고 레고를 만들면 재밌는 완성품이 나온다. 그는 정치도 상상한 무엇이든 만들 수 있는 레고라고 생각해 도전했지만, 현실 정치에는 설명서가 있었다고 했다. 그러나 그는 더 나은 정치를 만들고 싶다는 생각을 여전히 한다. "이제는 선택의 길이 2가지 있어요. 숙지하고 더 나은 것을 만들 거냐, 너만의 그림을 만들 거냐. 상상의 나래를 펼칠 수 있는 정치가 되어야 세상이 바뀔 수 있다고 생각합니다."

전시가 끝난 저녁에는 회고 세션을 열었다. 뉴웨이즈가 생각하는 주요 하

"당신은 어떤 플레이를 펼치고 싶은가요?" 뉴웨이즈가 1만 명의 유권자와 젊치인, 이 과정을 함께한 파트너와 하이라이트를 돌아보던 날의 풍경.

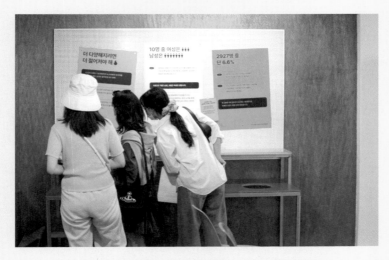

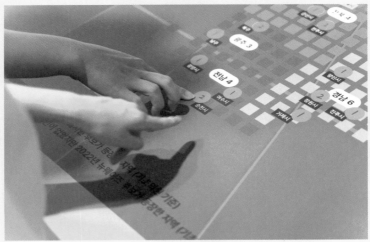

유권자와 젊치인이 경기의 중요한 플레이어로 서로를 존중하는
모습을 만든 것은 뉴웨이즈만이 보여줄 수 있는 '신'이 아니었을까?

이라이트와 득점, 실점을 소개하는 자리였다. 특별히 뉴웨이즈와 여정을 함께한 전국 1호를 소개했다. 1호 감사, 1호 디자이너, 1호 캐스팅 매니저, 우리를 가장 먼저 인터뷰 한 1호 기자, 1호 변호사, 젊치인 성장 지원 프로그램 1호 연사, 1호 협약 정당, 1호 객원 파트너, 1호 젊치인을 모두 초청했다. 이들에게 우리는 멋진 상패나 감사 인사 대신 직접 만든 사탕 목걸이를 전달했다. 위화감이 생기지 않는 선에서 깜찍한 특별 대우를 하고 싶은 마음을 모두가 이해해주었다.

뉴웨이즈가 무엇을 잘했고, 무엇을 더 잘했어야 한다고 느끼는지 공유하는 동안 사람들은 진지하게 듣다가도 성과를 발표할 때마다 박수를 치고 환호했다. 뉴웨이즈가 캐스팅 매니저를 모은 것도, 첫 정기 후원자를 모집한 일도, 뉴웨이즈를 통해 후보자가 등장한 일도 자신의 일처럼 기뻐했다. 프로젝트를 함께한 파트너부터 후보자로 출마한 젊치인, 도전했지만 아쉽게 중도 하차한 젊치인과 유권자까지 서로 다른 사람들이 한데 모여서 이야기를 들었다.

스포츠에는 스코어와 장면이 동시에 남는다. 스코어가 통제할 수 없는 변수라면 장면은 우리가 만들 수 있는 것이다. 이렇게 모은 장면을 '하이라이트'라고 부른다. 하이라이트는 스포츠 선수가 통쾌하게 득점을 올린 순간일 때도 있고, 역전 만루 홈런처럼 연출로는 만들 수 없는 극적인 장면일 때도 있고, 어이없는 실책의 순간일 때도 있다. 여기에 사실은 MVP 선수가 걷는 것도 어려운 무릎 상태로 경기를 치렀다는 등의 서사가 더해지면 장면이 주는 감격이 더 증폭된다.

우리의 경기도 이렇게 보여주고 싶었다. 6월 1일은 지방선거 당선자가 정해지는 날이기도 했지만, 지금까지 뉴웨이즈가 1만 명의 유권자와 젊치인,

이 과정을 함께한 파트너와 하이라이트를 돌아보는 날이기도 했다. 행사에 방문한 150여 명의 사람이 어떤 생각을 품고 돌아갔을지 모두 들을 순 없었지만, 정치에서 유권자와 각기 다른 정당의 젊치인이 경기의 중요한 플레이어로서 서로를 존중하며 함께하는 모습을 만든 건 뉴웨이즈만이 보여줄 수 있는 '신'이었다.

### ➤ 그래서 얼마나 달라졌을까? 2022년 지방선거 리포트

선거가 끝난 뒤 뉴웨이즈가 지방선거에서 얻은 성과를 정리해 리포트를 만들었다. 연령뿐 아니라 성별, 정당 등 다양성의 관점에서 지방선거 결과를 분석해보기 위한 보고서다.

**더 젊어졌다**

2018년 지방선거에서 당선된 젊치인은 238명으로 전체의 6%에 불과했다. 2022년 지방선거에서는 젊치인 당선자가 416명으로 증가했다. 직전 선거에 비해서 1.7배 늘었고 그 비율도 10%로 늘었다. 지방선거에서는 광역자치단체장과 기초자치단체장, 지방의원(광역의원, 기초의원), 교육감과 교육위원을 선출한다. 젊치인 당선자가 가장 크게 늘어난 선출 단위는 지방의원이었다. 만 39세 이하 광역의원은 2018년과 비교해 46명에서 83명으로, 기초의원은 192명에서 333명으로 늘었다. 특히, 기초의원 젊치인 비율은 역대 최초로 10%를 넘겼다.

후보 수에서도 변화가 있었다. 2018년 7%(652명)에 그쳤던 젊치인 후보 비율은 2022년 지방선거에서 10%(729명)로 늘었다. 모든 출마 단위에서 젊치인 후보가 늘어난 건 아니었다. 대다수 선출 단위에서 젊치인 후보의

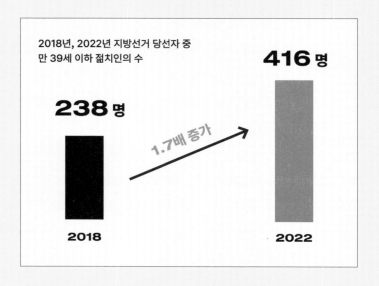

2018년, 2022년 지방선거 당선자 중
만 39세 이하 젊치인의 수

**238** 명

**416** 명

1.7배 증가

2018

2022

수는 지난 선거와 같거나(광역자치단체장, 교육감, 교육위원) 아쉽게도 줄었다
(기초자치단체장, 광역의원). 유일하게 젊치인 후보가 늘어난 선출 단위는 뉴
웨이즈가 가장 집중했던 기초의원이었다. 442명에서 529명으로 1.2배 증
가했다.

**더 새로웠다**

뉴웨이즈는 이번 선거에서 138명의 후보자를 배출했다. 전체 후보자의
20%에 해당하는 수다. 뉴웨이즈 후보는 뉴웨이즈의 '후보자 약속문'과
'커뮤니티 가이드'에 동의한 사람들을 말한다. 이 기준을 충족하는 누구나
젊치인 후보자 커뮤니티에서 정보를 나누고, 선거 가이드와 코치 세션 등
의 프로그램에 참여할 수 있었다. 뉴웨이즈가 배출한 당선자는 40명으로

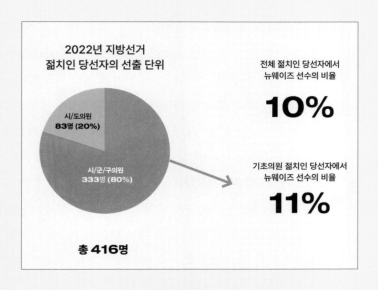

2022년 지방선거
젊치인 당선자의 선출 단위

시/도의원
83명 (20%)

시/군/구의원
333명 (80%)

전체 젊치인 당선자에서
뉴웨이즈 선수의 비율

**10%**

기초의원 젊치인 당선자에서
뉴웨이즈 선수의 비율

**11%**

총 416명

전체의 10%다. 전체 기초의원 당선자 가운데 11%가 뉴웨이즈 젊치인이
었다.

우리에게 가장 의미 있는 성과는 뉴웨이즈를 통해서 정치를 결심한 후보자
가 당선까지 된 사례다.

• **구리시의원이 된 김한슬 젊치인**: EBS에서 입시 대표강사로 일하다 정치
인이 됐다. 김한슬 젊치인은 입시 강사로 활동하면서도 교육 봉사단체를
만들어 교육 불평등을 해결하려고 노력했지만, 더 근본적인 해결책은 정책
을 통해서 가능하다고 생각해 선거 출마를 결심했다. 뉴웨이즈가 정당과
업무 협약을 맺은 것을 보고 인재풀에 등록해 젊은 후보를 찾고 있던 지역
정당과 연결이 됐다.

• **강동구의원이 된 원창희 젊치인:** 뉴웨이즈의 채용공고를 보고 언젠가 해보고 싶다고 다짐했던 정치에 도전했다. 원창희 젊치인은 비장애인과 장애인이 지속 가능한 일상을 제안하는 소셜 벤처 동구밭의 초기 멤버였고, SK가 설립한 사회적 기업에서 소셜 벤처 지원 업무를 맡았다. 이제는 지역 내에서 과소대표 되는 2030세대의 목소리를 대변하는 일을 하고자 한다.

## ➤ 다양성 관점에서 본 지방선거

이번 지방선거는 연령 비율이 더 다양해졌다. 당선자의 전체 연령을 자세히 살펴보면 20대가 31명에서 81명으로, 30대가 207명에서 334명으로 늘었다. 출마 가능 연령이 만 25세 이상에서 만 18세 이상으로 낮아지면서 처음으로 만 19세 당선자가 등장한 선거기도 했다. 성별 다양성도 2018년 지방선거와 비교해 소폭 개선됐다. 총 4124명 중 남성의 비율이 2018년 73%(2845명)에서 2022년 71%(2943명)로 줄었고, 여성의 비율이 27%(1071명)에서 29%(1181명)로 늘었다.

하지만 기초의원, 광역의원 젊치인이 늘어난 데 반해 광역자치단체장, 기초자치단체장, 교육감 당선자 가운데는 젊치인이 없었다. 남녀 성비도 소폭 개선됐지만 여전히 여성이 매우 적다. 또 하나 아쉬운 건 정당의 다양성이 줄었다는 점이다. 2022년 지방선거는 군소 정당과 무소속 후보에게 어려웠다. 대선 국면부터 거대 양당의 대결 구도가 이어져 다른 정당이 충분한 관심을 받지 못했고, 한 선거구에서 최소 3인을 선출하는 중대선거구제가 폭넓게 시행되지 않았다.

뉴웨이즈는 상대적으로 공천 기회를 얻기 어려운 양당에 비해 자신의 이름을 알리고 지지 기반을 넓히는 게 더 중요한 군소 정당의 사례를 비교하며

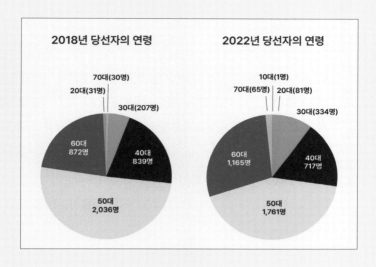

**2018년 당선자의 연령**

70대(30명)
20대(31명)
30대(207명)
60대 872명
40대 839명
50대 2,036명

**2022년 당선자의 연령**

10대(1명)
70대(65명) 20대(81명)
30대(334명)
60대 1,165명
40대 717명
50대 1,761명

다양한 정당 후보에 대한 관심을 촉구했고, 당선 사례에 대한 정보가 충분치 않은 무소속 후보와 군소 정당이 다양한 지역과 정당의 노하우를 들을 수 있도록 코치단 세션 등을 제공했다. 하지만 더 폭넓은 다양성을 가진 정치인이 등장하기 위해선 후보자 지원은 물론 선거제도 개선도 필요하고, 무엇보다 유권자의 관심이 커져야 한다.

결론적으로 지방선거는 젊치인 수를 늘리는 데 유의미한 변화를 만들었지만, 여전히 남녀 성비가 균일하지 않고 군소 정당 젊치인의 당선 사례가 없었다는 점에서 아쉬움을 남겼다. 이 질문을 가지고 뉴웨이즈는 지방선거 뒤의 계획을 세우기로 했다.

➤ **뉴웨이즈 팀의 지방선거 회고:**
**어떻게 하면 완전히 새로운 설명서를 만들까?**

**Q. 2022년 6월 1일 지방선거까지 뉴웨이즈의 득점 포인트를 꼽는다면?**

**혜민:** 초당적으로 젊치인을 성장시키는 게 가능함을 보여준 것. 뉴웨이즈 안에서 젊치인은 서로의 지역과 정당, 이름을 공개하고 같은 목표를 가진 동료로서 어려운 점을 나누고 정보를 공유했다. 이 과정을 거친 사람들은 실제로 선거 뒤에 뉴웨이즈 코치단이 되어서 자신의 노하우를 전달할 수 없는지 문의해오기도 했다. 한 번이라도 기존과 다른 과정을 경험한 사람들은 또 새로운 방향성을 찾아 정치를 하게 된다는 것을 실감했다.

**Q. 반대로 더 잘하고 싶은, 아쉬운 실점 포인트가 있다면?**

**민해:** 새로운 경로를 만들었지만 기존의 문법을 완전히 바꾸지는 못했다는 것. '공천'이라는 폐쇄적인 과정을 바꾸지 못했고, 결과적으로 기존의 정치 문법 안에서 젊치인들이 빠르게 적응할 수 있도록 도운 게 아닌가 하는 아쉬움이 남는다. 물론 한 번에 모든 것을 바꿀 수는 없다. 하지만 다음엔 기존의 설명서를 따르지 않고, 우리만의 설명서를 새로 쓰면 좋겠다.

**혜민:** 젊치인과 유권자를 연결하는 확실한 포인트가 부족했다. 선거를 앞두고 유권자에게 동네 젊치인을 소개하고 연락처 전달을 요청하기도 했지만 그것만으로는 미흡했다. 젊치인이 기성 정치에서 경쟁력을 가지려면 독립적인 지지 기반이 필요하다. 젊치인이 지역구에서 자신의 활동을 상시로 유권자에게 공유할 수 있고, 유권자가 지지 기반이 되어줄 수 있는 솔루션이 있어야 한다.

**Q.** 2022년의 경기에서 가장 만족스러운 순간이 있다면?

**민해:** 뉴웨이즈를 시작할 때 캐스팅 매니저와 함께 젊치인의 기준과 자격을 정했던 것. 캐스팅 매니저는 단순한 팔로워가 아니라 뉴웨이즈와 새로운 정치의 기준을 만들고, 젊치인을 기대하며 응원하는 파트너였다. 그래서 새로운 룰을 정할 때도 어떻게 하면 이 과정에 유권자가 참여할 수 있을지 자리를 열어두려 했다. 이게 가장 잘한 점이다. 새로운 유권자가 뉴웨이즈를 지지하고 있다는 사실은 뉴웨이즈가 정당 협업 등 활동 기반을 넓혀갈 때 가장 큰 무기가 됐다.

**Q.** 뉴웨이즈의 플레이는 어떤 플레이였나?

**민해:** 우리만의 언어를 발명하는, 다리를 놓는 플레이. 정치인들은 유권자를 잘 모르거나, 아니면 유권자들이 잘 모른다고 생각하면서 그들을 탓한다. 우리의 플레이는 유권자 입장에서 정치와 나 사이에 다리를 놓아준다는 점에서 '번역가의 플레이'라고도 말할 수 있다.

**혜민:** 우리의 플레이는 '빌드업'이었다. 친구가 "결과가 만들어지지 않을 때는 결과를 바라지 말고 조건을 숙성시키면 된다"고 말했다. 결과가 단번에 안 나올 때, 조건을 숙성시키다 보면 그 타이밍에 결과가 나올 수 있다. 뉴웨이즈의 모든 일이 빌드업이다.

# 3부

# 뉴웨이즈가
# 국회의원을
# 배출할 때 벌어지는 일

- 뉴웨이즈 대표 박혜민
뉴웨이즈 커뮤니케이션 리드 곽민해

# 1장
## 우리도 총선에 도전할 수 있을까?

지방선거가 끝나고 숨 돌리며 법인을 설립하니 2023년. 뉴웨이즈 메이트와 뉴웨이즈 피드를 론칭하자 반년이 훌쩍 지났다. 이제 2024년 총선까지 10개월이 남은 상황. 이곳저곳에서 이번 총선에서는 무엇을 할 거냐는 질문을 받기 시작했다.

정치를 잘 아는 사람들은 총선은 안 하는 게 좋겠다고 조언했다. 국회의원은 의석이 300석인 데다 워낙 권력 다툼이 크니 괜히 뛰어들었다가 다친다, 지방선거와는 다른 선거다, 2024년 총선은 더 나아지기보다 더 나빠질 가능성이 크고 뭘 한다고 구도를 바꾸긴 어려우니 괜히 힘쓰지 말고 다음을 기다리라고 얘기했다.

더 나빠지는 건 우리도 체감하고 있었다. 시간이 갈수록 정치 뉴스에서는 싸우는 모습만 보였고, 주변에는 그 뉴스가 보기 힘들어 점점 관심을 끄게 된다는 사람들이 늘었다. 대선 후보였던 대통령과 제1야당 대표를 중심으로 당내 질서가 만들어지면서 소신 있는 목소리가 잘 들리지 않았다.

시장 상황이 나빠진다는 게 이런 거 아니냐며 우리는 자주 한숨을 쉬었다. 경기가 나빠져서 기업이 어려워진다면 뉴웨이즈는 정치가 나빠질수록 어려워진다. 사람들에게 정치를 기대해보자고, 같이 바꿔보자고 설득하기 힘들어지니까.


## 어려운 이유 VS 해야 하는 이유

그럼에도 우리의 답은 망설임 없이 처음부터 '한다'였다. 어려워? 그럼 더 재밌어. 문제가 심각해? 근데 왜 다음을 기다려, 당장 해야지. 기다리면 다음은 4년 뒤인 2028년인데!

국회 다양성을 보면 오히려 하지 않을 이유가 없었다. 제21대 국회 평균 연령은 54.7세(최고령이었던 제20대 국회 평균 연령은 55.5세)였고, 1인당 평균 재산이 34억 8000만 원, 여성 의원은 역대 최다였지만 20%를 넘지 못한 19%였다. 제21대 총선에서 당선된 젊치인은 13명으로 전체의 4.3%다. 이마저도 이전 선거에 비하면 늘어난 숫자다. 제19대, 제20대, 제21대 통틀어서 젊치인은 900명 중 25명으로 평균 2.8%였다.

문제는 '어떻게' 하느냐는 것이었다. 총선은 처음인 데다 이번 선거는 상황이 특히 어려웠다. 더불어민주당, 국민의힘의 대결 구도가 강해질수록 당내 권력 구도도 크게 달라지지 않을 테고, 결국 윤

석열 대통령, 이재명 당 대표와 가까운 사람들이 공천받을 거라는 진단이 대부분이었다. 좋은 젊치인을 발굴하더라도 줄을 서야 당선되거나 줄 서느라 자기 소신대로 정치하기 어려울 수 있다는 자조도 뒤따랐다. 그렇다고 당장 지금부터 지역구에서 미리 탄탄하게 준비해 경선을 준비하기도 쉽지 않았다. 젊치인이 생업을 포기하고 매달려야 하는 데다가 현역 국회의원이나 오래 준비해온 기성 정치인과 경쟁해야 한다. 개인의 역량과 운으로 돌파하더라도 기울어진 운동장에서는 공천은커녕 경선 기회도 못 받을 가능성이 컸다.

2024년 총선은 청년, 여성 할당을 비롯한 국회 다양성 논의가 활발히 이루어지지 않으리라는 예상이 대부분이었다. 정권 심판이냐 정권 성공이냐가 쟁점이 될 선거였다. 심지어 대통령 선거와 지방선거가 연이어 끝난 뒤에 주요 정당들은 청년 정치인을 배척했다. 나쁜 결과를 받아든 정당은 그 원인을 청년 정치인에게 과도하게 부여하고 책임을 물었다.

이런 상황에서 과연 젊치인을 몇 명이나 등장시킬 수 있을까. 성공보다 실패가 빤히 보였다. 한다고는 했지만 이 실패가 최선을 다할 우리 팀에게, 뉴웨이즈와 더 나은 정치를 기대하는 사람들에게 줄 부정적인 영향이 걱정이었다.

'거 봐, 안 되잖아' 하고 더 이상 기대하거나 노력하려고 하지 않으면 어쩌나. 우리에겐 그게 가장 두려운 결과였다. 실패하더라도 '다음에 이렇게 하면 진짜 될 거 같은데'를 남기고 싶었다. 그렇다면 목표를 '숫자'로만 세우는 건 충분하지 않았다. 목표에 '장면'을 넣기로 했다. 우리의 승리감이 쌓이는 장면. 그 장면을 2024년 4월 11일,

총선 다음 날 뉴스라고 가정하고 썼다.

## 미래의 뉴스 브리핑 (2024년 4월 11일)

젊치인의 도전과 성장을 돕는 에이전시 뉴웨이즈가 배출한 만 39세 이하 국회의원 당선자는 15명이다. 만 39세 이하 국회의원 당선자 30명 중 절반이 뉴웨이즈를 통해 출마했다. **성별과 정당 모두 다양하지만 이들의 공통점은 하나, 유권자가 기대하는 태도와 관점을 갖추고 미래 의제를 다룬다는 데 있다.**

인재 시스템의 부재로 정당은 선거마다 외부 인재 영입을 반복하고 후보자 검증 실패의 진통을 겪어왔다. 그러나 이번에는 달랐다. **뉴웨이즈는 다양한 인재 풀을 구성하고 30만 명의 유권자와 함께 후보자를 검증하며 정당의 인재 영입 실패를 줄였을 뿐 아니라 후보자가 빠르게 출마 지역의 유권자와 관계를 쌓을 수 있도록 도왔다.**

뉴웨이즈에 참여한 20대 유권자 A씨는 "지금까지 나를 대변하는 국회의원이 없거나 출마하더라도 당선되지 못할 거라고 생각했다. **이번에 뉴웨이즈를 보면서 어떻게 해야 내가 기대하는 사람이 당선될 수 있는지 알게 되었고 실제 변화를 만들 수 있어서 효능감이 크다**"며 "이번에는 나를 닮은 국회의원, 기대되는 국회의원들이 많아서 정치에 관심이 더 많이 생겼고 계속 지켜보겠다"고 했다.

## 변화는 기세야

어려운 선거긴 하지만 가능성은 있었다. 지지 정당이 없다는 무당층 비율이 높아지더니 2023년 말에는 2030세대 절반을 차지했다. 유권자의 이러한 표심은 정당에 2가지 변화를 끌어낼 수 있었다. 지난 대선과 지방선거처럼 혁신 경쟁을 통해 공천 다양성을 고려하게 만들거나, 아니면 1번도 2번도 뽑고 싶지 않다는 유권자에게 또 다른 선택지로서 새로 창당한 정치 세력이 만들어지거나.

정당의 혁신 경쟁에서도, 새로운 정치 세력의 등장에서도 중요한 건 바로 '메시지'와 '인물'이다. 안타깝게도 정당의 인재 영입은 매번 논란이 따른다. 정당 안에서 잘 성장한 내부 인재를 발탁하는 경우는 적고, 외부 인재는 스토리와 상징성에만 방점을 찍고 찾다 보니 정치적 훈련 부족으로 실수가 나오거나 미흡한 검증이 문제가 된다. 인재팀도 인재풀도 준비되지 않은 정당이 이번에도 똑같이 겪을 문제였다. 뉴웨이즈는 유권자와 함께 젊치인이 성장하는 곳 아닌가. 총선은 정당이 겪을 문제를 해결해주는 동시에 좋은 젊치인을 더 많이 등장시키는 기회가 될 수 있었다.

규모나 방식 면에서 확실히 지방선거보다는 까다로운 선거인 만큼 기존 방식이 아닌 새로운 마음과 머리로 시작해보기로 했다. '총선 뿌셔'라는 가칭으로 프로젝트 회의를 시작했다. 처음에는 각자 해외에서 다이내믹한 정치적 변화를 만든 사례를 하나씩 조사해서 얻은 인사이트를 공유했다. 이탈리아의 오성운동Movimento 5 Stelle, 스페인의 포데모스Podemos, 프랑스의 앙마르슈En Marche가 그 사례였다.

이탈리아 오성운동과 포데모스, 앙마르슈는 기득권 정치에 질린 시민들과 함께 새로운 정당을 만들어 유의미한 결과를 만든 정치운동이다.

사례들을 조사하면서 집중한 부분은 어떻게 다수의 시민이 변화에 참여하는 계기를 만들었는지다. 이탈리아 오성운동의 초대 대표 베페 그릴로"Beppe" Grillo는 정치 풍자 코미디언으로 인기를 끌었다. 그는 블로그를 중심으로 온라인 모임 '베페 그릴로의 친구들'을 열고 오프라인으로 확장해 지역별 이슈를 논의했다. 기성 정치인의 부패를 폭로하는 오프라인 행사에는 200만 명이 모이기도 했다. 이 사례를 보면서 '가볍지만 대담한 코미디의 문법을 잘 적용하는 게 중요하겠다' '온라인에서 오프라인으로 연결되는 소속감을 뉴웨이즈 안에서 만드는 게 중요하겠다'는 인사이트를 얻었다.

스페인의 포데모스는 수십만 당원이 직접 참여하는 온라인 공간을 만들었다. 당원들은 당 대표와 대화하며 직접 정책을 제안하거나 토론도 한다. 2016년에는 월간 평균 활성 사용자 수가 30만 명이었다. 이 온라인 공간을 만든 지원 그룹은 라보데모Labodemo라는 시민참여 민주주의 싱크탱크다. 라보데모의 설립자 야고 아바티Yago Abati는 사람들은 "정치인 몇몇의 얼굴을 바꾸는 것을 넘어서는 '영향력'이 필요하다고 생각"했고, 그러려면 "시민이 직접 시스템을 바꿀 권력을 가지고 '정치적 권리'를 실현할 수 있어야 한다"며 "그것을 돕는 게 디지털 도구다"[•]라고 말했다. 이 사례를 보며 '유권자가 직

---

• 김정현, 〈'화장'만 고치는 정치는 이제 그만!〉, 《한겨레21》, 1099호.

접 말하는 것만이 아니라 그에 대한 응답이 올 때 효능감이 더 커지는데 그것을 어떻게 설계할 수 있을까' 고민했다.

그 외에도 프랑스의 앙마르슈를 보면서 다양한 인물이 함께 전진하는 장면은 어떻게 만들지, 기존 정치가 파악할 수 없는 새로운 유권자 그룹의 데이터베이스는 어떻게 구축할지, 일상적인 공간에서 정치를 이야기하는 새로운 장면을 어떻게 만들 수 있을지 논의했다.

지방선거보다 더 많은 사람이 참여하는 캠페인이자 무브먼트가 되려면 어떻게 해야 할까? 우리는 '동년배 100만 명한테 흥할 만한 기획'을 필터로 논의를 시작했다. 뉴웨이즈 페르소나 중 준열도 동기를 부여받는 기획이었으면 했다. 성공한 방송 프로그램, 수십만 명이 쓰는 서비스, 화제가 된 광고 등을 이야기하면서 각자 생각하는 흥행 요소를 포스트잇으로 써서 붙이고 그룹핑을 하며 좁혀나갔다. 캠페인 기획으로 바로 넘어갔으면 생각지 못했을 아이디어도 나왔다.

예컨대 이 기획에 참여하지 않으면 손해를 보거나 뒤처지는 것 같은 마음이 들어야 하지 않을까? 참여 자체가 부담되지 않으면서도 생색내기 좋아야 하지 않을까? 재미와 효능감이 있으려면 이색적인 세계관 위에서 젊치인이 경쟁하는 장면을 연출해야 할까? 오디션 프로그램처럼 젊치인의 성장 과정과 그들의 노력을 보며 감동하고 또 응원하게 해야 하지 않을까? 국회의원 선거에서는 젊다고만 해서 응원하지 않을 텐데 동료로서 같이 위기를 돌파하는 서사가 필요하지 않을까? 이런저런 의견이 마구 쏟아졌다.

결국에는 에너지가 쌓여서 폭발하려면 계기가 필요한데 그 장면을 무엇으로 만들 수 있을까. 그러다 오프라인에 다 같이 모이는 장면이 떠올랐다.

"우리 장충체육관이라도 채워볼까요? 젊치인을 응원하러 온 2030 유권자로 채우는 거죠."

"2030 유권자가 1만 명 정도 모이면 정당 대표도 와서 한마디하고 싶겠는데요?"

"정당별로 유니폼도 입으면 진짜 스포츠처럼 보이겠다. 맥주도 마시고 정당맛 팝콘 먹고."

"뭔가 1등을 뽑아야 하나. 그래야 응원이 재밌을 텐데. 젊치인을 어떻게 평가하죠?"

"오디션 프로그램처럼 사전에 서사가 쌓이면 더 좋은데. 방송 채널이랑 하고 싶다. 보다 보면 밉던 사람도 귀여워 보이잖아요. 젊치인들이 초당적으로 우정을 쌓는 모습을 보여주고 경쟁해야 진짜 재밌지 않겠어요?"

말을 얹는 멤버들의 목소리가 점점 커지기 시작했다. 좋아, 변화는 기세다! 수만 명의 유권자가 모인 경기장에서 응원받는 젊치인. 경기장에 들어가기 전까지 후보로 나설 젊치인을 모으고, 응원하는 유권자를 모아서 함께하는 장면을 연출하는 것이다.

# 드래프트 2024: 신인 젊치인 선발전

초당적인 젊치인들이 한 무대에 선다. 2030세대 시민들이 젊치인이 경합하는 장면을 지켜본다. 여기까지가 합의된 상이다. 오프라인에서 모이는 건 하루나 이틀 정도라고 해도 젊치인을 선발하고 이들의 이야기를 전하는 과정은 길게 봐야 했다. 어떤 설정이 있으면 이 과정을 계속 지켜보게 만들 수 있을까?

세 번째 미팅은 세계관 설정으로 자연스럽게 이어졌다. 뉴웨이즈의 스포츠 에이전시 정체성도 담으면서, 정치 구조를 직관적으로 비유할 수 있으면서, 유권자가 주인공이 되어 몰입할 수 있는 설정이 필요했다. 그게 바로 드래프트였다. 드래프트는 신인 선수의 프로 리그 진출을 결정하는 방식이다. 마이클 조던도, 오타니 쇼헤이도, 김연경 선수도 모두 신인 시절에 드래프트를 거쳐서 지금의 프로 리그에 출전했다.

첫 회의를 하고 3주. 드디어 우리 프로젝트에 이름이 붙었다. '드래프트 2024: 신인 젊치인 선발전.' 이 세계관 안에서 각자의 역할, 구체적인 단계별 플랜, 정치적으로 실제 유의미한 결과를 내기 위해 집중할 부분, 선발전의 순서와 일정 등 분주한 논의가 시작됐다.

재미있는 기획도 유의미한 결과를 내야 한다. 기획에 속도가 붙자 곧바로 원 페이지 기획안을 마련해 지역구에서 재선 이상을 경험하고 젊은 정치인의 성장에 기여하는 전직 국회의원 2명, 내년 국회의원 선거 출마 예정인 젊치인 2명에게 연락했다. 우리보다 국회의원 선거에 대한 경험과 정보가 많은 사람과 프리모템pre-mortem을 하기 위해서였다. 프리모템은 프로젝트를 시작하기 전, 망했다고 가정하고 그 이유를 찾는 과정이다. 긍정회로를 멈추고 될 만한 기획으로 수정하는 데 도움이 된다.

　기획의 취지를 쭉 설명하고 "만약 이 기획이 실패한다면 왜 그럴까요?" "우리 기획이 실제로 정치권에 변화를 주지 못한다면 그 이유가 뭘까요?" "실제로 젊치인에게 도움이 될까요?"라고 물었다. 답변은 예상과 달랐다. 결과적으로 우리를 흥분시켰던 경기장 기획은 엎기로 했다. 그사이 경기장 대관 비용과 일정까지 확인을 마친 상황이었다.

　다양한 이유가 있었다. 먼저 어떤 평가 기준으로 젊치인의 등수를 매길 것인지, 그 기준에 대한 신뢰성과 공정성을 뉴웨이즈가 어떻게 설득할 수 있는지에 대한 우려가 있었다. 경기장에서는 쇼맨십에 강한 정치인이 유리할 수밖에 없는데 과연 그 경기장에서 승리하는 사람이 좋은 정치인의 자격을 갖췄다고 볼 수 있느냐, 경기장 기획은 후보의 자격을 평가하는 일인데 정당이 해야 할 역할을 너무 많이 하는 게 아니냐는 걱정도 있었다. 정당이 제 역할을 못 한다고 해서 역할이 외부화되기 시작하면 장기적으로 우리 사회에 좋지 않고, 뉴웨이즈가 잘할수록 기성 정치에 흠집을 내기 때문에 위험해진다는 의견도 있었다.

　마지막으로 이런 기획에는 준비된 좋은 인재보다 흥행이 필요한 젊치인이 더 많이 몰릴 가능성이 크다고도 했다. 지역구나 비례를 준비하는 젊치인은 출마 지역이나 의제를 중심으로 유권자 지지 기반을 모으는 데 더 집중할 가능성이 클 테니 말이다. 무엇보다 공

전략을 수정하고 드래프트 2024 여정의 깃발을 올렸다.

천 확정은 선거 직전인 2024년 2월부터 이루어질 텐데 2023년 10월 오프라인 행사에 뉴웨이즈의 모든 공력을 쏟고 나면 진짜 중요할 때 힘을 모으기 어려울 거라는 현실적인 충고도 있었다.

우리는 프리모텀 내용을 회고하면서 '유권자가 승인한 후보'를 만들지 말고 '유권자와 함께 세운 기준에 부합하는 후보'를 많이 발굴하는 데 집중하기로 했다. 10월 오프라인 경기장에 모이는 행사는 하지 않더라도 지금까지 고민해온 것처럼 어떻게 유권자를 변화의 주인공으로 초대할지, 어떻게 젊치인을 응원하고 싶은 존재로 만들지, 어떻게 쉽고 재밌게 온라인으로 결집하고 오프라인으로 연결될 수 있을지를 중심으로 전략을 다듬었다.

정리한 타임라인을 보니 기시감이 들었다. 유권자를 모으고, 젊치인을 모으고, 유권자와 젊치인을 연결해서 영향력을 만들고, 정

당에 인재를 연결하고. 이거, 지방선거 때랑 비슷하네? 비슷하지만
더 어려운 '드래프트 2024' 여정의 깃발을 올렸다.

 3분 뉴스레터

 NEW WAYS

# 국회의원 300석이
# 결정되는 방법

## STEP 1. 국회의원 300석은 어떻게 결정될까

Q. 국회의원 투표를 어떻게 했는지 기억이 가물가물해요.

→ 투표 용지 2장을 받았을 거예요. 지역구 후보 이름이 적힌 투표 용지 1장, 정당 이름이 적힌 투표 용지 1장이에요.

→ 지역구 투표에서 가장 많은 표를 얻어 당선된 사람이 지역구 의원, 정당 득표율에 따라 당선된 의원이 비례대표 의원이에요.

→ 제21대 국회의원 300석은 지역구 의원 253석과 비례대표 의원 47석으로 구성되어 있어요.

Q. 지역구 의원과 비례대표 의원은 어떻게 달라요?

→ 지역구 의원은 특정 지역에서 유권자의 지지를 얻어서 당선된 의원이에요. 지역마다 후보가 다르고 출마 지역에서 가장 많은 표를 얻으면 당선돼요.

↣ 비례대표 의원은 정당 득표에 따라서 선출되는 의원이에요. 정당의 득표율이 높으면 우리 정당이 배출할 수 있는 비례대표 의원 수가 많아져요.

Q. 비례대표 제도를 두는 이유가 궁금해요.

↣ 선거는 가장 많은 표를 얻은 1등만 당선되는 구조예요. 2등, 3등 후보를 지지한 유권자의 의사는 반영되기 어렵죠.

- 당선 확률이 높은 인물에 투표하는 사표 심리도 작동해서 인지도가 낮은 신인이나 군소 정당에 불리해요.

↣ 비례대표는 더 다양한 의제와 전문성을 가진 인물이 정치에 진입할 수 있게 돕는 제도예요.

- 정당 득표율에 따라 의석을 나누기 때문에 군소 정당 지지율을 반영할 수 있고요.
- 소수자 문제나 전국적, 지구적 사안에 전문성을 가진 인물이 기회를 얻어 당선될 수 있어요.

---

**더 알아보기 - 선거구**

투표에서 사용되는 지역 단위를 선거구라고 해요. 기초의원 선거구는 가나다라, 광역의원 선거구는 1234, 총선 선거구는 갑을병정 순서로 이름을 붙여요.

## STEP 2. 내가 뽑은 후보가 안 뽑힌다면

Q. 왠지 제가 뽑는 후보는 늘 당선되지 않는 것 같아서 아쉬워요.

→ 이런 분도 있을 거예요. 사실 현재의 선거제도가 유일한 답인 건 아니에요. 선거제도가 달라지면 2등, 3등 후보도 당선될 수 있답니다.

→ 우리나라는 총선에서 가장 많은 표를 얻은 한 사람을 대표자로 뽑는 소선거구제를 채택하고 있어요.

→ 선거구를 넓히고 한 선거구에서 뽑는 대표자를 늘리면 더 많은 사람이 당선될 수 있어요.

- 선거구 크기에 따라 여러 명의 당선자를 뽑는 제도를 중선거구제, 대선거구제라고 불러요.

Q. 더 다양한 선거제도가 있는지 궁금해요.

→ 국회의원 선거제도는 ❶ 지역구 의석 결정 방식과 ❷ 비례대표 의석 배분 방식의 조합이에요.

- 소선거구제나 중대선거구제는 지역구 의석을 정하는 방식이고요.

→ 비례대표 결정 방식은 또 달라요. 대표적인 유형은 다음과 같아요.

- 병립형: 지역구 의석과 관계없이 비례대표 의석을 정당 득표율에 따라 나눠요.
  - A 정당 득표율이 10%라면 비례대표 의석 47석의 10%에 해당하는 4.7석(반올림해서 5석)을 가져요.
- 연동형: 전체 의석을 정당 득표율만큼 배분하고, 지역구 의석으로 확보하지 못한 만큼 비례대표 의석을 줘요.

- A 정당 득표율이 10%라면 총 300석의 10%인 30석을 배분해요. 지역구 당선자를 10명밖에 배출하지 못했다면 비례대표 의석을 20석 받아요.

- **준연동형:** 지역구 의석 수가 전국 정당 득표율보다 적을 때 모자란 의석 수의 50%를 비례대표로 채워줘요.

  - 지역구에서 6석을 얻은 A 정당의 득표율이 10%라면, A 정당은 총 300석의 10%에서 지역구 의석 6석을 뺀 다음, '준연동'을 적용해 50%인 12석을 받아요.

Q. 2024년 총선은 어떻게 치렀나요?

→ 선거구 획정안에 따라 국회 300석 중 지역구는 제21대 총선에 비해 1석이 늘어난 254석, 비례는 1석이 줄어든 46석으로 변경됐어요.

- 2023년 5월, 공론조사에 참여한 국민의 70%가 비례대표를 늘려야 한다고 했지만 최종 선거제도에 이 의견이 반영되지 않았어요.

# 유권자가 원하는
# 신인 졂치인 선발회

자, 그럼 이제 국회의원 선거에 나가고 싶은 졂치인을 찾아볼까? 지방선거 때처럼 유권자와 국회의원 채용공고를 만들어서 시작하기로 했다. '이게 바로 유권자가 바라는 국회의원 후보의 모습이야'라고 선언하며 뛰어들 차례였다. 유권자가 바라는 졂치인은 어떤 모습이어야 할까? 1000명을 목표로 설문 조사를 준비했다. 우리가 던졌던 질문은 2가지다. 첫째, 이제 더는 보고 싶지 않은 정치의 모습은? 둘째, 정말로 급한데 정치가 해결하고 있지 않은 문제는?

## 신인 졂치인 채용공고 만들기

드래프트 2024 웹사이트에 설문을 모으기 위한 입장권 발행 페이지

드래프트 2024를 알리는 인스타그램 게시물.

를 열었다. 2가지 질문에 답을 하면 선착순 일련번호가 담긴 드래프트 2024 입장권 이미지를 증정했다. 유권자가 원하는 국회의원 후보를 발굴하고 당선까지 시킨다는 계획을 다들 기대할까, 아니면 무모하다고 할까? 걱정과 달리 많은 사람이 입장권 이미지를 인증하며 "답답하면 뭐라도 해야지. 참여할 방법을 알려주는 뉴웨이즈 최고!" "원래 그런 정치는 없으니 우리가 같이 바꾸자"는 코멘트를 달았다.

1000명의 답변을 정리했다. 다양한 내용을 항목별로 분류하니 '더 이상 보고 싶지 않은 정치의 모습'에 대한 답변은 1230개가 나왔다. 다음을 읽어보면 알겠지만 유권자가 정치에 바라는 건 그리 대단하지 않았다. 지금의 정치는 기본도 하지 않는다는 게 유권자들의 평가인 듯해 씁쓸했다.

**유권자 1000명이 응답한 더 이상 정치에서 보고 싶지 않은 모습의 예시**

- 선거 기간에만 말 잘하고 일 못하는 정치인
- 대화와 토론 없이 본인 생각과 다르다고 나가는 것
- 고압적인 태도와 거만하고 공격적인 정치인
- '내가 뭘 잘했어'보다 '쟤가 뭘 못했어'만 말하는 것
- 상대 당의 의견이면 무조건 반대하고 비난하는 것
- 수해 복구 현장에 와서 사진만 찍고 가는 정치인
- 현실을 모르고 보고받는 게 전부라고 생각하는 것
- 자기가 한 말에 책임 안 지는, 나 몰라라 하는 모습!
- 성소수자와 젠더 이슈에 놀랍도록 침묵하는 모습

정치가 급하게 해결해야 한다고 생각하는 문제는 총 90개였다. 기후위기, 전세 사기, 주거 불안, 저출생, 고령화, 지방 소멸, 민생 물가, 복지 사각지대, 도농 격차, 선거제도, AI 시대 대응, 젠더 갈등, 어린이 정책, 국민연금, 강력 범죄 처벌 수위 등 정말로 다양했다. 우리는 이 답변들을 어떤 과정을 통해서 정리하고 채용공고를 완성할지 고민했다. 채용공고를 만들면 유권자에게는 '이런 후보를 찾아달라'고 요청하고, 지원하는 후보자에게는 '이런 정치를 하겠다'는 약속을 받을 계획이었다.

## 나에게 20억 예산이 주어진다면?

캐스팅 매니저와 뉴웨이즈 빌더가 참여하는 오프라인 워크숍을 열었다. 초대장을 보내자 약 35명이 참가 신청을 했다. 20대부터 40대까지 다양한 연령대, 반반에 가까운 남녀 성비, 대학생부터 직장인, 활동가, 프리랜서까지 여러 직군의 사람이 참여했다. 워크숍에 오기 위해 KTX를 타고 상경한 사람도 있었다.

워크숍은 1부와 2부로 나눴다. 1부에서는 더 이상 보고 싶지 않은 정치의 모습에 대한 답변을 정리해 젊치인의 자격 요건을 완성하는 게 목표였다. 참가자를 여섯 그룹으로 나눴다. 각 그룹에 주어진건 커다란 화이트보드 하나와 1230개의 답변이 하나씩 쓰여 있는 종이 뭉치. 한 그룹이 약 200개의 답변을 받았다. 참가자들에게 미션을 던졌다.

**자격 요건 미션**

- **1단계:** 답변을 읽고 비슷한 내용끼리 묶어보세요.
- **2단계:** 분류한 답변을 'OOO 하는 분'이나 'OOO 하지 않은 분'의 형태로 요약해보세요.
- **3단계:** 그룹 내에서 요약된 문장 중에 가장 중요하다고 생각하는 항목을 꼽으세요.
- **4단계:** 각 그룹에서 꼽은 항목을 모두가 확인할 수 있게 대형 화이트보드에 붙이고 전체 투표를 하겠습니다.

대화하지 않는 모습이나 불통의 태도, 상대방을 무시하는 화법 등 대화와 관련된 날것의 답변들은 '상대방을 동료로 존중하고 성숙하게 소통하는 분'과 같은 문장으로 요약됐다. 서먹했던 사람들이 점점 열띤 대화를 나눴다. "이건 같은 내용이라고 봐도 무방할까요?" "글쎄요. 다른 내용인 것 같은데 따로 빼면 어떨까요?"

채용공고에는 어떻게 요약해서 넣어야 답변의 취지가 제대로 반영될지를 두고도 논의했다.

그룹별로 요약한 문장을 발표했다. 각 그룹에서 우선순위로 꼽은 항목을 화이트보드에 붙였다. 여기서 다시 한번 표결했다. 국회의원 후보 채용공고에 꼭 남겨야 할 내용은 무엇일까? 1230개의 답변을 추리고 추려서 다수결로 선정한 국회의원 젊치인 후보의 자격 요건은 다음과 같다.

**뉴웨이즈가 유권자와 함께 정한 국회의원 젊치인의 자격 요건**

- 정치인의 책임을 인식하고 해야 하는 일에 집중하는 분
- 단기적인 이익보다 장기적인 비전을 제시하는 분
- 상대방을 동료로 존중하고 성숙하게 소통하는 분
- 정당과 진영 논리만 주장하지 않고 토론하고 협치에 적극적인 분
- 문제의 본질을 파악하고 현실성 있는 대안을 만들어가는 분
- 사익보다 공공의 이익을 먼저 고려하는 분
- 해결하고 싶은 의제가 명확하고 해결할 열정과 능력이 있는 분
- 다양성을 존중하는 분

한 참가자는 "이벤트의 모든 과정이 소통을 통해 의견을 수렴하는 과정이라서 좋았다"고 이날의 후기를 남겼다. 참가자들은 정말 끊임없이 대화했다. 친한 친구 사이에도 정치 얘기는 참는 게 '국룰'이다. 온라인에서는 자기 생각과 다르면 댓글 공격을 받는다. 이런 때에 서로 의견을 조율하고 설득해서 하나의 결과물을 완성하는 경험은 모두에게 새롭지 않았을까? 우리 정치도 이러면 참 좋을 텐데.

정치가 빠르게 해결해야 할 문제를 정하는 다음 세션은 게임처럼 만들었다. 내가 바로 예산 집행자가 되는 것이다. 참가자들에게 은화 10억, 금화 10억을 합쳐 총 20억 원의 엽전 모형을 제공했다. 설문에서 나온 90개의 키워드를 각 그룹에 배분했다. 어떤 문제에 내가 가진 20억 원의 예산을 펀딩할 것인지 결정해달라고 했다.

**예산 펀딩 미션**

- **1단계**: 우리 팀에 배당된 키워드를 확인하세요.
- **2단계**: 금화와 은화의 펀딩 액수를 결정하세요.
- **3단계**: 돌아가며 각자의 펀딩 액수와 이유를 공유하세요.
- **4단계**: 서로의 생각을 듣고 각자가 쓴 예산을 조정하세요.
- **5단계**: 가장 많은 예산을 확보한 키워드 TOP 3를 찾으세요.
- **6단계**: 5단계에서 찾은 키워드를 모두에게 공개하고 최종 펀딩을 합니다.

**펀딩 규칙**

- 금화는 지금 당장 해결해야 하는 일에 투자하세요.

- 은화는 10년 뒤를 위해서 해결해야 하는 일에 투자하세요.
- 1억, 3억, 6억 단위로만 펀딩할 수 있습니다.


　　우리는 킥으로 첫째, 예산을 어떤 관점으로 집행할지 짚어줬다. '지금 당장'과 '10년 뒤'로 시점을 나누면 단기적인 내 이익을 고민하다가도 다른 사람의 미래를 고려한 투자가 가능하지 않을까? 둘째, 다른 사람의 의견을 듣고 수정할 수 있게 했다. 우리끼리 예산 게임을 먼저 해봤을 때 다른 사람의 기준을 들으면 꽤 동의가 되어서 결정을 바꾸는 경우가 있었기 때문이다.

　　참가자들은 서로의 펀딩 이유를 공유하는 데서 그치지 않고 더 중요한 문제가 TOP 3에 들도록 상대방을 설득했다. "사회 통합이라는 게 구체적으로 어떤 모습이어야 해요? 다른 문제를 해결해서 달성되는 결과가 사회 통합 아닐까요? 예를 들면 젠더 갈등 같은 거요." 더 많은 문제를 해결할 수 있는 키워드를 우선순위로 올리려는 그룹도 보였다. "노인 문제 등이 별도의 키워드로 있지만 더 근본적인 해결책은 사회 안전망이라고 생각하는데 어떠세요?"

　　그룹 발표가 끝난 뒤 한눈에 볼 수 있도록 바닥에 큰 투자판을 만들었다. 다시 한번 금화와 은화를 가지고 최종 펀딩을 했다. 사람들이 투자판 주변을 일사분란하게 옮겨 다니며 금화와 은화를 내려놨다. 버스 시간 때문에 먼저 자리를 뜬 사람은 꼭 자기 대신 투자해달라며 펀딩 계획을 그룹원에게 알려주고 가는 열정도 보였다. 이렇게 결정한 젊치인의 업무 내용은 다음과 같다.

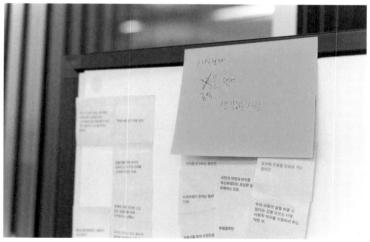

요즘 같은 때에 서로 의견을 조율하고 설득해서 하나의 결과물을 완성하는 경험은 모두에게 새롭지 않았을까? 우리 정치도 이러면 좋을 텐데.

워크숍 말미에 '그렇지. 정치가 이렇게 중요한 역할을 하는 거였지'라는 사실이 새삼 떠올랐다는 소감을 들었다. 이 지점이야말로 변화의 시작이 아닐까?

**뉴웨이즈가 유권자와 함께 정한 젊치인의 업무 내용**

- **기후위기**: 기후변화를 늦추고 적응하기 위한 환경적·경제적·사회적 대응을 최우선으로 한다.

- **사회 안전망**: 빠르게 변화하는 사회 안에서 삶의 주기마다 겪는 다양한 위험을 사회적으로 보호한다.

- **선거제도 개혁**: 비례성과 대표성이 반영된 의사결정권자를 선출할 수 있는 선거제도를 만든다.

- **지역 불균형**: 수도권과 지방, 도시와 농촌, 지역과 지역 간 기회와 자원, 인프라의 차이를 해결한다.

- **복지 사각지대**: 위기 상황에 놓인 취약계층과 사회적 약자에게 필요한 지원이 전달되도록 한다.

- **인구 절벽**: 저출생과 고령화를 늦추고, 변화한 인구 구조로 인해 발생하는 다양한 문제에 대비한다.

- **경제 불평등**: 소득, 자산 등의 격차로 발생하는 불평등을 완화하고 양극화를 해소한다.

- **교육**: 건강한 시민 양성을 위한 전 연령 교육 목표와 방향을 설정하고 기반을 마련한다.

- **고립**: 사회적 관계에서 고립되고 우울을 겪는 청년, 노인 등의 구성원을 지원하고 예방한다.

- **재난 예방**: 재난을 방지하고 대응할 수 있는 시스템을 설계하고 전문성을 강화한다.

## 이건 가장 낭만적인 채용공고

마지막 소감을 나눌 때 이런 말들이 나왔다. "90개의 의제를 눈으로 확인해보니까 '그렇지. 정치가 이렇게 중요한 역할을 하는 거였지' 라는 게 새삼 떠올랐어요." 정치가 모든 문제를 해결할 수 없는 이유를 알았다는 사람도 있었다. "한정된 예산을 가지고 짧은 시간 안에 결정을 내려야 했어요. 충분하게 숙의하고 난상 토론을 하지 못해 아쉽기도 했고요. 현실 정치에서 더 나은 결정이 나오려면 어떤 룰이 필요할까 싶었어요."

워크숍을 준비하는 동안 내심 불안했다. '그냥 답변이 많이 나온 순서대로 설문 결과만 정리해서 공개하는 방법도 있는데 워크숍까지 열어야 할까? 선거까지 시간도 얼마 남지 않았는데.' 하지만 이날 참가자들의 소감을 들으며 변화의 시작은 정치의 역할을 믿는 사람이 더 많아지는 것부터 출발하겠구나 싶었다.

워크숍이 진행된 반나절 동안 우리는 정치가 해야 하는 일을 확인했다. 유권자들이 정치에 거는 기대를 하나하나 살펴봤고 한국 사회의 중요한 문제들을 정리했다. 나는 관심 없었지만 누군가에게 중요한 문제를 발견하기도 하고 결혼 여부나 성별, 아이의 유무, 직업 형태 등에 따라 정치를 보는 눈이 달라진다는 것을 확인하기도 했다. 정치는 나와 우리 모두의 삶에서 절대로 떨어질 수 없는 문제였다. 제 살길은 알아서 찾아야 한다는 각자도생의 세상에서 공동체를 고민하는 유권자가 함께 만든 가장 낭만적인 채용공고였다.

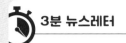 

 NEW WAYS

# 국회의원은 무슨 일을 할까?

**STEP 1. 국회의원의 핵심 업무 3가지**

→ 국회의원을 모르는 사람은 없을 텐데요. 어떤 역할을 하는지도 잘 알고 있나요?

→ 첫째, 법 만들게!

• 국회의원이 하는 가장 중요하고 기본적인 일은 법률을 만드는 거예요.

• 전에는 없었던 새로운 법안을 제안하기도 하고 기존의 법안을 개정해 변화하는 사회상을 담기도 하죠.

→ 둘째, 예산 볼게!

• 국회는 정부의 예산안을 심의해요. 국회의 승인이 없으면 예산을 사용할 수 없어요.

• 예산안은 정부가 계획을 세워서 국회에 보고해요. 국회가 수입과 지출 계획을 심사해서 최종 승인 여부를 결정해요.

- 어떤 세금을 누구에게 부과할지도 국회가 정해요. 우리나라는 조세 법률주의에 따라 법률로 정한 세금만 부과할 수 있거든요.

→ 셋째, 정부 감시할게!
- 입법부인 국회는 행정부를 감시하고 비판하는 역할도 해요.
- 국정감사나 대정부 질문을 통해 국정 운영 실태를 파악하죠. 국정감사가 의회 활동의 꽃이라 불리는 이유는 4부 1장의 뉴스레터에서 확인해 봐요.
- 국정감사를 통해서 새로운 사회 문제가 밝혀지면 입법으로 이어지는 경우도 있어요.

## STEP2. 더 다양한 국회의원이 필요한 이유

→ 국회가 이런 역할을 더 잘하려면 300석의 국회가 더 다양해지는 게 중요해요. 왜냐하면….

→ 갈등을 더 섬세하게 다룰 수 있어서
- 변화엔 저항이 따르기 마련이죠. 국회는 현안을 둘러싼 다양한 생각을 수렴하고 앞으로 발생할 수 있는 갈등을 예상해요.
- 어떻게 갈등을 다룰지 고민해서 급격한 변화로 생기는 혼란을 줄이고 안심시켜요.
- 우리 사회 갈등은 더 다양해질 거예요. 국회가 더 다양한 구성원의 입장을 다룰 수 있다면 혼란을 줄이며 변화를 수용할 수 있어요.

→ 미래 준비를 시작할 수 있어서

- 국회는 국가 정책의 나침반이에요. **입법이라는 수단을 가지고 앞으로 우리 사회가 지향할 방향을 제시하죠.**

- 기후위기와 저출생, 고령화 등 미래 문제에 대응할 수 있는 나라를 기획하는 거죠.

- 새로운 문제를 '나의 일'로 공감하는 정치인이 많다면 **사회 변화와 발맞추는 국회를 만들 수 있어요.**

# 3장
# 548건의 젊치인
# 추천을 모은 전략

채용공고를 올리기 전 주변 친구들에게 어떤 사람을 국회의원 후보로 추천할 것 같은지 물어봤다. 국회의원 선거의 무게감 때문일까? 고생길이 빤한 직업을 추천하는 것 같아서 망설여진다고 했다. 일 잘하고 있는 사람을 흙탕물에 집어넣는 기분이랄까. 어떤 일을 해온 사람이 국회의원을 할 수 있는지 모르겠다고도 했다. 뉴스에서 자주 보는 정치인은 젊은 시절부터 쭉 정치만 해온 사람이다. 2030 유권자는 '내가 아는 사람이 국회의원이 되는 게 애초에 가능한가?'라는 생각부터 하기 쉽다.

프리모템을 통해 젊치인 추천에 걸림돌이 되는 요소들을 정리했다. 이 요소들을 하나하나 제거하며 2024년 총선에 도전할 젊치인을 찾기 시작했다.

## 정치를 멋진 일로 만들자

정치인 후보가 되면 좋을 것 같은 사람들을 떠올려봤다. 사회 문제를 해결하는 비영리조직의 활동가들, 스타트업이나 소셜 벤처를 창업한 경험이 있는 리더들, 공무직에 있거나 언론계, 법조계에 종사하며 공공의 이익을 위해 일하는 사람들. 모두 사회 문제 해결에 진심이거나 풍부한 전문성을 가진 사람이다. 하지만 '똑똑한 사람은 정치를 하지 않는다'고들 말한다. 어떻게 하면 정치가 멋진 일이라고 이들을 설득할 수 있을까?

첫째, 정치는 사람을 구하는 일이다. 입법은 사각지대에 놓인 사람들이 국가의 도움을 받을 수 있게 한다. 직장 내 괴롭힘은 2019년 근로기준법 개정안에서 직장 내 괴롭힘에 대한 정의를 내리기 전까지는 회사에 조치를 요구할 수 없어 혼자서 감당해야 했다. 배달 라이더와 방과후 학교 강사는 2023년 산업재해보상보험법이 개정되면서 산재보험을 적용받게 됐다.

법은 사회 속 다양한 구성원의 존재를 드러내는 역할도 한다. 2016년 시행된 한국수화언어법은 수화를 국어와 구분되는 고유한 언어로 정의했다. 2022년 시행된 아동복지법 개정안은 보호시설에서 독립한 이들을 '보호종료아동'에서 '자립준비청년'으로 바꾸어 부르기 시작했다. 사회 문제를 해결하는 데 진심인 이들에게 입법의 역할을 잘 설득하면 정치에 관심 갖지 않을까?

둘째, 정치는 나라의 우선순위를 정하는 일이다. 한 나라의 예산을 결정할 책임과 권한이 국회의원에게 있다. 국회의원이 가장 바쁜 시기는 국정감사와 내년 예산을 결정하는 때다. 게다가 국회가 다루는 예산 규모는 대기업에 비할 바가 아니다. 사회에 더 나은 영향력을 미치고 싶은 이들에게 정치만큼 성취감이 큰 직업이 있을까?

셋째, 정치는 미래를 바꾸는 일이다. 2021년 제정된 탄소중립·녹색성장기본법은 우리나라가 탄소중립 사회로 나아가야 할 의무를 법에 명시했다. 혼인이나 혈연관계가 아닌 사람을 가족으로 인정하는 생활동반자법도 국회에 제안된 상태다. 정치는 다음 세대가 마주할 세상을 미리 고민하고 해결책을 제시해야 한다.

이렇게 정리해보니 우리가 하고 싶은 말은 결국 한 문장이었다.

'정치는 일이야.'

젊치인 추천·모집 캠페인 슬로건을 정했다. '정치는 일이야.' 우리 모두 일하는 사람이니 정치는 누구나 도전할 수 있고, 정치를 잘하는 사람의 역량은 일 잘하는 사람의 그것과 다르지 않다. 나아가 정치는 공동체의 방향을 결정하고 누군가의 삶을 구하고 미래를 바꾸는 멋진 일이다. 이 메시지를 담아서 캠페인 영상을 만들었다.

영상 감독 다예 님의 제안으로 '정치는 일이야'라는 메시지를 가장 잘 전달할 수 있는 짧은 필름을 촬영했다. 양복을 입은 정치인의 뒷모습이 보인다. 그의 집무실일 것이다. 책상에 앉을 생각은 않고 자신의 사진을 닦거나 골프채를 매만진다. 그 모습을 보는 두 사람의 내레이션이 흐른다.

A: 오늘은 출근했네요.

B: 저번 회의도 시간 없다고 빠지지 않았어요?

A: 저기 걸린 사진 찍으려면 바쁘시니까.

B: 내년 목표 설정은 했대요?

(중략)

A: 저는요, 일 많아도 되니까 제대로 일하고 싶어요.

B: 진짜. 일하려고 온 거잖아요. 팀 목표 명확하게 세우고 앞으로 뭐할 건지 브리핑도 쫙 해주고.

A: 질문하면 답도 잘 해주고.

B: 그런 사람 오면 진짜 좋겠다.

영상 보러가기

A: 아, 우리가 대단한 거 바라나요?

B: 일을 일답게 하자는 건데.


대화를 주고받던 두 사람이 깜짝 놀란다. 누군가 나타나 정치인이 앉은 의자를 걷어찼기 때문이다. 그는 책상 위에 있던 국회의원 명패를 버리고 새로운 명패를 올려놓는다. 명패에는 네 글자가 적혀 있다. '추천받음.'


## 추천하기 쉽게 만들자

젊치인 추천 방법은 간단하다. 자신이 '정치하면 좋겠다'고 생각하는 사람을 추천하면서 그 이유를 쓰면 추천받은 사람의 메일로 '국

'드래프트 2024: 신인 젊치인 선발전' 후보 추천 페이지.

회의원 인재 영입 제안서'가 배달된다. 실제 아는 사람이 아니어도 된다. 감명 깊게 읽은 책의 저자나 〈유 퀴즈 온 더 블럭〉의 출연자를 추천해도 상관없다. 익명의 누군가에게 추천사를 받으면 메일을 받아본 사람들의 마음이 흔들릴 게 분명했다.

후보자 모집 안내는 기업들의 채용공고를 참고해 만들었다. 정치인도 다양한 직업 중 하나일 뿐이라는 메시지를 강조하기 위해서다. 가장 먼저 유권자와 함께 만든 채용공고를 담았다. 정당의 공천공고는 절차도 기준도 투명하지 않지만 기업의 채용공고는 면접 진행 과정과 절차, 심사 기준을 지원 단계에서부터 공개한다. 우리도 서류 전형과 면접 단계를 두고 각 단계에서 어떤 검증을 하는지 자세하게 안내했다.

혹시 출마를 결심하면 당장 회사를 그만두어야 한다는 부담을 느낄까 봐 비공개 트랙도 만들었다. 비공개 트랙으로 등록하면 본인이 준비되기 전까지 이름 등 필수 정보를 숨길 수 있다. 공개적으로 확인할 수 있는 건 젊치인의 이력과 성과 정도다. 이 트랙을 통해 숨은 인재들이 많이 등록한다면 전문성 있는 인재를 바라는 정당과의 협상에서 유리해질 것이었다.

요즘 채용공고처럼 '이런 사람에게 잘 어울린다'는 예시도 들었다. 사회 문제 해결을 업으로 하는 분, 지역에서 변화를 만드는 분, 더 나은 사회를 위한 메시지를 전달하는 분, 특정 분야에 대한 전문성이 높은 분, 많은 사람을 대표하는 리더로 성과를 내본 분, 당내 다양한 경험과 정무적 역량을 가진 분. 이런 기준이 있으면 추천하는 사람도 더 다양한 예시를 떠올릴 것 같았다.


## 젊치인 모집 소식을 알리자

이제 전국 방방곡곡에 뉴웨이즈의 후보자 모집 소식을 알릴 차례. 꼭 알려야 할 대상부터 정리했다. 첫째, 스타트업이나 소셜 벤처 창업가, 기업의 리더 그룹이다. 이 그룹에는 링크드인으로 업계 동향을 공유하는 사람이 많으니 링크드인에서 정보 공유를 많이 하는 스타트업 종사자들에게 협찬 광고를 요청했다. 취지가 좋으니 광고비를 받지 않겠다는 사람도 많았다.

실제로 이 포스터를 보고 지원한 사람이 있었다!

　　내로라하는 스타트업이 밀집해 있는 선릉, 삼성, 역삼, 성수 등
에 '2024년 국회에 도전할 젊치인을 찾습니다'라는 타이틀과 국회
그림이 커다랗게 박힌 포스터를 붙였다.

　　둘째, 지역이나 의제를 중심으로 모여 있는 시민사회 활동가다.
그동안 활동가를 하다가 결국 정치가 바뀌지 않으면 문제를 해결할
수 없다고 보고 정치인으로 직업을 바꾼 다수의 사람을 만났다. 활
동가들이 오갈 법한 전국의 거점 공간을 찾았다. 지역의 경우 서울
보다 네트워크가 더 긴밀하므로 관련 단체나 공간을 통해 모집 소
식을 알리면 넓게 퍼질 것 같았다. 청년, 창업 관련 공간과 비영리단
체를 찾아 공식 주소로 포스터를 발송하고 이메일로 홍보 요청을
보냈다.

셋째, 앞의 두 그룹을 응원하고 있을 수진 페르소나다. 일찌감치 우리는 수진 페르소나를 떠올리며 이들이 쉬는 날 자주 갈 법한 공간들을 정리했다. 제로웨이스트숍, 지역 독립서점, 라이프스타일숍, 로컬 카페 등이 떠올랐다. 무언가를 소비할 때 그 이유를 고민하고, 브랜드의 메시지에 관심을 가지고, 작지만 사회에 더 나은 영향을 미치는 행동에 기꺼이 동참하는 사람들이 모일 법한 공간이었다.

이 공간들에도 젊치인 모집 소식을 알려달라 요청했다. 공간의 무드와 어울리면서 방문자들이 거부감 없이 읽을 만한 재밌는 콘텐츠로 보여야 하므로, 신문처럼 생긴 한 장짜리 무가지를 만들었다. 전면에는 2024년 4월 미래 뉴스를 담았다. 온라인에는 수진에 해당되는 뉴웨이즈 빌더를 만나 인터뷰한 영상을 올렸다. 젊치인 모집 소식이 인터뷰 릴스를 타고 자연스럽게 알려지도록.

넷째, 출마 여부를 망설이거나 어느 정도 출마 결정을 내린 정당의 젊치인이다. 뉴웨이즈와 연결된 젊치인에게는 직접 소식을 전달했고 청년 정치 아카데미 등에 홍보를 요청했다. 지방선거 경험에 비추어보면 정당 활동을 했더라도 자신이 정치인으로서 가진 강점을 유권자에게 잘 설명하는 데는 도움이 필요했다. 뉴웨이즈가 이 역할을 해준다는 점을 강조했다.


## 548건의 추천을 받다

5주 동안 548건의 추천이 모였다. 젊치인 채용공고를 본 사람이 1만

드래프트 2024 후보 모집
을 위해 활용한 지면 광고.

2323명, 한 사람이 받은 최대 추천수는 10명. '정치는 일이야' 캠페인
영상 등 관련 영상의 총 조회 수는 12만 694회였다. 전국 버스나 지
하철에 광고하거나 주요 거리 가로등에 현수막을 걸 만한 돈은 없
었지만 어떻게 하면 우리가 원하는 타깃에 닿을 수 있을까 고민한
결과였다. 추천받은 사람들은 유현준 건축가, 이지영 입시강사 등
누구나 알 법한 유명인부터 자신의 고등학교 친구까지 다양했다.

후보 등록은 하지 않았지만, 추천사를 읽고 '누군가 내 활동을
지켜보고 있다니 용기가 생겼다'면서 감동한 사람이 많았다. 이길보

라 영화감독은 자신이 받은 추천사를 공유하며 젊치인 모집 소식에
응원을 보탰다.

- **이길보라 감독이 받은 추천사**: 언어로 변화를 만드는 사람의 힘은 참 큽
  니다. 문제를 바라보고 사람들에게 전하는 언어를 가진 보라 님에게는
  수어와 영화라는 언어까지 있습니다. 저는 듣고 싶은 정치를 기대해요.
  언어를 가진 보라 님을 추천합니다.

- **정OO 님이 받은 추천사**: 제가 아는 사람 중 가장 멋진 자영업자이자 바
  텐더이고, 기획자이자 작가입니다. 자신의 업장을 백지상태부터 기획
  하고 만들어서 운영한 경험이 있습니다. (중략) 정치는 그 사람이 대표
  하는 다종다양한 사람의 각양각색의 일을 살펴야 하는 일이니 제 주변
  에서 가장 다양한 분야의 경력을 두루 쌓은 정OO 님을 추천합니다!

- **김OO 님이 받은 추천사**: 기후 문제를 가장 잘 감각하고 관련 정세를 잘
  파악하는 사람입니다. 수평적이고 차별 없는 문화를 만들어 조직을 운
  영하기도 했고 개인적으로 이분이 가진 비전이 우리 사회를 좀 더 나아
  지게 하리라 생각합니다. 국회에 이 사람이 있다면, 삶이 조금 더 안전
  해지는 변화가 실제로 만들어지지 않을까요.

한여름에 시작한 '드래프트 2024: 신인 젊치인 선발전'. 추천받
은 사람들에게 최종 후보 지원을 받고, 선발까지 마치고 나니 연말
이 되었다. 개인 면담을 하고 프로필 사진을 찍었다. 흔히 아는 정당

색깔 넥타이를 맨 정치인의 이미지를 벗어나 올림픽 선발 선수 명단처럼 보였으면 했다. 모두에게 스포티한 검정색 티셔츠를 입혔다.

수개월을 들여서 찾아낸 최종 후보들은 어떤 사람들이었을까? 이들은 왜 정치를 결심했을까? 이 질문들에 대한 답은 다음 장에서 확인해보시라.

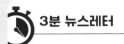 **3분 뉴스레터**

 NEW WAYS

# 본회의 사이에 피어난 법안

## STEP 1. 본회의는 어떤 회의일까

→ 본회의는 국회가 다양한 의안에 대해 최종 의사결정을 하는 전체회의예요.
- 회의 참석 대상은 재적의원 300명 전원이에요.
- 재적의원 5분의 1 이상이 출석하면 본회의가 열리지만 법률 등이 통과
  되려면 재적의원 과반수가 출석해야 해요.

→ 본회의의 가장 중요한 역할은 의안 표결이에요. 질의 토론, 발언 등을 하
기도 해요.
- 표결: 법률안 등 의안을 통과시킬지 투표하는 거예요. 기명 전자 투표
  가 기본이지만 중요한 안건은 호명이나 무기명 투표로 진행해요.
- 다수결에 따라 출석 의원의 과반수가 찬성하면 해당 의안이 통과돼요.
  대통령 탄핵 등 특수한 경우에는 통과에 필요한 기준 인원이 늘어요.
- 질의 토론: 사안을 토론해요. 반대자와 찬성자가 교대로 말해요.
- 발언: 교섭단체 대표 연설, 대정부 질문, 의원의 자유 발언 등이 있어요.

⟶ 본회의는 국회 회기 동안 열려요. 국회가 기능하는 시기를 회기라고 해요.

- 회기는 매년 9월 1일부터 100일 동안 진행되는 정기 국회 기간은 물론, 대통령이나 재적 의원 4분의 1 이상이 요구할 때 개회되는 임시 국회 기간도 포함해요.

⟶ 본회의는 공개하는 것이 원칙이에요. 방청, 회의 기록 공표, 보도의 자유 등이 보장되어 있어요.

## STEP 2. 뉴스에서 발견한 본회의가 일하는 법

┌─ **기사 미리 보기** ─────────────────────────────

'전세 사기 특별법'이 국회에 발의된 지 25일 만에 첫 단계인 국회 국토교통위원회 법안심사소위를 22일 통과했다. (중략) 여야는 국토위 전체회의와 법사위 의결을 거쳐 오는 25일 본회의에서 특별법을 통과시킨다는 방침이다.

– 정순우, 신수지, 김정환, 〈전세 사기 피해자에 10년 무이자 대출〉, 《조선일보》, 2023년 5월 23일 자.

⟶ 특별법

- 지역, 사람, 사물, 사항, 기간 등 적용 범위를 한정해둔 법을 말해요. 일반법은 전 국민에게 공통으로 적용되는 법이고요.

⟶ 국토위

- 국토교통위원회의 줄임말. 국회 상임위원회 가운데 하나로, 국토교통

부 소관에 속하는 법률, 예산 등을 심사해요.

→ 법사위

- 법제사법위원회의 줄임말. 국회 상임위원회 가운데 하나로 모든 법안은 법사위를 거쳐야 본회의 표결로 넘어갈 수 있어요.

---

**기사 미리 보기**

국회 행안위는 법안심사제1소위원회를 열어, 국회의원과 고위 공직자의 가상자산 재산 등록을 의무화하는 내용의 공직자윤리법 개정안을 의결했다. (중략) 행안위는 24일 전체회의를 열어 개정안을 의결하고 25일 본회의에 상정할 계획이다.

– 임재우, 〈가상자산 신고 법안 25일 본회의 상정… 제2의 '김남국 사태' 막을까〉, 《한겨레》, 2023년 5월 22일 자.

---

→ 행안위

- 행정안전위원회의 줄임말. 국회 상임위원회 가운데 하나로 행정안전부, 선관위, 지방자치단체, 인사혁신처 관련 안건과 청원 등을 심사해요.

→ 공직자윤리법

- 공직자가 국민의 봉사자로서 가져야 할 기본 윤리를 규정한 법률이에요. 재산 등록과 공개, 선물 신고, 취업 제한 의무를 규정하고 있어요.

→ 상정

- 토의할 안건을 회의에 올린다는 의미예요. 국토위, 행안위 같은 상임
  위원회 심사에서 통과한 법률을 표결에 부친다는 의미로 읽으면 돼요.

# 4장

## 우리 손을 잡고
## 국회로 갑시다

    드래프트 2024 후보로 최종 지원한 사람 수는 55명이다. 그중 절반 정도인 25명이 뉴웨이즈와 함께 2024년 총선에 도전했다. 14명은 정당 경험을 가지고 활동해온 사람, 11명은 (당원이기는 하지만) 정당 경험을 제대로 해본 적이 없는 사람이었다.

    지방선거와 달리 '지원한 누구나 돕는다'가 아닌 '유권자와 함께 세운 기준에 부합하는 사람인지 확인하고 돕는다'에 초점을 맞췄다. 물론 엄격한 심사보다는 확인에 가까웠다. 단기간에 이력 중심으로 평가하면 그 사람이 가진 잠재력을 다 보지 못하니까. 출마로 이어지지 않더라도 국회의원에 도전하며 성장하는 시간도 의미가 있을 테니 최대한 많은 사람을 돕기로 했다.

# 드래프트 2024 후보자를 만나다

우선 드래프트 2024 후보자 중에서 제출한 답변과 이력서 내용이 불충분한 사람을 제외한 모든 사람을 대면 혹은 비대면으로 만났다. 정치를 결심한 이유, 해결하고자 하는 문제, 되고 싶은 정치인의 모습, 관련된 경험이나 이력, 그리고 이번 총선에서 당선 외에 무엇을 목표로 하는지, 어디까지 포기하고 선거에 집중할 수 있는지 등등 중요한 질문을 순서대로 물었다. 그런 뒤 셀프 진단의 답변과 비교하며 확인했다.

드래프트 2024 후보자는 제일 먼저 뉴웨이즈 메이트에 가입하고 셀프 진단을 제출해야 했다. 셀프 진단은 '자기역량' '지역 활동' '정당 활동' 3개의 카테고리, 12개 항목과 52개의 질문으로 구성되어 있다. 셀프 진단은 그 결과만 봐도 후보의 강점과 약점을 단번에 파악할 수 있다. 예컨대 자기역량과 정당 활동 점수는 높은데 지역 활동 점수가 낮은 지역구 출마 예정자라면 지역 활동이 부족했던 이유를 파악하고 그에 집중할 방법을 찾는 식이다. 후보자와 만나는 시간은 짧았지만, 부풀려진 말로 포장된 내용의 실체를 파악하거나 구체적인 경험 속에서 리더십의 강점을 이해하기에는 충분했다.

예컨대 '최근 3년 내 100명 이상의 사람을 설득해 특정한 성과를 만든 경험이 있다'고 체크했다면 그 경험을 자세히 묻고, '사회 이슈에 대해 작은 성과라도 구체적인 해결책을 만든 경험이 있고 나의 기여에 대해 증명할 수 있다'고 체크했다면 그 내용을 물었다. 답변에서 각자의 깊이와 고민의 차이가 느껴졌다.

우리가 후보자를 알아간 다음에는 후보자가 뉴웨이즈를 알아가는 시간으로 넘어갔다. 성공과 실패 그 무엇도 장담해주지 않는 만큼 신뢰 관계를 어떻게 형성할지, 동료로서 어떤 여정을 만들어갈지가 중요했다. 우리가 잡은 타임라인과 세운 가설들, 그것을 시도할 계획, 우려되거나 어렵다고 느끼는 부분도 솔직하게 공유했다. 뉴웨이즈에 돈을 내야 하느냐(아니요), 왜 이런 일을 시작했냐, 자신들의 가능성을 객관적으로 어떻게 보느냐 등 후보자들의 질문에도 최대한 믿음직해 보이기 위해 성실히 답했다.

첫 미팅은 현재 후보자에게 가장 필요한 질문을 합의하는 것으로 마무리했다. 질문은 사람에 따라 달랐다. 지방선거 때 워낙 다양한 후보자와 이야기를 나눠서인지, 짧게는 5분 길게는 20분 정도 대화를 나누어보면 후보자에게 가장 필요한 질문을 파악할 수 있었다.

예를 들어 후보자가 '어느 정당도 마음에 들지 않지만, 여러 상황을 종합해볼 때 특정 정당이 가장 낫다'고 한다면, 장기적 관점에서 고민해볼 질문을 몇 개 더하는 식이었다. "최근에 쟁점이 되었던 특정 사안에 대해서도 선택한 정당의 입장과 동일했나요?" "정치 상황은 또 바뀔 수 있습니다. 현재의 리더십이 마음에 안 든다고 했는데 리더가 바뀐다면 달라질까요?" "말씀한 문제를 해결하는 방향은 선택한 정당과 다른 거 같은데, 어떻게 생각하세요?" 연결되는 질문에 확실한 답을 내지 못하면 그다음 미팅까지 "장기적 관점에서 자신이 함께하고 싶은 정당과 그 선택의 우선순위 기준이 무엇인가요?"라는 질문을 더 고민해보자고 약속했다.

문답을 나눠보니 해결하려는 문제와 자신의 이력이 일관성 있게 정리되지 않은 후보자도 있었고, 정치적 목표가 국회의원보다 지방의원에 더 적합한 후보자도 있었다. 하고 싶은 정치의 내용에 '저렇게는 안 하겠다'는 있지만 '이렇게 해보겠다'가 없는 후보자도 있었다. 정당 경험이 많은 사람이라면 남은 기간 어디에 집중하고 무엇을 할지 우선순위 정립이 가장 중요했다. 다음 미팅까지 목표 과제를 준 다음 도움이 될 만한 뉴웨이즈 메이트 학습 콘텐츠 링크를 보내주었다.

이렇게 후보자가 고민하고 답을 찾아가는 시간 자체가 중요한 정치적 훈련이었다. 자신에게 필요한 질문을 찾고, 그 질문에 답을 고민하고, 결정을 내리는 과정도 정치니까.


## "누구 손을 잡고 국회에 가는 건가요?"

매일 여러 명의 후보자를 만나는 건 피곤했지만 설레기도 했다. 이런 사람들이 정치를 결심하다니, 뉴웨이즈를 알고 지원하다니! 감탄하는 동시에 이들이 당선되면 우리 정치가 어떻게 달라질까, 이 후보자와 저 후보자는 꼭 서로 소개해줘야겠다, 만나서 동료가 되면 정말 좋겠다. 기대를 늘어놓기도 했다.

적게는 한 번, 많게는 두 번을 만나며 후보자 미팅이 마무리되어갈 즈음, 드래프트 2024 후보자들이 모두 대면하는 자리를 만들었다. 외롭고 어려운 과정에서 서로 용기를 주는 좋은 동료가 되었으면 했다. 그러면 초당적인 협치를 만들기에도 수월할 테니까.

2023년 10월, 헤이그라운드 성수시작점 8층 라운지에 후보자들이 모였다. 만남의 목표는 간단했다. 맛있게 피자를 먹으며 서로를 알아가는 것, 도전의 이유와 당선 여부와 관계없이 남기고 싶은 결과를 공유하는 것.

어색할까 걱정했는데 웬걸, 다들 모여서 인사하기 바빠 공간이 웅성웅성했다. 이렇게 다양한 사람을 우리가 모아냈다고?

일단 유권자가 가장 시급한 문제로 뽑은 '기후위기' 해결을 위해 모인 후보만 넷이었다. 기후위기와 산업을 연결해 미래 경제 성장을 제안하는 정혜림 님, 재생에너지에 기술개발 투자를 촉진하기 위해서 기술과 정치 사이 언어를 쉽게 풀어 설득하겠다는 정석환 님, 글로벌 거버넌스 안에서 한국의 기후변화 대응을 객관적으로 평가하며 정책적 변화와 네트워크를 만들겠다는 비공개 후보. 마지막으로 사정상 참석은 못 했지만 사회복지사로서 기후변화로 인한 재난과 산업 전환 과정에서 일자리를 잃을 사회적 약자를 위한 안전망을 고민하는 김혜미 님까지. 기후위기라는 공감대 안에서도 각각 전문성과 관점이 달랐다.

서울시 은평구에서 8개월 만에 350여 명의 청소년과 청년들을 공동체로 모으며 지속 가능한 커뮤니티가 얼마나 단단한 삶의 지지대 역할을 하는지 경험한 채병혁 님은 이를 정치로 확산하고 싶다고 했다. 그와 같은 은평에서 청년의 고립과 자살을 고민하고 자살 문제를 가장 먼저 해결하는 정치인이 되겠다는 김연웅 님과는 그 자리에서 처음 만나 서로 인사를 나누었다.

휠체어를 힘차게 굴리며 들어온 홍서윤 님은 장애인의 이동권은 단순한 이동수단이 아니라며 일, 배움, 운동 등 삶의 다양한 영역에 이동권이 미치는 영향과 일상을 이야기했다. 정당 경험이 많은 서윤 님의 이야기에 사람들은 경청했다.

공익소송을 통해 아이를 키우는 부모를 돕거나, 청년 창업가의 세무를 돕거나, 청년 멘토링으로 취·창업을 돕거나, 여성 IT 인재의 성장을 도우면서 정치를 결심한 사람. 식품회사 연구원으로서 우리나라 식품 안전의 원칙을 세우고 싶다는 사람. 예술가로 살아오며 겪은 제도적 한계를 정책으로 만들어가기 위해 정치인이 된 사람까지. 자신이 만나고 도운 사람들을 지키겠다는 사람들로 라운지가 가득 찼다.

조연우 님과 그의 어머니, 누나도 참석했다. 연우 님은 최중증 근육 장애인으로 가족의 도움이 필요했다. 휠체어에 앉은 연우 님이 말할 때는 눈동자가 휠체어 앞 스크린으로 향했다. 짧은 고요함 뒤에 그가 눈동자로 쓴 글이 전자 음성으로 전해졌다. 모두가 숨죽이고 그의 말을 경청했다. 대담한 포부가 담긴 소개와 동료로서 함께할 도전에 대한 기대가 전해진 순간, 정치라는 경쟁적인 영역 안에서 이렇게 서로를 신뢰하고 응원하는 공간을 만들었다는 게 자랑스러워 울컥했다. (연우 님은 갑작스러운 병세 악화로 2024년 1월 고인이 되었다. 같이 준비해나가던 우리 팀에게 허망하고 슬픈 소식이었다. 그의 마지막 정치 도전을 함께할 수 있어 영광이었다.)

인상적인 순간을 하나 더 꼽자면 혜림 님이 손을 들어 질문했을 때다. "정치는 누구와 손잡고 들어가는지가 중요한데, 주변에서 뉴웨이즈와 손을 잡고 들어가는 게 괜찮을지 걱정하시더라고요. 뉴웨이즈와 함께한다는 건 누구와 손잡고 들어간다는 뜻인지 궁금합니다"라고 그는 질문했다. 적대적인 의도가 아니라 우리 관계가 어떤 의미인지 묻는 거라 반가웠다. 그때 나는 이렇게 답했다.

> "뉴웨이즈와 함께한다는 건 그 누구도 아닌 '나의 정치를 지지하는 유권자와 손을 잡고 들어간다'는 뜻이에요. 그렇게 되도록 만들고 싶어요. 그렇게 해야 어떤 결정을 할 때 특정 관계나 상황에 유리한 결정이 아니라 유권자에게 더 좋은 정치가 무엇인지 고민할 수 있거든요. 뉴웨이즈에게 가장 중요한 가설이기도 합니다."

## 드래프트 2024 엔트리 공개

드래프트 2024 후보자와의 다음 여정은 아이덴티티 보드를 만드는 작업이었다. 쉽게 말해 정치인의 '경쟁력'을 정의하는 것이다. 우리가 고려한 건 3가지 요소다. 첫째, 후보자가 하고자 하는 정치는 무엇인가. 둘째, 유권자가 기대하는 정치는 무엇인가. 셋째, 이 후보자가 정당에 경쟁력이 있는 이유는 무엇인가. 이 셋의 교집합을 도출해서 후보자의 슬로건과 키워드를 정리했다.

먼저 설문을 통해 후보자의 캐릭터와 성격, 리더십을 확인했다. 그런 뒤 기존 인터뷰와 제출한 자료를 종합해서 후보자가 유권자와 정당에 각각 어떤 강점을 가진 사람인지, 유권자와 정당이 어떤 점에 부족함을 느끼고 질문할지 한 페이지로 정리했다. 자연스럽게 후보자의 캐릭터가 도출되었다. 각자가 가진 고유한 이미지 중에서 집중해서 보여줄 부분을 영화, 드라마, 애니메이션 캐릭터로 설정해보기도 했다.

뉴웨이즈의 인재상에 맞춰 '지역과 의제를 기반으로 문제 해결 경험을 쌓은 사람들'의 '자기 언어를 만드는 과정'을 집중적으로 한 셈이었다. 아이덴티티 보드에 정리된 내용에 맞게 프로필 사진을 촬영하고, 슬로건을 작성했다. 다음과 같은 근사한 슬로건들이 엔트리 웹페이지에 쌓였다.

- 에너지의 미래를 준비하는 R&D 전문가이자 기후 커뮤니케이터
- 기후기술을 비즈니스로 연결하는 녹색성장 전문 컨설턴트
- 변화하는 기후에 대응해 사회 안전망을 만들 야심가
- 세입자의 생존을 위해 끝까지 함께할 14년 차 주거 전문가
- 누구도 외롭지 않은 사회를 든든하게 만들어갈 정치인
- 8개월 동안 은평구 청소년·청년 350명을 모아낸 커뮤니티 빌더
- 장애인이 살아갈 일상의 가능성을 넓히는 개척자
- 지방 청년들이 살 만한 지역을 위해 두 번째 출마하는 23세 정치인

이제는 뉴웨이즈 피드를 통해 유권자를 만날 차례였다. 드래프트 2024 후보자를 모은 엔트리 웹페이지를 열고 그곳에서 유권자들이 후보자의 소식을 구독할 수 있게 했다. 2022년 지방선거에서는 구글폼을 통해 한 땀 한 땀 젊치인과 유권자를 연결했는데, 이번

우리가 모아낸 드래프트 2024 후보자들을 드디어 유권자들에게 공개했다.

엔 우리가 개발한 뉴웨이즈 피드 덕분에 구독 버튼 하나로 연결이 되었다. 결과적으로 드래프트 2024 후보자 25명은 1498건의 구독을 모았다.

　수고스러운 일을 이제 안 해도 된다는 것도 감격이었지만 우리가 그동안 만든 뉴웨이즈 메이트와 뉴웨이즈 피드라는 성장 시스템을 통해 젊치인들이 준비하고, 유권자와 만나고 연결되어 영향력을 키워나가는 모습을 직접 확인하다니 긴장되고 설렜다.

　과연 이 성장 시스템으로 이번 총선에서 어디까지 해낼 수 있을까? 후보자들은 유권자의 손을 잡고 국회에 들어갈 수 있을까…. 이제 정말 선거전이 코앞이었다.

 **3분 뉴스레터**

 **NEW WAYS**

# 국회를 가르는 숫자, 20

**STEP 1. 교섭단체가 필요한 이유**

---

→ 교섭단체는 국회에서 20석 이상의 의원을 가진 정당을 말해요. 제22대 국회에서 단일 정당으로 교섭단체를 구성할 수 있는 정당은 더불어민주당과 국민의힘이에요. 교섭단체가 아닌 정당은 비교섭단체라고 불러요.

→ 군소 정당은 교섭단체가 될 수 없나요? 교섭단체 소속이 아닌 의원들이 20명 이상 모이면 같은 정당 소속이 아니라도 교섭단체를 꾸릴 수 있어요.

→ 의회에 교섭단체를 두는 이유. 의사결정을 효율적으로 하기 위해서예요. 모든 결정을 300명 전원과 합의할 수 없으니 소수의 대표단을 꾸려서 결정하는 거죠. 통상 원내대표가 교섭단체 대표를 맡고 국회의장과 정기적으로 회동해요.

→ 교섭단체의 권한은 굉장히 커요. 연간 일정, 대정부 질문 순서, 발언 시간

271

등 주요 절차를 결정하고 상임위원회, 특별위원회 구성까지 교섭단체 의원 수에 비례해서 정해지기 때문이에요.

- 제21대 국회에서는 상임위원회 의원을 배정하는 과정에서 비교섭단체 의원들의 의사를 배제했다며 비교섭단체 정당 의원이 항의하는 일이 있었어요.

➜ 교섭단체는 정치자금법에 따라 보조금 지원도 훨씬 많이 받아요. 국고보조금 중 경상보조금의 50%를 교섭단체를 구성한 정당에 먼저 배분하거든요. 경상보조금의 절반을 더불어민주당과 국민의힘이 나눠 갖는 거예요.

- 나머지 50%는 5석 이상 의석을 가진 정당에 5%, 최근 선거의 득표 수 비율 등 일정 기준을 통과한 정당에 2%를 배분하게 되어 있어요.

## STEP 2. 지방의회에도 교섭단체가 있을까?

➜ 지방의회에도 교섭단체가 있을까요? 정답은 '있기도 하고 없기도 하다' 입니다. 지방의회의 교섭단체는 법으로 의무화되어 있지는 않아요.

➜ 지방의회에서 필요하다고 정한 경우 조례를 정해서 교섭단체를 운영하고 있어요. 서울시의회는 10인 이상의 소속 의원을 가진 정당을 하나의 교섭단체로 정하고 있어요.

- 교섭단체 대표는 의장과 의회 운영에 관련된 사항 전반을 협의해요. 의석 배정, 5분 발언의 순서, 비교섭단체의 발언자 수와 질문자까지

정할 수 있어요.

→ 지방의회는 이렇게 정당 구성이 다양하지 않고 비교적 규모가 작아서 교
섭단체를 의무화하는 것에 대한 의견 차이가 있어요.

- 교섭단체에 해당하는 정당이 하나밖에 없거나 전체 의석 수가 적어서
교섭단체를 따로 두어야 하는 이유가 분명하지 않은 경우가 많아요.
군소 정당이 의사결정 과정에서 소외될 여지도 커요.

# 5장

## 이거 정말
## 너무한 거 아닌가


아마도 이 문장으로 이번 총선에서 우리가 경험한 모든 일을 설명할 수 있을 것이다.

'아니, 이렇게까지 한다고?'

뉴웨이즈가 아무리 새로운 시도를 하더라도 중요한 결정은 결국 힘을 가진 기득권 정치인이 내린다. 국회의원 선거는 기득권 정치의 욕망이 노골적으로 드러나는 자리였다. 쉽게 말해 우리가 원하는 대로 도무지 일이 풀리지 않았다. 이대로 도전을 포기해야 하나 싶은 순간들이 이어졌다.

## 도무지 일이 풀리지가 않았다

장면 하나. 선거제도 결정이 계속해서 미뤄졌다. 더 다양한 의사결정권자가 등장하려면 훌륭한 인재가 많은 것만으로는 부족하다. 이들이 후보가 되고 당선될 수 있는 환경이 동반되지 않으면 소용없다. 선거제도를 정하는 건 현역 국회의원이다. 선거가 스포츠 경기라면 경기의 룰을 선수들이 모여서 결정하는 것이다. 모든 정당이 동등하게 논의에 참여할 수도 없다. 각 정당의 입장이 첨예하면 국회는 의석 수에 따라 양당의 대표를 뽑아서 조율하게 한다. 자연스럽게 선거제도 개편 논의가 양당이 어떻게 이길지 고민하는 선거 전략 논의로 바뀌어 버린다.

공직선거법에서는 국회의원 선거일 전 1년까지 선거구를 획정해야 한다고 규정한다. 하지만 이는 제대로 지켜진 적이 없다. 2020년 4월 15일 국회의원 선거 때는 선거일 35일 전에야 선거구가 획정됐다. 이번에는 달라야 했다. 선거구 획정이 연기되면 그 기간에 지역구 범위도 알 수 없어 신인들은 지역 활동이 어렵다. 실컷 지역 활동을 했는데 나에게 투표할 수 있는 지역이 아니면 어떻게 한단 말인가?

뉴웨이즈는 이런 문제의식으로 2023년 3월에 폴리틱스 마트를 열어서 선거제도의 중요성을 알리고, 5월까지 국회에서 선거제도가 어떻게 논의되는지 진행 상황을 전달했다. 이때 이미 공직선거법이 정한 획정 시한을 넘겼다. 기대가 있다면 5월에 열리는 대국민 공론조사였다. 공론조사는 여론조사와 다르게 충분한 정보를 제공한 뒤에 현안에 대한 의견을 묻는 숙의 토론제도다. 공론조사에 참여한 시민들은 지역구 투표는 소선거구제를 유지하되 비례대표 의석을 늘려야 한다고 결론을 내렸다.

하지만 국회는 공론조사 결과를 수렴할 기구를 구성하지 않기로 했다. 11억 예산을 들여서 공론조사를 하고 그 과정을 방송사에서 생중계까지 했지만, 현역 의원들이 합의하지 않으면 그만이었다. 밖에서 아무리 문제 삼아도 달라지는 건 없었다. 선거법에 명시되어 있어도 국회가 임의로 일정을 미룬 경우가 너무 많다 보니 문젯거리조차 되지 않았다.

상황은 계속 악화했다. 2023년 7월 국회는 공식 기구 대신 양당 대표자 두 사람이 참여하는 2+2 밀실 논의를 결정했다. 선거제도는 정치개혁특별위원회라는 공식 기구에서 결정해야 하는데, 공식 기구의 회의는 고스란히 기록된다. 하지만 2+2 밀실 논의는 비공식이라서 과정을 확인할 수가 없다. 양당만 참여할 수 있으니 사실상 선거제도를 둘이서 몰래 정하기로 담합한 것이다.

이번 선거제도 개편의 쟁점은 비례대표 의석 배분 방식을 병립형과 연동형 중 무엇으로 하느냐였다. 이에 따라 양당이 97% 의석을 차지하는 국회가 되거나 여러 정당이 공존하는 국회가 될 수도 있다. 뉴웨이즈는 정치개혁2050에서 만난 이탄희 의원실과 노사이드 스튜디오와 함께 '선거법 눈알 감시단'을 만들었다. 국회에 선거제도 논의를 지켜보는 유권자가 있음을 알려주기 위해서였다. '눈알단'으로 등록한 사람들에게 현재 선거제도 개편 논의가 어떻게 되고 있는지 전달했다.

결론적으로 말하면 양당은 선거를 두 달 남긴 2024년 2월 5일이

선거제도 논의를 지켜보고 있음을 알려주기 위해 만든 선거법 눈알 감시단.

되어서야 선거제도를 준연동형으로 유지하겠다고 발표했다. 준연동형 비례대표제는 지역구 의석 수가 전국 정당 득표율보다 적을 때 모자란 의석 수의 50%를 비례대표로 채워준다(자세한 예시는 229쪽 뉴스레터를 참고할 것!). 양당은 지역구 후보를 많이 당선시키므로 비례대표 의석을 많이 얻기 어려워 위성정당 창당을 공식 선언했다. 국민의힘이 위성정당을 만들면 지역구 투표에선 국민의힘을 찍고, 비례대표 투표에선 위성정당을 찍어도 같은 정당의 의석 수로 계산되지 않는다.

선거제도 개편 논의 초반에는 연동형을 택하는 대신 양당의 위성 정당 창당을 방지하는 법안을 만들어야 한다는 목소리도 컸지만, 결과적으로는 쏙 들어가 버렸다. 양당은 선거제도 결정을 자신들에게 유리해질 때까지 미루고 또 미루더니 다양성 정치를 위해서 위성정당 창당을 금지하는 결정도 결국 하지 않았다.

## 신인에도 여성에도 관심이 없다

장면 둘. 정당 공천이 다양한 인물에게 열리지 않았다. 양당은 국민 추천제를 통해 마치 열린 인재를 응모받는 것처럼 말했다. 그러나 어떤 인재를 선발할지 그 기준과 검증 과정을 공개하지 않았기 때문에 보여주기 식이라는 예상이 대부분이었다. 이 제도를 통해 드래프트 2024 후보인 정혜림 님이 국민의힘의 영입 인재로 선정되는 결과도 얻었다. 하지만 열린 기회가 다양한 젊치인 공천으로 이어지지는 않았다.

　데이터로도 이번 공천에서 다양성이 실종됐다는 사실이 드러났다. 일단 후보의 평균 나이가 높아졌다. 전체 후보의 평균 연령은 2024년 3월 23일 기준으로 56.8세. 역대 최고령 국회로 꼽히는 제20대 국회의 당선인 평균 연령인 55.5세와 비교해도 높다. 젊치인의 비율은 더 줄었다. 지난 국회의원 선거 후보 가운데 만 39세 이하 후보는 8.2%였지만, 이번 선거에서는 7.5%였다. 여성도 마찬가지다. 지난 국회의원 선거에서 여성 후보는 전체의 26.7%였지만, 이번에는 14%로 10% 이상 줄었다.

　다양성을 고려하지 않는 공천을 문제 삼기 위해 우리는 데이터를 만들었다. 양당이 단수 공천한 예비 후보 데이터를 정리하고 매일 새로 발표되는 후보들의 정보를 모아서 제21대 국회의원 선거 후보와 당선자 통계를 비교했다. 이 데이터를 보도자료로 만들어 발송하고 뉴웨이즈 SNS 채널에 알렸다. 보도자료 발송 후 공천 후보 가운데 청년과 여성의 비율을 문제 삼는 기사들이 나오기 시작했다. 이렇게라도 이번 총선에 더 다양한 인재가 들어갈 수 있도록 공간을 넓히고 싶었다.

그럼에도 양당의 공천은 친명, 친윤 후보들로 채워졌다. 양당은 더 나쁜 공천을 하고 있다고 상대를 비난했지만, 우리가 보기에는 별 차이가 없어 보였다. 이런 일도 있었다. 더불어민주당은 서울시 서대문 갑 지역 현역 의원이 불출마를 선언하면서 이 지역을 청년 전략 선거구로 정했다. 처음에는 〈슈퍼스타 K〉 같은 오디션을 치르겠다고 발표했다.

그러나 기준과 절차는 수시로 바뀌었다. 국민 참여 공개 오디션으로 진행할 거라는 발표와 달리 최종 규칙은 또 달라졌다. 권리당원 투표 70%와 서대문 갑 여론조사 결과 30%를 합친다고 했다. 이 또한 유권자보다 당원들의 밀집된 조직 표가 더 큰 영향을 미치리라는 것을 시사했다. 최종 경선 후보에서 탈락한 후보를 다시 집어넣는 일도 있었다.

뉴웨이즈를 하지 않았다면 자세히 몰랐을 정보다. 선거 직전에야 후보자 공보물을 꼼꼼하게 확인하는 게 우리가 했던 최선의 노력이었다. 뉴웨이즈를 하고 나서 선거제도와 공천 논의를 따라가다 보니, 지금까지 이런 중요한 결정을 국회가 임의로 내린 건가 싶어 의아할 때가 한두 번이 아니다.

결국 희생되는 건 부푼 꿈을 품고 도전한 젊은 신인 정치인이다. 거리에 나가 인사하며, 절실하게 자신의 이름을 알리기 위해서 애를 쓴다. 지역 유지도 아니고 소개받을 만한 인맥도 적다. 최선을 다해 후보 면접을 준비하고 발표도 한다. 정당이 투명한 기회를 열어줄 거라는 믿음으로. 하지만 룰은 권력자의 의지에 맞춰서 기운다. 이번 기회를 놓치면 다시는 오지 않을 수도 있다. 하지만 그가 들인 시간과 노력은 아무도 위로해주지도 보상해주지도 않는다.


## 백 투 더 베이직

사람은 이름 따라간다고 하는데 팀도 그런 걸까? 정치에 새로운 길을 내는 일은 왜 이렇게 예상치 못한 난관의 연속일까?

지방선거 때처럼 하면 젊치인을 배출할 수 있으리란 예상은 보기 좋게 빗나갔다. 서로에 대한 심판론이 우세한 선거에서 공천 과정의 투명성이나 인물의 다양성에 대한 요구는 끼어들 틈이 없었다. 양당은 누가 봐도 자기편을 끌어주는 공천을 하면서도 상대가 더 나쁜 공천을 한다고 공격했다. 정말이지 '징글징글'했다. "공천권 가지려고 기를 써서 당 대표 하는 건데 공천을 바꿀 수 있겠어?"라는 말을 안 들었던 것도 아닌데 우리가 순수했던 걸까? 그렇다고 하더라도 솔직히 정치가 너무한 건 맞다.

우리는 잠깐 '팝업 정당'도 고민했다. 비례대표만 내는 정당이 되는 것이다. 선거에서 양당 대결 구도가 심화되다 보니 무당층 유권자가 더 늘어나는 상황이었다. 그렇다면 선택지를 잃은 사람에게 지역구 선거는 양당에 투표하더라도 비례대표 선거에선 다양한 정치를 선택하도록 팝업 정당이 되면 어떨까?

정당 득표율 3%를 얻으면 비례 의석을 배분받는다. 그렇다면

2.99%를 목표로 하는 팝업 정당이 되어보는 건 어떨까? 국회 진입은 하지 않되 '더 다양한 정치가 필요하다'는 팝업 정당의 메시지에 반응하는 2.99%의 유권자를 보여주는 것이다. 중요한 건 메시지였다. 우리는 어떤 정치를 지향한다고 유권자를 설득해야 할까? 이 문제로 워크숍도 진행했다.

워크숍에서 흥미롭게 본 레퍼런스가 미국의 시민단체 '노 레이블스NO LABELS'다. 노 레이블스는 이름 그대로 '꼬리표가 없는 유권자'라는 의미다. 양당의 극단 정치에 지친 유권자들이 모인 단체로, 좌우 극단에 지친 '상식적인 다수'라고 정체성을 소개한다. 노 레이블스는 미국의 위대한 결정은 양당이 선을 넘어 협상했을 때 일어났다고 말하며, 통합과 협치의 가능성을 중요하게 여긴다.

이들은 미국 대선에서 바이든과 트럼프의 경쟁이 확실시되는 경우 제3의 후보를 내겠다는 계획을 밝혔다. 양당이 이 움직임을 견제해 새로운 후보를 지명하거나 합의를 통해 미래 문제를 해결할 정책을 공약으로 제시하도록 만들기 위해서다. 미국은 주마다 정당을 만들 수 있고 더 많은 주에서 승리한 후보가 대통령이 되는 시스템이다. 노 레이블스는 경합 주에 정당을 세우고 후보자를 낸다는 전략을 세웠다.

이들이 인상적이었던 이유는 '상식적인 다수를 위한 정치'라는 메시지였다. 뉴웨이즈는 이번 선거에서 어떤 정치를 해야 '다음 세대를 위한 정치'라고 말할 수 있을까? 팝업 정당이 남긴 질문이었다. 결론적으로 팝업 정당은 하지 않기로 했다. 시작하기 직전에 정치 상황이 급변했기 때문이다. 팝업 정당을 구상할 때만 해도 양당 중심이었지만 2주 사이에 기존 정당이 연합하고 신생 정당이 만들어지는 분위기로 바뀌었다. 이런 구도에서는 뉴웨이즈의 팝업 정당이 메시지를 견인하기는 어려워 보였다.

하지만 팝업 정당이 뉴웨이즈에 남긴 질문은 유효했다. 지금까지 우리가 세운 신인 선발 계획은 계속해서 실패했다. 게다가 실패와 성공이 우리가 아닌 정당의 결정에 달려 있어 무력했다. 더 정확히 말하면 기득권 정치가 바뀌기만을 기다릴 수밖에 없다는 느낌이었다. 정치를 바꾸기 위해 뉴웨이즈는 이번 선거에서 어떤 역할을 해야 할까?

돌고 돌아 우리가 누구와 이 문제를 해결하기로 했는지 원점에서 생각했다. 유권자였다. 정치를 바꾸는 힘은 결국 유권자에게 있지 않은가. 정치권에서 뉴웨이즈가 경쟁력이 생긴 것도 2030 유권자 네트워크를 모은 덕분이다. 더 다양한 젊치인을 등장시킬 수 있는 환경을 유권자와 만들어보자는 결론에 이르렀다.

더 많은 유권자가 '새로운 정치'를 요구하는 것을 남은 시간의 목표로 삼자. '이번 총선은 뭔가 답이 없다'고 느끼는 사람들에게 우리가 앞으로 어떤 정치를 지향해야 하는지, 이 기준으로 후보자를 평가하면 투표할 만한 사람이 누군지, 더 나아가 실제로 현재 한국 정치에 영향을 미치려면 유권자가 모여서 무엇을 해야 하는지 알려주기로 마음먹었다.

그다음 생각은 일단 연말 휴가를 다녀와서 하기로 했다.

 3분 뉴스레터　　　　　　 **NEW WAYS**

# 국회의원 되려면 얼마가 필요해?

## STEP 1. 후보가 되기 위해 필요한 비용

---

→ 국회의원에 출마할 때 가장 먼저 고려해야 하는 비용은 기탁금이에요.
공직선거법에 따라 선관위에 기탁금을 내야만 후보 자격이 생겨요.

→ 출마 단위마다 금액이 달라요. 지역구 후보는 1500만 원을, 비례후보는
500만 원을 납부해야 해요.

→ 그래도 기탁금은 선거 결과에 따라 돌려받을 수 있어요. 어떤 경우냐면요.
  • 예비 후보에서 공천되지 않거나 사퇴한 경우: 전액 반환
  • 선거에서 당선되거나 15% 이상 득표한 경우: 전액 반환
  • 10% 이상 득표하고 낙선한 경우: 절반 반환
  • 10% 미만 득표하고 낙선한 경우: 반환 불가

→ 정당에도 납부해야 할 비용이 있어요. 국회의원 후보가 되려면 공천을

받아야 하죠. 이때 공천 심사 비용을 후보자가 납부해야 해요.

→ 공천 심사 비용은 선거 결과에 상관없이 반환받을 수 없어요. 하지만 정당에 따라서 청년이거나 장애인인 경우 감면 혜택이 있어요.

→ 경선 비용도 후보자가 부담해요. 보통 당원이나 지역 유권자를 대상으로 ARS 조사를 하는데요. ARS 조사 비용을 경선에 나서는 후보자끼리 나누어 내는 게 일반적이라고 해요.

## STEP 2. 후보가 되고 나서 필요한 비용

→ 후보가 됐나요? 이제 선거운동 비용을 준비해야 해요. **예비 후보가 되면** 예비 선거운동을 시작할 수 있어요.
  • 후보자 사무소를 차리고 현수막이나 홍보물을 제작할 수 있어요. 어깨띠를 착용하고 명함을 나눠 주는 등의 유세를 진행할 수 있어요.

→ 예비 후보의 선거운동 비용은 보전되지 않아요. **현역 의원**에 비해 인지도가 낮은 신인이나 군소 정당 후보는 이름을 알리기 위해 예비 선거 운동을 할 수밖에 없어요.
  • 하지만 이 비용은 후보자가 고스란히 감당해야 한다는 점에서 부담으로 작용할 수 있어요.

→ 다만 예비 후보가 되고 후원회를 설립하면 후원금을 모금할 수 있어요.

- 후원회를 통해 1억 5000만 원까지 모금할 수 있어요.

⟶ 선거일 20일 전부터는 본격적인 선거운동 기간! 대신 이때 쓰는 선거 비용은 선거 결과에 따라 보전받을 수 있어요.
  - 당선되거나 15% 이상 득표한 경우: 전액 반환
  - 10% 이상 득표하고 낙선한 경우: 절반 반환
  - 10% 미만 득표하고 낙선한 경우: 반환 불가

⟶ 그럼 일단 많이 쓰고 돌려받는 게 유리하지 않느냐고요? 공직선거법에 규정된 한도 내에서만 사용해야 해요.
  - 제21대 총선의 선거 비용 제한액은 평균 1억 8200만 원이었어요. 인구 수와 읍면동 수에 따라 달라요.

⟶ 비례대표의 선거 비용은 정당이 지출하고 정당이 보전받아요. 비례대표 후보 개인은 후원회를 설립할 수 없어요.

# 6장

# 미래 세대를 위한
# 선거는 없다

연말 휴가를 보내고 오니 총선까지 약 100일이 남아 있었다. 지방선거 때처럼 젊치인을 많이 배출할 수 없다는 건 우리 팀 모두가 받아들인 전제였다. 드래프트 2024 후보자들이 공천에서 탈락하면 우리는 더 이상 선거에서 할 역할이 없는 걸까?

"투표는 우리가 하는데, 왜 유권자는 빼고 얘기하는 거야?" 양당이 말하는 심판 구도를 벗어나 새로운 유권자의 목소리를 전달하고 싶었다. 분명 주변에는 정치에 관심이 많은데도 '어느 정당을 찍어야 할지 모르겠다'는 친구들이 많았다. 정치권이 내 미래와 상관없는 일을 두고 싸우면서 정작 해결해야 하는 문제는 뒷전인 모습이 보기 싫다고 했다. 이런 생각을 하는 사람들이 비단 우리 주변에만 있을까?

## 찍을 데가 없다는 유권자의 등장

데이터는 그렇지 않다고 했다. 2023년 연말부터 언론은 무당층 유권자에 주목했다. 특히 2030세대 유권자 중 무당층 비율이 다른 연령대보다 높았다. 선거가 가까워지며 무당층 유권자가 줄고 있다는 보도가 나온 2024년 2월에도 20대의 45%, 30대의 31%가 스스로를 무당층이라고 밝혔다(2024년 2월 23일 발표 한국갤럽 조사 기준). 언론은 무당층 유권자가 이번 선거의 캐스팅 보터라고 했다. 이들의 표심을 얻는 쪽이 총선에서 승리한다는 의미다.

무당층 유권자는 지금 무슨 생각을 하고 있을까? 《조선일보》는 제21대 총선 직전인 2020년 1월부터 2023년 4월까지 한국갤럽이 매주 조사한 자료를 취합한 결과 "여야가 MZ세대에 공을 들이고 있지만 이들은 오히려 정치권을 외면하는 역설적 현상이 나타나고 있다"고 했다. 그 이유는 양당이 서로를 적으로 돌리며 "정치 혐오를 부추기는 포퓰리즘 경쟁"●을 펼쳐서다.

흔히 무당층 유권자를 아예 정치에 무관심한 사람이라고 생각하지만 지금의 무당층 유권자는 다르다. 《한겨레21》은 이들이 줏대 없는 무당층이 아니라 양당에 구체적 실망을 가진 '줏대 있는 무당층'이라고 분석했다. 무당층이 탄생한 이유에 대한 해석은 비슷했다. "유권자들은 혐오의 방향을 분명하게 이야기하고 있었다. 유권자들은 '싸움'의 정치에 환멸을, '비전보다 비판'을 말하는 정치에 회

---

● 홍영림, 〈총선 승부처 MZ 5만 명 표심 분석〉, 《조선일보》, 2024년 1월 8일 자.

의를 느끼고 있었다."**[*]**

《시사IN》은 2024년 총선 유권자 지형 분석을 통해서 여야 모두에 심판 의지를 가진 '양당 심판론자'들이 등장했다고 말했다.**[**]** 여야 지지층에서 이탈한 사람들이 무당층으로 모이고 있다는 것이다. 무당층이 평가하는 양당의 이미지는 이렇다. '실망감을 준다.' '기득권 세력이다.' '잘못을 반성하지 않는다.' '당내 다양한 의견을 인정하지 않는다.' '강성 지지층의 영향이 크다.' 한마디로 정리하면 지금의 정치는 뻔뻔한 기득권이며 다양한 의견을 인정하지 않는 구태 정치를 보인다는 것.

우리는 이 유권자들에게 다른 이름을 붙이기로 했다. 여야 정당 중에 고를 데가 없다고 말한다고 해서 '무당층'이라고 부르거나 방향이 확실치 않다는 이유로 '캐스팅 보터'라고 하는 건 기존 구도에서 평가한 것이지 이 유권자들의 지향을 보여주는 이름이 아니었다. 어떤 이름을 붙이면 캐스팅 보터가 아니라 새로운 정치를 지향한다는 정체성이 담길까?

무당층이 가진 정치에 대한 이미지에는 우리가 현재 느끼는 위기의식을 한국 정치가 공감하지 못한다는 평가가 들어 있다. 출생률은 낮고, 자살률은 높고, 일자리 경쟁과 경쟁 압박은 심해지고, 경기는 나빠지는데 정작 이 문제를 정치에서 주요하게 다루지 않는

• 손고운, 류석우, 신다은, 〈우리가 제1당 아냐?…'줏대 있는' 무당층의 탄생〉,《한겨레21》, 1482호.

•• 김은지, 〈무당파는 누구인가 [2024 총선 유권자 지형 분석 ①]〉,《시사IN》, 850호.

다. 우리에게는 더 구체적으로 미래를 책임질 정치가 필요하다. 게으르게 상대만 탓하면 선거에서 이길 수 있다는 심판론이 아니라 미래 문제를 내다보고 해결할 정치가 필요하다.


## 퓨처 보터 10만 명이 모인다면

퓨처 보터FUTURE VOTER. 미래를 제대로 책임질 정치가 무엇인지 묻는 유권자다. 이번 총선에서 각 정당이 더 다양한 미래 문제를 논의하게 만들고, 이 문제를 해결할 수 있는 다양한 적임자를 세우고, 문제 해결을 약속한 후보자들이 당선될 수 있게 만들면 어떨까? 마치 음식점 문에 붙은 '블루리본'이나 '미슐랭 스타'처럼 '퓨처 보터가 투표해도 될 사람'을 골라주는 것이다.

퓨처 보터는 우리가 이번 선거에서 꺼낼 수 있는 마지막 카드였다. 지금까지는 늘 정치가 바뀔 수 있다고 희망을 담아서 말했는데, 솔직히 이 무렵에는 매일 매일 한계를 마주하는 기분이었다. 뉴스를 보면 우리가 하는 얘기에는 어느 정당도 관심이 없었다. 매일 새로 정당이 생기고 나뉘었지만, 표를 더 얻기 위한 선거 전략으로 보일 뿐이었다.

이런 마음을 담아 영상 하나를 만들었다. "저 너무 불안해요. 이렇게 해도 정치가 안 바뀔 것 같거든요." 평소 우리라면 하지 않을 이야기다. 선거제도를 바꾸기 위해 노력하고, 젊치인 후보도 찾았는데 선거제도 개편은 계속 미뤄지고, 정당들은 젊치인에 솔직히 관심도 없고, 제대로 비전을 말하는 정당도 없어서 더 이상은 못 하겠다고 말했다. 결국 정치를 바꿀 수 있는 건 유권자밖에 없으니 '퓨처 보터'가 되어달라고 했다.

영상 감독 다예 님은 퓨처 보터를 설명하는 짧은 영상을 만들겠다고 나섰다. "제 생각에는 퓨처 보터가 뭔지 한마디로 말해주는 영상이 필요해요." 다예 님은 우리가 하는 백 마디 말보다 더 뇌리에 남는 한 장면으로 사람들의 마음을 움직이는 사람이다. 일단 자기에게 맡기라며 시나리오 하나를 써왔다. 정치인이 서로 마주 보고 싸우는 장면으로 시작한다.

> **정치인 A:** 정말 노답이네. 노답.
>
> **정치인 B:** 노답이라니. 그러는 당신은 답 있어요?

말다툼을 반복하는 그들 사이로 말간 얼굴의 유권자가 등장한다. 그는 투표 도장 모양의 레이저를 들고 있다.

> **유권자:** 둘이 싸우는 거 말고 계획 있어요?

이때까지도 두 정치인은 꿈쩍하지 않는다. 오히려 뭘 하나 갖고 그러냐며, 우리가 알아서 잘하겠다는 말로 달래려 한다. 그러자 투표 도장 모양 레이저를 든 수많은 유권자가 정치인을 겨눈다.

> **유권자들:** 지금 한가해? 싸우다 4년 또 지나면 진짜 끝이라니까. 나, 여

기 이 사람들 먹고 살고 자는 거 어떻게 책임질 건지 똑바로 말해. 이번엔 들어야겠어. 우리 미래 어떡할 생각인지.

영상 보러가기

2024년 1월 27일 퓨처 보터 창단식을 열었다. 2030 유권자가 한자리에 있는 모습을 보여주면 정치권이 더 쉽게 움직일 것 같았다. 창단식은 대학 교양 수업처럼 기획했다. 정치가 마음에는 안 드는데 뭐라고 콕 집어서 이유를 말하긴 어렵고, 투표는 잘하고 싶은데 어떤 문제가 중요한지 모르는 사람들에게 2030년까지 우리가 마주할 미래를 알려주는 자리가 되었으면 했다.

우리는 일찍이 '드래프트 2024: 신인 젊치인 선발전'을 통해 유권자가 중요하게 생각하는 문제를 선정해놓지 않았던가. 전문가들에게 미래 위기 시나리오를 알려달라고 요청했다. 행사의 이름은 '미래 없음: 퓨처 보터 창단식'으로 정했다. 이 문제들을 해결하기 위해 퓨처 보터가 왜 중요한지, 퓨처 보터와 앞으로 어떻게 정치를 바꿔나갈 것인지 소개할 예정이었다.

미래 위기를 전망할 연사도 모두 2030세대로 모았다. 기후위기는 김보림 청소년기후행동 활동가에게, 자살률은 청년 여성의 자살률 증가를 연구한《증발하고 싶은 여자들》의 이소진 저자에게 부탁했다. 저출생은 그 원인을 심도 있게 분석한 전혜원《시사IN》기자에게, 세종시에서 거주하는 청년들의 커뮤니티 청년희망팩토리 강기훈 이사장에게는 지역 불균형 이슈를 다뤄달라고 했다. 주거 문

291

제 시나리오는 지수 민달팽이유니온 위원장에게 요청했다. 연사들에게 던진 질문은 3가지였다. 첫째, 이 문제는 2030년에 왜 중요해지나요? 둘째, 지금까지는 왜 해결되지 않았나요? 셋째, 문제를 해결하기 위해서는 정치가 어떤 관점을 새롭게 택해야 하나요?

행사 공지를 올리고 실제로 열기까지 일주일밖에 없었는데 놀랍게도 현장에 120명이 넘는 사람들이 찾아왔다. 약 100명을 수용할 수 있는 공간을 대관해 최대한 많은 좌석을 깔았는데도 의자가 모자라 새 의자를 꺼내야 했다. 무대가 잘 보이지 않는 곳에 착석한 사람들에게는 양해를 구하느라 진땀을 뺐다. 간식으로 정치를 바라보는 유권자의 답답한 마음을 담아 '군고구마' '훈제란', 그리고 '사이다'를 준비했는데 이마저도 일찌감치 동나버렸다.

연사들이 그려낸 2030년 미래 시나리오에는 생각보다 더 심각해서 절망적인 내용도 있었고 화가 나게 만드는 문제도 있었다. 저출생 문제의 해결책으로 대기업과 중소기업 격차를 줄이고 세율을 높여야 한다는 주장에는 "대기업에 다녀도 애 키우면 남는 돈이 없다"는 (당연히 제기할 수 있는) 반박 질문이 나오기도 했다. 100명만 모여도 이렇게 해법을 둘러싼 이해관계가 복잡한데 정치는 원인에 대한 합의도 시작하지 못했다.

행사에 오지 못한 분들을 위해 강연 내용은 〈2030년 미래 위기 리포트〉로 발행했다.

• **기후위기**: 한국이 지금처럼 기후위기에 대응하지 않는다면 평균 기온이 4°C가 오릅니다. 한국에 있는 기후위기 정책들이 다 실현된다고 해

도 3℃가 오릅니다. (김보림 청소년기후행동 활동가)

• **인구 절벽**: 사람들은 인구가 줄어든다고 하면 한국 사회의 크기가 작아 진다고 생각하기 쉬운데요. 인구 수가 아니라 구성이 문제가 됩니다. 단순히 크기가 작아지는 게 아니라 작은 양로원 비슷하게 되는 거예요. (전혜원, 《시사IN》 기자)

• **지방 소멸**: 국회를 보면 서울을 대변할 사람은 많고, 지방을 대변할 사 람은 적습니다. 강원도를 보면 '이 지역을 한 사람이 어떻게 다 커버 해?'라는 말이 나올 정도로 선거구가 넓어요. 이번 선거가 지나고 나면 상황이 더 악화될 겁니다. (강기훈 청년희망팩토리 이사장)

• **주거 문제**: 20대만 보더라도 주택 구입을 위해서 돈을 빌린 사람은 절 반 이하로 감소하고 주택 임대 보증금을 위해서 돈을 빌린 사람이 늘어 났습니다. 누가 이들에게 '영끌 세대'라는 이름을 붙였습니까? (지수 민 달팽이유니온 위원장)

• **자살 문제**: 국립중앙의료원이 발표한 〈2021-2022 응급실 자해 자 살 시도자 내원 현황〉에 따르면 남성은 80대 이상에서 인구 10만 명당 125.9건, 20대에서 105.4건 순으로 자해·자살을 많이 시도했습니다. 반면 여성은 20대가 284.8건으로 가장 많고 뒤이어 10대가 257.8건이 었습니다. (이소진, 《증발하고 싶은 여자들》 저자)

• **정치 문제**: 오늘 발표 듣다 보면 다들 이런 생각이 드시죠? '아니, 이렇게 중요한데 왜 정치는 말하지 않아?' 정당이 생각하는 핵심 문제가 우리와 다른 거죠. 정당에게 중요한 건 '어떻게 지지율을 높일까? 어떻게 내가 더 강해질까?'입니다. (박혜민 뉴웨이즈 대표)

리포트 보러가기

창단식은 뉴웨이즈가 젊치인을 키우는 인재 양성 시스템만이 아니라 문제 해결을 중심으로 미래 정치를 논의하는 공간이자 미디어 역할을 해볼 수 있겠다는 아이디어를 떠올리게 했다. 방문한 사람들의 후기를 들어보니 '정치에 관심은 있는데 어떤 문제가 중요한지 몰라서' '정쟁에 관한 뉴스가 많은데 의제 중심으로 논의하는 자리가 있다니 반가워서' '내가 관심 있는 문제에 대한 해결책이 있는지 궁금해서' 왔다고 했다. 분명 이런 얘기를 기다린 사람들이 있다는 확신이 들었다.


## 후보와 정당에 미래를 묻다

한 달 만에 1500명의 퓨처 보터가 모였다. 이제는 퓨처 보터의 영향력을 정치권까지 미치게 할 차례였다. 실제로 정당과 후보가 내는 메시지를 바꿀 수 있을까? 그러려면 선거의 흐름에 올라타야 했다. 우리는 2가지 계획을 세웠다. 첫째, 제3지대 정당이 퓨처보터를 찾아오게 만들자. 제3지대 정당이 등장하고 있었지만 아직 무엇이 다른지 듣지는 못한 때였다. 퓨처보터가 질문을 하고 이에 대해 답하게 하려고 했다. 둘째, 국회의원 예비 후보가 퓨처보터를 찾아오게 만들자. 예비 후보인 현역 국회의원이 움직이면 정치권에 알려질 수 있을 것이었다.

'퓨처 보터가 간다'라는 이름으로 2024년 2월 15일부터 3일간 간담회를 열었다. 목요일과 금요일 저녁에 서울시 서대문구와 마포구 예비 후보와의 간담회를, 토요일에 제3지대 정당 지도부와의 간담회를 기획했다. 서대문 갑은 더불어민주당이 청년 전략 선거구로 설정한 지역으로 드래프트 2024 후보자인 황두영 님이 있었고, 마포 갑에는 드래프트 2024 후보자 김혜미 님이 있었다.

그런데 아무리 2030 유권자가 한자리에 모인다고 해도 그 숫자가 1만 명이 되는 것도 아닌데, 과연 정치인이 올까? 놀랍게도 예스였다! 서대문구에서는 더불어민주당, 개혁신당, 진보당까지 3개 정당에서 4명의 예비 후보가 참석했다. 마포구에서는 더불어민주당, 국민의힘, 녹색정의당 3개 정당에서 5명의 후보가 퓨처 보터와의 만남에 응했다.

제3지대 정당과의 만남 자리에도 김유리 녹색정의당 부대표, 오준호 새진보연합 공동대표, 홍희진 진보당 공동대표가 참석했다. 제3지대 정당들이 일주일 사이 합당했다가 갈라지면서 참석이 변경, 불발되기도 했다. 정말이지 한 치 앞도 내다볼 수 없는 선거였다.

퓨처 보터를 대신해 기후위기, 저출생과 고령화, 수도권 과밀화와 지방 소멸, 그리고 2030세대의 불안정성에 대해서 후보들에게 해결책을 물었다. 후보는 즉석에서 답변을 했고 퓨처 보터 또한 이들의 답변을 들으며 우리가 미리 나눠준 평가지 항목을 채웠다. 현장 질문도 받았다. 제3지대 정당과의 간담회에 나섰던 오준호 새진보연합 공동대표는 블로그에 "완전히 새로운 유권자를 만나는 느낌"이었다고 썼다. 그도 그럴 것이 정치인이 평소에 만나는 유권자는 크게 두 부류다. 우리 정당을 엄청 좋아하는 사람, 아니면 우리 정당을 엄청 싫어하는 사람.

퓨처 보터는 다르다. 분명히 정치에 관심도 있고 투표를 잘하고 싶은 마음은 큰데 정당 지지를 기반으로 하지 않는다. 현장에서 제3지대 정당의 이름을 다 알면 손을 들어보라고 했을 때도 숫자가 많지 않았다. 정치 고관여층은 어느 정당이건 간에 이념적 입장에서 후보와 정책을 평가하기 마련인데 우리가 퓨처 보터라 부른 2030 무당층 유권자는 '내가 겪는 위기에 정치가 얼마나 공감하고 있는지' 정치가 답하길 바란다. 이런 유권자들의 등장이 정당에는 얼마나 새롭고 당황스러웠을까? 정당 이름은 모르는데, 질문은 날카롭게 벼려 있으니 말이다.

서대문구 예비 후보 간담회에 참가한 한 퓨처 보터는 후보들에게 이렇게 물었다.

"얼마 전에 아빠가 되어서 육아휴직을 쓰고 있는 사람입니다. 아빠가 되어보니 동네에 돌봄 시설이 얼마나 부족한지 알겠더라고요. 남자 화장실에는 기저귀 갈이대가 없고 유아차를 끌고 다니기도 도로가 불편해요. (중략) 요즘은 육아 가정이 갈수록 줄어들어 제가 점점 소수자가 되어가는 기분도 드는데요. 아이를 키우기 위한 문화를 조성하는 데 있어서 어떤 역할을 하실 건가요?"

제3지대 정당 간담회에 참가한 한 공공 도서관 사서 퓨처 보터는 이런 질문을 던졌다.

"아이들이 점점 더 사교육에 의존하다 보니 교육 양극화의 심각성을 느낍니다. 도서관을 독서실로 바꾸는 지역도 있고요. 교육 양극화가 걱정되면서도 공공 영역에 종사하는 사람으로서 제 일자리가 불안하다는 생각도 합니다. 교육 양극화와 공공 분야 인력의 일자리에 대한 계획을 묻고 싶습니다."

국제정치학을 공부하는 한 대학생 퓨처 보터는 기후위기를 안보 관점에서 고려하는 논의가 부족하다고 말했다. 그는 제3지대 정당 간담회에 참석해 이렇게 물었다.

"현실적인 이야기를 해보고 싶습니다. 화석연료를 줄이자는 주장은 많은데 국가 안보 유지에 필요한 화석연료는 어떻게 할까요? 독일의 트랙터 시위처럼 재생에너지 전환에 대한 부담이 농업인 등 취약계층에 가장 먼저 전가되는 문제에 대해선 어떤 대책을 마련하고 있나요?"

어쩌면 우리가 뉴스에서 보는 정치는 너무 좁은 게 아닐까? 누가 힘을 가졌는지 말하는 정치는 너무 많은데, 미래를 그리고 비전

미래를 제대로 책임질 정치가 무엇인지 묻는 유권자가 모인 '미래 없음: 퓨처 보터 창단식'. 최대한 많은 좌석을 깔았는데도 의자가 모자랐다.

'퓨처 보터가 간다' 간담회 모습. 2030 무당층 유권자들이 정치에 무관심하다는 편견과 달리 마포구(위), 제3지대(아래) 간담회 모두 반응이 뜨거웠다.

을 만들고 공동체를 설득하는 문제 해결 과정으로서의 정치는 너무 적다. 기후위기, 저출생, 고령화 등 미래 문제를 해결하겠다는 말들이 선언으로 그치는 동안 정치가 풀어야 할 문제의 실타래는 더 복잡하게 얽히고설킨다. 하나의 입장을 택하면 하나의 입장을 버리거나 유예해야 하는 게 정치라면 선거는 정치에서 아주 작은 일부에 불과할 텐데, 어째서 다들 임기 내내 선거만 하는 것처럼 다투는 것일까?

하지만 이런 질문을 던지고 답변을 들을 수 있었던 것도 퓨처 보터가 모였기 때문이라는 점에서 결국 정치를 바꿀 수 있는 건 유권자의 요구밖에 없다. '퓨처 보터가 간다' 간담회는 3일간 각각 다른 지역에서 열렸는데 매번 의자가 모자랄 정도로 많은 사람이 왔다. 평일 저녁 퇴근해서 예비 후보를 만나러 동네에 모이고, 주말 오전 단잠을 자야 하는 시간에 영등포구에 모였다.

퓨처 보터가 1500명이나 모인 덕분에 간담회 자리를 만들 수 있었고 지금까지 선거에서 논의되지 않았던 문제들을 후보에게 질문할 수 있었다. 후보들은 질문을 받은 이상 답을 해야 하고, 답해야 하기 때문에 문제를 들여다보고 공부했다. 지금껏 정치가 발견할 수 없었던 유권자를 연결하고 그들의 질문에 답하게 만들었다. 젊치인을 직접 돕는 일이 아니더라도 뉴웨이즈가 정치에서 열어갈 공간이 있었다. 행사가 끝난 뒤 서대문구에서 육아휴직을 한 아빠라고 소개했던 퓨처 보터에게서 인스타그램 DM이 왔다.

어제 직접 만나고 경험해보니 감동적인 부분이 많아서 응원 문자를 보냅니다.

사실 정치에 관심이 많아야 한다고 생각합니다. 주요 당의 대표와 원내대표가 누군지, 지역구 의원이 누군지 정도는 알아야 하는데 접근하는 장벽이 의외로 높습니다. 그러다 보니 관심에서 멀어지고 저 역시도 그랬던 것 같습니다.

그래서 되게 좋은 일 하는구나 느꼈어요. 관심에서 멀어지는 정치를 친숙하게 만들어주는 플랫폼이라 생각해요. 앞으로 많은 문제가 있겠지만 저처럼 한 사람 한 사람 고개를 끄덕이게 되면 좀 나아지지 않을까 싶어요. 대단한 응원을 하려고 글을 시작했지만 무책임한 격려인 것 같아 죄송해집니다. 어제 행사 감사했어요.


## 할 말 많은 유권자, 젊치인을 만나다

각 정당에서 후보들을 공천하는 시기가 됐다. 여전히 정치는 호락호락하지 않았다. 그사이 공천에서 컷오프되거나 경선에서 탈락해서 출마 여정을 마무리하는 젊치인도 있었다. 선거가 가까워지니 젊치인이 준비하던 지역에 당 대표 측근들이 도전장을 내밀기 시작했고 공천 룰은 여전히 불투명했다. 뉴웨이즈는 퓨처 보터와 젊치인을 위해서 무엇을 해볼 수 있을까?

이 질문으로 기획한 이벤트가 '할 말 있음: 2024 총선 미래 질의응답' 콘퍼런스다. 드래프트 2024 후보자들을 해결사로 조명하는 자리였다. 기후위기, 전세 사기, 생활동반자법, 정치 개혁, 이동권,

돌봄 등 젊치인 후보들이 다루는 문제는 2030세대의 삶과 밀접하게 닿아 있다. 이들은 연구원, 활동가, 보좌관, 정당인 등의 역할로 이 문제를 해결할 각자의 대안을 만들어 왔다. 이 역량을 더 많은 퓨처 보터에게 소개하고 싶었다.

'할 말 있음: 2024 총선 미래 질의응답' 콘퍼런스에서는 소속 정당이 다른 국민의힘 정혜림 젊치인, 녹색정의당 김혜미 젊치인이 기후위기 문제의 해법을 논했다. 사회는 더불어민주당 정석환 젊치인이 맡아주었다. 정혜림 님은 글로벌 기준에 발맞춘 기업의 녹색 산업 전환을, 김혜미 님은 기후위기 시대에 취약계층을 구하기 위한 사회 안전망에 가장 먼저 주목했다. 서로 당도 다르고 기후위기 문제를 바라보는 관점도 달랐지만 이 문제가 무엇보다 시급하고, 정쟁보다는 구체적 실행이 필요한 때라는 데에는 공감했다.

민달팽이주택협동조합 창립 이사장을 지내고 더불어민주당 전세사기고충접수센터장을 맡은 권지웅 님은 직접 보고 들은 전세 사기 피해자의 사연을 전하며 임차인들을 위한 사회가 필요한 이유를 말했다. 자신이 국회에 들어가면 전세 사기 피해자의 구제 범위를 넓히고, 예방 조치를 만들고, 나아가 집을 사는 사람과 빌려 쓰는 사람이 동등한 시민으로 여겨지도록 하겠다고 했다.

생활동반자법 입안에 참여하고 《외롭지 않을 권리》를 집필한 더불어민주당 황두영 님은 생활동반자법이 통과되어야 하는 이유를 불평등 해소 관점에서 설명했다. 30대, 40대 이상에서도 동거 가족 비율이 늘고 있다. 이들은 대체로 아파트가 아닌 거주지에서 월세 형태로 산다. 동거가 선호나 가치관 문제를 넘어 취약계층이 택

수빈 님(왼쪽)과 서윤 님(오른쪽). 이동권은 곧 일상권이라는 말이 깊이 와닿았던 순간이었다.

하는 가족 형태가 되었다는 점에서 이들에게 주거, 의료 등에서 결혼과 동등한 수준의 혜택을 제공하는 생활동반자법은 우리 사회의 불평등을 줄이는 문제와 연관되어 있다.

　　새로운미래 홍서윤 님은 계단뿌셔클럽 공동대표인 박수빈 님과 함께 이동권에 관해 이야기했다. 서윤 님은 이동권 논의가 교통수단에만 그치는 게 아쉽다고 했다. 사람은 화장실 갈 때도, 일하러 갈 때도, 잠을 자거나 휴식하러 갈 때도 이동을 하므로 이동권은 곧 '일상권'이다. 이동권은 장애인만이 아니라 갈수록 늘고 있는 노령 인구를 위해서도 더 폭넓게 논의되어야 한다는 게 서윤 님의 생각이다.

　　정당바로세우기를 이끌다가 민심동행 창당을 준비하는 신인규 님은 유쾌한 입담으로 무거워질 수 있는 분위기에 활기를 가져다쳤다. 인규 님이 기존 정당에서 나와 새로운 정당을 만들게 된 계기는 뉴웨이즈의 문제의식과 통하는 면이 있었다. 정당이 다음 세대 인재를 재생산하는 기능을 전혀 못 하고 있다는 것. 정당에 어떤 인재가 있는지 데이터도 없거니와 교육하고 실전에 투입함으로써 역량을 증명하는 훈련 체계가 없다고 그는 말했다.

더불어민주당 박성민 님은 청와대 청년 비서관 재직 시절, 가족돌봄청년 지원 방안을 준비했던 과정을 들려줬다. 그가 영케어러 Young Carer●를 지원하자고 했더니 법적으로 영케어러의 정의가 없어 어렵다고 하고, 그럼 법을 만들자고 하니 실태 조사를 해야 한다고 하고, 그럼 실태 조사를 하자고 하니 예산이 없다고 하고, 그럼 법을 만들어서 예산을 받자고 하니 실태 조사가 필요하다는 이야기가 반복되었다는 설명이었다. 성민 님은 입법을 기다릴 수 없어 주민센터, 대학교의 상담센터와 취업센터, 중고등학교 등을 통해서 가족을 돌보는 사람들의 사례를 수집했다. 스타트업이 MVP(최소 기능 제품)를 만들어 시장성을 검증하는 과정과 똑같았다.

많은 사람이 뉴웨이즈에게 묻는다. 젊으면 더 잘할 수 있는 게 뭐냐고. 이 자리에서 확인한 건 시민과 같은 위치에서 소통할 수 있는 커뮤니케이션 역량, 실제로 일이 진행되도록 하는 문제 해결 역량과 실행력이었다. 그리고 이런 얘기가 가능한 건 젊치인이 지금까지 설계된 제도로 포괄할 수 없는 새로운 삶의 형태나 사각지대에

---

● 장애·질병·정신질환·약물·알코올 등 문제를 가진 가족이나 친척에게 돌봄을 제공하고 있는 18세 이하 아동·청소년을 일컫는 말.

가족돌봄청년 지원 방안을 준비했던 과정을 들려준 성민 님.

놓인 이들의 고충을 깊이 이해했기 때문이다.

　퓨처 보터도 대단했다. '할 말 있음: 2024 총선 미래 질의응답' 콘퍼런스의 참가자들은 반나절 동안 진행되는 행사에서 끝까지 자리를 지켰다. 우리는 공간이 비좁은 데다 중간중간 드나드는 사람이 많을 거라 예상해 등받이 없는 의자를 준비했다. 그런데 여섯 시간 동안 허리를 세우고 앉아 있느라 힘들었다는 후기를 보면서 이번에도 우리가 유권자의 의지를 과소평가했음을 깨달았다.

　실제로 현장 질문은 우리가 따로 말을 보탤 필요가 없을 정도로 알찼다. '아, 이런 부분이 발표에서 빠진 것 같은데' 하면 찰떡같이 질문하는 퓨처 보터들이 있었다. 이렇게 똑똑한 사람들이 많은데 우리가 콘퍼런스의 사회를 맡아도 되는가 싶을 정도였다.

- **주거 세션 발표에 대한 질문**: 언제까지 집을 더 지어야 할까요? 이번 정권에서도 그린벨트를 해제하겠다는 주거 이야기가 나오는데요. 국토 전체로 봤을 때 그린벨트를 얼마나 더 해제해야 불안에 시달리는 사람들이 안전하게 살 수 있는 건지 근본적인 질문을 던져보고 싶습니다.

- **생활동반자법 세션 발표에 대한 질문**: 생활동반자법은 말씀하신 것처럼 동성혼의 문제가 아니라 고독사 문제를 해결하는 대안으로 논의되어야 하는 게 아닐까요. 이에 대해 정당과 후보의 입장은 어떤지 궁금합니다.

- **돌봄 세션 발표에 대한 질문**: 영케어러가 학업을 중단하는 데는 금전 부담도 있지만 돌봄 시간이 너무 길다는 문제도 있어요. 이 시간을 줄이는 것도 대책이지 않을까요? 국가와 사회가 가정과 돌봄 시간을 어떻게 나눌 건지 묻습니다.

뉴웨이즈를 시작한 2021년부터 정말 많은 젊치인을 만났다. 그들이 빛나 보이는 순간은 눈에 보이는 해결책을 제시할 때다. 이 순간이 기성 정치와 가장 다른 모습이다. 정치가 다루는 문제는 너무 커서 단숨에 모든 것을 해결할 수 없다. 그럴 때 지금 당장 해결할 수 있는 MVP부터 만들어보는 게 새로운 세대의 정치가 아닐까. 이들의 정치가 더 힘을 얻게 만들고 싶다.

## 2024 총선에 역공약을 던지다

4월 총선까지 남은 기간은 한 달. 그사이 선거구가 획정되고 국회의원 비례대표 의석 수는 1석이 줄었다. 지역구 의석을 남기는 대신 다양성을 보장하는 비례대표 의석을 줄이기로 한 것이다.

상황은 계속해서 안 좋아지고 있었다. 마지막 30일을 어떻게 써야 할까? 이 시기에 마케팅 파트너로 합류한 상준 님이 말했다.

> "지금까지 뉴웨이즈는 유권자들과 많은 일을 했어요. 하지만 정말로 피드백을 줘야 하는 정치권에서 들은 답은 많지 않았어요. 지금은 오히려 본질로 돌아가야 할 때가 아닐까요. 남은 기간에 정치권을 더 괴롭혀보면 좋겠어요. 유권자에게 정치계의 '토루크막토'가 되어서 '원래 그런 정치는 없다'고 말하는 장면을 더 많이 만들어야 하지 않을까요?"

그가 제안한 아이디어 중 하나가 '역공약'이다. 역조공, 역제안과 같은 의미의 역공약. 원래 공약은 후보들이 내는 것이다. '당선되면 이것을 꼭 지키겠다'면서 말이다. 후보들이 내는 공약은 매번 결이 비슷하다. 우리 지역에 건물을 세우고, 지하철역을 놓고, 재건축을 하겠다는 약속들이다. 이 공약을 유권자가 낸다면 어떨까? '당선된 다음 하겠다'는 건 의미 없다. 이것을 해야 '당선시켜줄 것'이라고 역제안하는 것이다.

퓨처 보터 캠페인을 기획할 때, 후보들이 결정되면 음식점 문앞에 붙은 블루리본처럼 '퓨처 보터가 투표하면 좋을 후보'를 알려주겠다고 했다. 우리는 역공약을 제안하고, 이 공약에 응답한 후보들을 공개하기로 했다.

역공약이 너무 넓거나 쉬워도 의미가 없었다. 예컨대 '기후위기 문제를 꼭 해결하겠습니다'라는 선언 정도는 모두가 동의할 것이다. 반면에 해법이 너무 구체적이어도 너른 합의를 만들기가 어렵다. 정당에 따라 기본 입장이 다르기 때문에 문제의 원인에는 동의하게 하면서도 해법에 대해선 열어둬야 했다. 드래프트 2024에서 유권자와 함께 찾은 의제들, 미래 위기 리포트에서 다뤘던 내용을 기반으로 많은 기사를 찾아 읽었다.

기후위기의 경우, 젊치인과 기후 활동가들에게 자문해 어디까지를 쟁점으로 삼아야 할지 물었다. 기후위기의 핵심은 화석연료 발전원을 줄이는 데 있다. 한데 지금의 논의는 '원전이냐, 재생에너지냐'로 기울어져 있어 현실 대응이 어렵다. 하지만 이 문제만 고수하면 변한 기후에서 어떻게 살아갈 것인가 하는 적응 관점이 누락될 수 있다는 조언을 얻었다. 기후위기 역공약은 이런 논의를 통해 2가지로 좁혔다.

역공약에는 8개 의제, 12개의 질문을 담았다. 유권자와 함께 찾은 미래 의제면서 지금 당장 해결하지 않으면 미래 세대에게 더 부담을 줄 문제들로 골랐다. 결과에 대한 대응에 그치지 않고 원인을 해결할 수 있는 질문들이었다.

곧바로 역공약 웹페이지를 만들었다. 후보들을 전체 공개하고 우리 동네 후보가 응답했는지 한눈에 확인할 수 있도록 했다. 만약 응답하지 않았다면 누구나 요청 메일을 보낼 수 있다. 버튼 하나만

한눈에 확인할 수 있게
만든 역공약 캠페인 화면.

누르면 메일이 간다. 후보가 메일 창을 열었는데, 매일같이 낯선 유
권자에게 요청 메일이 와 있다면, 그가 자신의 지역 유권자라고 한
다면 불안하지 않을까? 물론 전체 후보의 메일 주소를 수집하는 것
은 우리 몫이었다. 메일 주소를 찾느라 자정을 훌쩍 넘겨 잠들곤 했
다. 메일 주소가 공개되어 있지 않은 후보가 너무 많았다. 분명 이번
선거에서 공천을 받았는데도 정보를 확인할 수 없는 후보가 다수였
다. 후보가 누군지 유권자가 전혀 정보를 찾을 수 없는데도 공천을

받을 수 있다니 기가 막혔다.

어떻게 하면 역공약을 후보들이 듣게 만들 수 있을까? 우리는 마치 선거 캠프처럼 움직이기로 했다. '선거' 하면 가장 먼저 떠오르는 게 무엇인가. 유세차다. 일단 유세차를 보낼 수 있는지 알아봤다. 양당 후보들이 모인 격전지에 유세차가 찾아가서 그들이 무언가 말할 때 "안 들어. 안 들어. 역공약이나 들어라"라고 외치면 어떨까? 선거송도 만들고 말이다. 결론부터 말하자면 선거법상 유세차를 후보가 아닌 사람이 하면 안 된다고 해서 불발됐다. (이번 선거에서 정말 예상치 못한 난관이 하나 있었다면 그건 바로 선거법이다.)

전략을 바꿔 커피차를 보내기로 했다. 격전지에 유세차 대신 커피차를 보내서 역공약을 알리는 것이다. 한 표 한 표가 소중한 지역이니 역공약 응답으로 2030 유권자의 지지를 받을 수 있다고 설득하면 더 빨리 응답할 것이다. 커피차를 보낼 지역으로 여의도 국회 앞, 이재명과 원희룡이 맞붙는 인천 계양 을, 진선미, 전주혜, 김기수가 맞붙는 서울 강동 갑, 이광재, 안철수가 맞붙는 성남 분당 갑을 최종 선정했다. 커피차 자리를 구하는 게 쉽지 않아 애를 먹었다.

첫째 날, 뉴웨이즈 색상인 라임색 바람막이를 입고 어깨띠를 하고 국회 앞으로 나갔다. 선거운동을 그대로 따라 했다. 현장은 늘 변수가 많았다. 사전에 주차 관리인과 주차장을 쓰기로 미리 얘기해뒀는데도 커피차를 펼치기도 전에 상황이 바뀌어 급히 자리를 옮겼다. 사거리 대로에서 골목으로 들어오니 행인이 별로 없었다. 새벽에 비가 와서 날씨도 쌀쌀했지만, 겨울철에 선거 유세를 하는 후보의 마음으로 열심히 무료 커피를 외쳤다. 여의도의 직장인들은 우

정치인한테 누가 커피차를 보내봤을까?

리를 낯선 눈빛으로 바라봤다. 무료 커피에도 꿈쩍하지 않았다. 그 래도 국회 사무처 직원들이 궁금해하며 들렀고, 주변 당사에서 정치 인과 당직자들이 나와서 역공약에 대해 듣고 갔다.

둘째 날에 갔던 인천 계양 을은 어르신이 많이 사는 동네였다. 뉴웨이즈가 새로운 정당인지, 왜 이런 캠페인을 여는지 전날보다 더 많이 질문했다. "이번 선거에서 중요한 공약 얘기는 안 하고 싸우고 만 있으니까요. 제대로 공약을 지키라고 말하는 거예요"라고 설명 하면 대체로 크게 공감했다. 한참 우리를 붙잡고 지금의 정치가 왜 문제인지 말하는 분도 있었다. 정치인들이 바닥 민심을 듣는다는 게 이런 걸까 싶었다. "그래. 요즘 정말 보기가 싫어. 나도 이런 거(역 공약 커피차를 가리키며)라면 백 번은 투표할 수 있어. 근데 지금 정치

갈수록 상황은 나빠졌지만, 함께 뛴 멤버들 덕분에 감동이었던 나날.

인들은 서로 대화는 안 하고 '나 잘났다' 하니 투표하기가 싫어.”

　우리의 정성에 하늘이 감복한 걸까. 셋째, 넷째 날에는 해당 지역 후보들이 방문했다. 강동 갑 진선미 후보와 성남 분당 갑의 이광재 후보가 커피차를 찾았다. 커피차에서 열심히 캠페인을 알리고 돌아오면 밀린 메일에 답을 하고, 아직 다 채우지 못한 후보들의 메일 주소를 찾고, 뉴웨이즈 SNS 채널에 게시할 콘텐츠를 준비했다. 일주일 만에 네 군데 지역에 커피차를 보냈다. 우리 팀은 다들 30대 초반에서 후반까지로 구성되어 있는데 마지막 커피차를 보낸 날은 다들 치통, 복통, 두통 등을 호소하며 사라졌다.

　이 무렵 어떤 사람이 인스타그램으로 DM을 보냈다. 요즘 뉴웨이즈를 보면 감동적이라는 말을 하는 사람들이 있다고, 갈수록 상황이 나빠지는 게 보이는데도 끝까지 최선을 다하니 감명받았다고 말이다. 역공약 캠페인을 보고 "나는 이제 뉴웨이즈를 거치지 않은 정치를 상상할 수 없게 됐다"는 사람도 있었다. "상상만 했던 걸 현실로 옮기는 뉴웨이즈 대단하다"라는 댓글도 달렸다. 역공약 웹페이지의 응답률을 높이기 위해서 국회의원 후보들에게 연락하는 '일일 선거 사무원'을 모집했더니 하루 만에 20명 이상이 자원했다. 왜 이렇게까지 하나 싶어 '현타'가 왔다가 이런 후기를 읽고서 자부심을 느끼는 롤러코스터의 시기였다.

## 앞으로도 원래 그런 정치는 없어

드래프트 2024로 만났던 젊치인 25명 가운데 본선에 출마한 후보는 3명이었다. 드래프트 2024를 통해 처음 정치에 입문한 정혜림 젊치인은 국민의힘의 위성정당인 국민의미래 비례대표 후보 25번이 됐다. 역공약에는 총 177명(25.3%)의 지역구 후보가 답했다.

　제22대 국회가 출범한 후에 얼마나 많은 정치인이 역공약을 지킬까? 역공약을 지키기로 한 후보가 다 당선된 것도 아니다. 만약 역공약 달성률이 늘지 않고 젊치인 후보가 모두 낙선한다고 하면 우리는 실패한 걸까?

　그럴 수도 있다. 하지만 우리는 실패할 걸 알고 시작했다. 그래도 최선을 다해 열심히 싸워보고 싶었다. 애니메이션 《하이큐》에 이런 말이 나온다. 배구는 사실 공이 땅에 닿지 않게 연결하는 게임이라고, 공이 떨어지지 않는 한 계속해서 기회가 있다고. 지금, 아니 앞으로도 뉴웨이즈는 꼭 그런 마음으로 일할 것이다. 어쨌든 아직 끝은 아니니까.

잘 싸웠다는 결론을 내리는 데는 2가지가 필요하다. 어떻게 싸웠냐, 무엇과 싸웠냐. 우리는 모든 과정에 유권자를 주인공으로 남기기 위해서 노력했다. 드래프트 2024 후보자의 기준을 세우는 것부터 퓨처 보터를 모으고 역공약을 제안하는 데까지. 이 과정에서 정치에는 늘 크게 실망했고, 우리가 만나는 유권자에게서 늘 새로운 가능성을 발견했다. 뉴웨이즈가 말하는 새로운 정치가 틀리지 않았음을 확인했다. 개인의 영향력으로 정치의 얼굴을 바꿀 수 있을까? '그렇다'라는 답을 내는 건 뉴웨이즈가 혼자서 해낼 수 있는 일은 아닌 것 같다.

그래서 더 많은 동료 유권자가 필요하다. 뉴웨이즈가 싸우는 건 단순히 기득권 정치인이 아니라 '정치는 원래 그런 거'라는 비관이자 체념, 아니면 무관심이다. 정치는 물론 쉽게 바뀌지는 않지만 바꾸라고 요구하지 않으면 아무것도 바뀌지 않는다. 이 목소리가 어떤 힘을 갖게 될지는 누구도 모른다. 지방선거 때도 모두가 안 될 거라고 했지만 젊치인 후보자와 당선자를 배출했지 않은가. 국회의원 선거는 더 아득하긴 했지만, 반년 전만 해도 직장인이던 사람이 비례대표 후보에 오르는 과정을 만들어냈다.

뉴웨이즈를 시작할 때도 그랬다. 과연 이 조직이 얼마나 지속될 수 있을까 반신반의했다. 1년 반만 열심히 하자는 마음으로 했더니 총선을 준비할 수 있는 시야와 의지가 생겼다. 뉴웨이즈는 사단법인이 됐고 조직 규모도 2명에서 4명으로 늘었다. 세연 님과 성규 님은 가장 밀도 높은 시기에 입사해 총선 전략을 함께 실행했다. 게임 산업에서 캐릭터와 스토리를 설계하고 스타트업에서 콘텐츠를 기획했던 세연 님은 커뮤니케이션 매니저로서 드래프트 2024 후보자들의 시각적, 언어적 아이덴티티를 만들고 우리 팀의 고유한 이야기를 다양한 형식으로 알리는 데 큰 역할을 했다. 스타트업과 정당에서 일했던 성규 님은 드래프트 2024 후보자들과 안정적인 소통 구조를 만들었고 후보자들의 성장 전략을 고심하고 각자의 근황과 고민을 세심하게 체크했다. 두 사람이 있었기에 유권자 커뮤니케이션과 젊치인 성장 지원이라는 뉴웨이즈의 목표를 더 멋지게 실행할 수 있었다.

둘이서 일할 때와 달리 모두가 한 방향을 바라보며 일하다 보니 지칠 법한 상황에서도 동료들을 보면서 기운을 냈다. 새로운 실험이 좌절되고 젊치인이 탈락하는 와중에도 남은 후보에게 다음 기회를 만들어주기 위해 애쓰는 모습을 보면 자세를 고쳐 먹게 된다. 선거가 다가왔을 때 주변에서는 지치지 않느냐는 질문을 했는데 정작 우리 팀은 다음에는 이런 것들을 더 잘할 수 있겠다는 이야기를 많이 했다. 뉴웨이즈의 가장 큰 자산은 낙관이다. 가장 잘될 수 있는 방법을 고민하면서 최선을 다하면 일이 끝나더라도 후회 없이 배우게 되고 다음을 기약할 수 있는 시야와 의지가 생긴다.

어쩌면 지금 정치에서 한자리하는 분들이 정치의 가능성을 가장 덜 믿는지도 모른다. 너무 오랫동안 정치는 원래 그런 거라고 믿어버려서 기존의 방식만 되풀이하고 있는 것은 아닐까? 젊은 세대는 정치에 관심이 없다는 생각, 자신에게 중요한 게 무엇인지 모른다는 생각, 경험이 없어서 정치를 잘할 수 없다는 생각을 하나씩 깨뜨릴 시간이다. 얼마나 오래 걸릴지는 모르지만 이 관성이 깨지는 날까지 어쨌든 통쾌한 반격의 시간이 남아 있다. 원래 그런 정치는 없다.

# 위기에 빠진 당을 구하라

## STEP 1. 비상대책위원회는 무엇일까요?

→ 비상대책위원회(이하 비대위)는 쉽게 말해 학기 초에 뽑는 임시 반장 같은 거예요. 반장 선거를 하기 전까지 회의를 열기도 하고 반 규칙을 정하기도 하죠.

→ 당 지도부가 사퇴하거나 의사결정 기능을 잃었을 때 정당 사무를 책임져요. 당 대표와 최고위원 등 지도부가 새롭게 뽑히면 해산하는 것이 원칙이고요.

→ **비상 상황에서 비대위는 최고위원회를 대신해요.** 비대위원장이 당 대표의 권한을, 비대위원이 최고위원의 권한을 행사해요.

→ 기존의 당 지도부는 비대위가 들어서면 자동으로 보직을 잃어요. **비대위가 출범하면 'OO당이 비대위 체제로 전환했다'**고 이야기하죠.

## STEP 2. 비대위는 언제 등장할까요?

⟶ 정당에서 말하는 비상 상황은 (당마다 약간의 차이가 있지만) 당 대표나 최고
위원이 사퇴 등의 이유로 빈자리가 됐을 때예요.

- 더불어민주당: 당 대표 및 최고위원 과반 이상이 궐위되는 등 당에 비
상 상황이 발생한 경우(2022년 8월 기준, 당헌 제112조).
- 국민의힘: 당 대표 사퇴 등 궐위나 선출직 최고위원 및 청년 최고위원
중 4인 이상의 사퇴 등 궐위(2022년 9월 기준, 당헌 제96조).

⟶ 그래서 주로 선거 뒤에 나타나죠. 정당의 선거 결과가 좋지 않으면 당 대표
가 "선거 결과에 책임을 지고 물러나겠다"라고 말하는 장면 본 적 있죠?

- 각 정당의 당헌, 당규에서는 비상 상황이 발생하면 중앙위원회, 전국
위원회 등에서 비대위를 구성해야 한다고 규정하고 있어요.

⟶ 비대위는 새 지도부를 뽑기 위한 준비를 하면서 당의 발전 방향을 모색
하고, 다양한 당내 의견을 수렴하는 등 안정화를 위해 노력해요.

4부

# 새로운 일을 위해선 새로운 조직이 필요해

– 뉴웨이즈 대표 박혜민

# 1장

# 비영리예요, 스타트업이에요?

    우리가 하는 일이 생소해서일까? 뉴웨이즈가 하는 일을 소개하면 사람들은 우리의 정체를 많이 궁금해한다. 돈은 어떻게 버는지(최다 인기 질문이다), 풀타임으로 하는지, 왜 영리가 아니라 비영리를 선택했는지, 해외에 이런 모델이 있는지, 적은 인원으로 그 많은 일을 어떻게 하는지 등등. 다 짧게 답하기 어려운 질문들이다.

    어느 분야에서나 뉴웨이즈를 조금 낯설게 여긴다. 조직의 형태로 보면, 뉴웨이즈는 처음에 비영리 임의단체였다가 비영리 사단법인으로 바뀌었는데, 외부에서는 우리를 주로 '비영리 스타트업'이나 '정치 스타트업'이라고 소개한다. 비영리 스타트업은 스타트업의 방식으로 일하며 사회 문제를 해결하는 데 목적을 둔 비영리조직을 뜻하고, 정치 스타트업은 말 그대로 정치 문제를 해결하는 스타트업이다. 구호나 옹호 활동 중심의 비영리조직에 익숙한 사람들은 IT

제품을 만들고 마케팅 문법을 쓰는 우리를 낯설어하고, 스타트업에 익숙한 사람들은 친숙한 문법으로 정치 문제를 해결하는 우리가 '비영리'라는 사실에 놀라곤 한다. 투자 제안 메일을 받았다가 비영리단체여서 어렵다고 답한 경우도 몇 번 있었다.

어떻게 불리든 우리야 크게 상관없지만 어떤 조직 모델을 만들어갈 것인지 고민할 때 레퍼런스가 없다는 어려움이 있다. 비영리조직으로서 '윤리'와 '가치'를 지향하면서도 스타트업 방식으로 일하며 '성장'을 추구하기 때문에 기존 비영리조직의 운영 방식도, 스타트업의 운영 방식도 우리와 딱 맞아떨어지지는 않는다.

사실 뉴웨이즈를 시작하고 초반에는 뭐라고 하는 사람이 없는데도 괜히 눈치가 보였다. 계속 평가받는 기분이라고 해야 할까? 아무리 좋은 일을 한다고 해도 조직이 별로고 사람이 힘들면 다니기 싫은 법 아닌가. 그런 조직이 되고 싶지 않았다.

그런 기분이 들었던 건 아마도 내가 조직에 관심이 많은 사람이기 때문일 것이다. 과거 조직의 구성원으로 있었을 때, 나는 제안이 많은 편이었다. 어떻게 해야 우리가 하는 일을 더 잘할 수 있을지, 구성원에게도 좋은 조직이 될 수 있을지 늘 고민해서 대표에게 제안했다. 누가 시키지 않아도 필요해 보이면 자처해서 사내 매뉴얼을 정리하고, 업무 툴을 세팅해 사용 가이드를 배포하고, 전사 워크숍을 기획해 우리 조직의 일하는 방식을 개선하고, 구성원 간의 상호평가 방식을 만들곤 했다.

각각 다른 산업에서 다양한 구성원을 만나고 대표를 설득하며 더 나은 조직을 만들려는 여러 시도를 한 끝에 내린 나름의 결론이 있다. 좋은 조직이 되는 데는 정답이 없지만, 조직의 목적에 맞는 일관성을 갖춰야 좋은 조직이 될 수 있다는 것. 목적에 맞는 우선순위를 알면, 의사결정을 할 때 여러 이해관계 안에서 더 나은 선택을 할 수 있고, 일에 대한 태도와 관점을 갖출 수 있다. 대표가 아닌 구성원으로서 조직을 바꾸려고 할 때 한계가 있는 건, 조직의 본질과 원칙의 중심을 결국 대표가 잡기 때문이란 것을 깨닫고는 '내가 나중에 조직을 만든다면 이것만큼은 잊지 말자'고 다짐했다.

　뉴웨이즈를 0부터 하나씩 만들어가면서 잘못된 결정을 할까 봐 긴장될 때마다 이때의 다짐을 떠올렸다. 처음부터 다 갖춘 100점짜리 말고 가장 '뉴웨이즈다운' 1을 하면 된다고, 그렇게 잘 쌓은 1을 기반으로 100이 된다고 말이다.

　어느덧 4년 차 조직이 되면서 종종 우리처럼 레퍼런스가 없는 일을 0부터 시작하는 사람들에게서 조언을 구하는 연락이 오곤 한다. 우리도 뉴웨이즈다운 방식을 찾아가는 것이니 정답이 될 수는 없겠지만, 어떻게 만들어가는지 그 과정을 공유하면 도움이 되리라 생각한다.


## 조직의 형태, 그것이 알고 싶다

조직을 새롭게 시작할 때 어려운 점은 2가지다. 지금 내가 뭘 모르는지 모른다는 것과 이 수많은 정보 중에서 나한테 필요한 정보가 무엇인지 판단하기 어렵다는 것. 뉴웨이즈를 어떤 조직 형태로 할까 고민할 때도 그랬다. 비영리단체만 해도 비영리 임의단체, 비영리 민간단체, 비영리 사단법인 등 종류가 다양하다. 당시에는 그중 하나를 선택했을 때 이후 어떤 영향이 미치는지조차도 몰랐다.

처음에 뉴웨이즈는 비영리 임의단체로 시작했다. 비영리단체 설립에 대한 정보를 찾아봤지만, 한참을 봐도 이해가 가질 않아서 블로그에서 찾은 행정사에게 자문했다. 국회와 행정부에서 경험을 두루 갖춘 분이라 뉴웨이즈가 앞으로 하려는 일을 잘 이해할 것 같았다. 그에게 '비영리단체는 어떻게 설립하냐'는 질문 이전에 '뉴웨이즈를 어떤 형태로 설립하는 게 좋겠냐'고 물었다. 우리가 하려는 일을 쭉 들은 그는 비영리 임의단체로 시작하는 게 좋겠다고 조언했다. 비영리 임의단체는 가장 느슨한 조직 등록 방식이라 행정 서류 작업도 간단하고, 이후에 보고해야 하는 서류도 간소한 데다 그만큼 주무관청의 개입이 적어서 우리가 하려는 일에 적합해 보인다는 것이다. 설립은 혼자서도 충분히 할 수 있으니 직접 해보라고 했다.

필요한 서류를 리스트업해서 하나씩 실행하려니 그중 제일 난감한 건 '정관'이었다. '조직을 운영하는 기본 규칙'에 해당하는 내용인 만큼 잘 써야 할 것 같은데, 아무런 정보 없이 혼자 처음부터 쓰려니 막막했다. 블로그 같은 데서 공유한 정관을 그대로 쓰는 것도 나중에 어떤 영향을 미칠지 몰라 걱정됐다.

비영리단체를 설립해본 적 있는 친구가 떠올라 그에게 정관을 어떻게 썼냐고 물었다. 이미 비슷한 고민을 했던 친구는 자신도 체계가 잘 잡힌 단체의 정관을 참고하려 했지만, 조직마다 정관이 다른 데다가 그마저도 자신의 조직과 상당 부분 맞지 않아 그대로 적용할 수 없었단다. 규모가 크고 오래된 조직의 정관은 얼핏 그럴싸해 보이지만, 규모가 작고 특수한 조직에 맞지 않은 규칙들이 많아 따라 할 수 없다고 했다.

친구는 여러 단체의 정관을 보내줄 테니, 그중 우리에게 가장 필요한 것들만 남겨보라고 조언했다. 그의 말을 이정표 삼아서 꼭 필요한 내용만 남겼더니 웹에 공유되던 것보다 훨씬 간결한 정관이 완성되었다(나중에 사단법인을 설립할 때는 임의단체보다 기본적으로 충족해야 할 요건이 많아서 전문위원의 조언을 받았다).

이렇게 조직 설립 단계를 하나씩 밟아보면서 초심자가 조직과 관련한 결정을 할 때는 3가지를 잊지 말아야 한다는 것을 깨달았다.

1. 최소한 갖춰야 하는 기본 요건이 무엇인지 알아본다.
2. 이 결정이 우리에게 어떤 영향을 줄지 파악한다.
3. 가장 우리다운 결정이 무엇인지 고민한다.

첫 번째는 최대치를 갖춘 레퍼런스를 찾기 전에 먼저 최소 요건을 정확히 확인하는 것이다. 그다음은 해당 결정이 우리에게 어떤 영향을 줄지 경험이 있는 사람에게 묻는 것이다. 이렇게 원칙을 세우고 나니, 이미 해본 사람들에게 조언을 구할 때도 질문이 달라졌다. "어떻게 했나요?" 같은 두루뭉술한 질문이 아니라 "직접 해보니까 이 의사결정을 할 때 어떤 것을 꼭 고려해야 하나요?" "그 결정이 이후 조직에 어떤 영향을 미쳤나요?" "저희는 이런 조직을 지향하는데 그렇다면 어떤 방식이 적합할까요?"라고 묻게 됐다. 그 결정이

미칠 영향을 파악하고 나면 가장 중요한 본질도 유추할 수 있다. 앞서 살펴본 정관도 양식에 맞게 내용을 대충 채우면 되는 일 같지만, 정관의 본질은 조직의 의사결정 구조를 결정하는 중요한 일이다.

마지막 원칙은 본질을 이해하고 난 다음에 우리에게 가장 맞는 방식을 고심하는 것이다. 이 세 가지 원칙을 따르자 제법 가볍게, 또 일관성 있게 결정할 수 있었다. 아래부터는 조직을 만들어나갈 때 꼭 던져야 하는 질문들에 대한 답을 이 원칙들에 따라 어떻게 찾아갔는지 공유해보려고 한다.


## Q. 어떤 조직 모델이 우리에게 맞을까

조직이 지속 가능하려면 돈이 필요하다. 돈을 벌려면 돈이 되는 일을 해야 한다. 하지만 돈이 벌리는 방향으로만 결정하면 조직의 목적과 멀어질 수 있다. 많은 스타트업이 생존하기 위해 초반에는 외주 작업을 받아 돈을 벌면서 만들고 싶은 서비스도 개발하느라 고군분투하곤 한다. 그러니 가능하면 최대한 빠르게 우리가 해결하고 싶은 문제에 집중할 수 있는 방향으로 수익 구조를 만드는 게 중요하다.

돈을 어떻게 버느냐는 결국 조직이 '어떻게 일하느냐'와 깊은 관련이 있다. 언젠가 단골 가게 사장님과 비슷한 이야기를 나눈 적이 있다. 사장님은 처음 가게를 시작하는 사람들에게 어떤 선택을 하고 나면 그 이후에 많은 것이 자연스럽게 결정된다는 것을 알려주고 싶어 했다. 자신이 이 동네, 이 위치에 이 가게를 열었다는 것, 이 정도 크기의 공간을 이렇게 구성했다는 것, 운영 시간대를 이렇게 정한 것 자체가 찾아오는 손님이 어떤 사람들일지, 얼마나 돈을 벌게 될지, 얼마나 오래 하게 될지 등을 이미 정했다는 뜻이고, 또 자연스럽게 그렇게 된다는 얘기였다. 마찬가지로 '돈을 어떻게 벌까'는 조직이 어떤 형태로, 어디에 투자해서, 누가 책임과 권한을 가지고 일할지에 대해 어떤 '선택'들을 해왔느냐에 따라 자연스럽게 결정된다.

우리가 뉴웨이즈를 시작한 건 2021년 1월 중순이지만 비영리임의단체를 설립한 날은 2월 25일이다. 즉 조직의 형태를 비영리로 하겠다고 못 박아두고 시작한 게 아니라 '뉴웨이즈'라는 조직의 미션과 비전을 정리하고 나서 비영리로 결정했다.

조직의 형태를 정하려면 무엇을 하려는 조직인지 정의되어야 한다. 조직의 형태는 조직이 목적에 집중하는 데 거스르는 에너지가 없는, 자연스러운 상태가 가장 좋기 때문이다. 그렇지 않으면 상충하는 상황을 계속 마주하거나 조직의 형태를 고치느라 쓰지 않아도 될 에너지를 쓰게 된다.

영리조직과 비영리조직은 조직을 운영하는 세계관 자체가 다르다. 영리조직은 주주에게 이익을 실현하는 데 집중해야 한다. 더 많은 자원을 가져오려면 더 많은 이익을 약속하고 투자를 받아야 한다. 투자를 받았다면 그에 상응하는 이익을 만들어야 한다. 의결권의 크기도 투자 금액에 따라 달라진다. 영리 법인을 설립해놓고 돈을 벌지 않겠다고 하는 건 조직의 속성을 거스르는 일이다.

반대로 비영리 법인은 목적사업을 추구해서 공적인 이익을 달성하는 데 집중해야 한다. 수익사업을 할 수는 있지만 얻은 이익을 목적사업에 환원해야 한다. 비영리 법인이 더 많은 자원을 가져오려면 기부를 받아야 하고, 기부를 받으면 목적사업을 달성해야 한다. 비영리 법인을 운영해서 혹은 기부를 받아서 많은 돈을 벌고 부자가 되겠다는 건 사실상 불가능한 일이다.

단골 사장님의 말처럼 우리는 자연스럽게 비영리단체를 설립하기로 결정했다. 뉴웨이즈의 목표를 다시 떠올려보자. 우리는 '정치 산업 안에서 의사결정권자의 성장 시스템을 초당적으로 만드는 조직'으로서, 다양한 개인의 영향력을 연결해 시스템을 변화시키고자 시작했다. 또한 1인 1표라는 정치의 속성에서 가능성을 본 팀이다. 의결권이 투자 금액에 따라 달라지는 영리 법인은 어울리지 않는다. '초당적인 조직'이라는 정체성을 위해서라도 소수의 의사결정권자에게 영향을 받는 방식은 위험 요소가 될 수 있다. 최대 주주의 정치적 성향이 뉴웨이즈에 영향을 미치지 않느냐고 누군가 이의를 제기할 수 있으니까.

이익을 추구하는 부분도 그렇다. 당연히 정치 문제를 해결하면서 돈을 벌 수도 있다. 하지만 공적 인재의 성장 시스템을 만드는 과정은 유니콘 스타트업이 될 정도로 수익을 내기는 어렵다. 공적 인재의 성장 시스템으로 돈을 벌어 소수가 이익을 얻는 구조가 과연 우리의 목표와 맞는지, 투자한 사람들의 이익 추구라는 가치와 공적 인재의 성장 방식이 충돌했을 때 어떻게 의사결정을 해야 할지 고려해야 했다.

게다가 애초에 정치는 빠르게 바뀔 수가 없다. 급속히 성장해서 많은 돈을 버는 유니콘 스타트업보다는 더 길게 보고 필요한 기반을 탄탄히 쌓아가는 백년가게 같은 조직 형태가 뉴웨이즈에는 더 잘 맞았다. 우리는 이렇게 뉴웨이즈의 미션과 비전에 어울리는 조직의 형태로 비영리단체를 선택했다.


## Q. 뉴웨이즈는 어떻게 돈을 벌까

'돈을 어떻게 벌까?'라는 질문은 바꿔 말하면 '누가 우리에게 돈을 낼 것인가'에 대한 문제다. 누군가 돈을 내야 우리가 돈을 번다. 크게 개인B2C, 기업B2B, 정부기관B2G으로 나눴을 때, 우리는 정치인을 성장시키는 시스템에 기업이나 정부기관이 돈을 지불하기는 쉽지 않을 거라고 판단했다. 부분적으로 가능할지는 몰라도 대개 '정치적인' 일에 기업과 정부기관은 돈 내는 것을 부담스러워한다. 우리에게 남은 선택지는 '개인'이 유일했다.

그럼 어떤 개인이 뉴웨이즈에 돈을 낼까? 고객은 자신의 불편을 해결하고 싶거나 자신에게 가치가 있다고 생각할 때 돈을 내고 서비스를 구매한다. 스타트업에서 일할 때는 이를 '진통제 서비스'와 '비타민 서비스'로 구분했다. 고통을 느낄 정도로 불편하고 괴로운 문제를 해결해주면 '진통제 서비스'고, 그렇게 괴롭지는 않지만 사용할 경우 삶이 더 윤택해지고 좋아지면 '비타민 서비스'다.

우리가 설득하고 가치를 창출할 수 있는 그룹을 유권자와 젊치인이라고 할 때, 일단 유권자부터 고민해봤다. 유권자에게 필요한 진통제 서비스와 비타민 서비스는 무엇일까? 고객에게 진짜 필요한 서비스를 찾기 위해서는 인터뷰가 필수적인 만큼 정치에 '적당히' 관심 있는 사람들과 사용자 인터뷰를 진행했다. 선거 때마다 뽑을 사람이 없고, 맨날 일은 안 하고 싸우기만 해서 지겹고 짜증 난다는 말이 공통적으로 나왔다.

하지만 좀 더 깊은 질문을 하자 각자 느끼는 불편함이나 윤택함의 기준이 달랐다. 특정 정치 성향의 정치인이나 특정 문제를 해결할 수 있는 정치인이 더 등장하길 기대하고, 기성 정치인과 똑같은 정장 차림을 하지 않고 커뮤니케이션을 유연하게 하는 정치인을 기대하기도 했다. 유권자 각각의 문제를 뾰족하게 해결해주고 만족시킬 만한 서비스를 만들기란 쉽지 않아 보였다.

상대적으로 젊치인은 불편함이 명확했다. 출마에 관한 정보를 얻기 힘들고, 조언을 구할 사람을 만나기 어렵고, 혼자서 힘겨운 도전을 해야 하므로 외로움을 느꼈다. 공천 및 선거 과정에서 기회와 자원, 동료가 부족했다. 진짜 필요한 부분을 뾰족하게 만든다면 진통제 서비스나 비타민 서비스를 구상할 수 있는 그룹이었다.

다만 모든 서비스를 유료화해 돈을 많이 버는 것은 다양한 의사결정권자를 등장시킨다는 우리의 미션과 어긋났다. 뉴웨이즈가 수익을 극대화하는 조직이라면 당연히 그 방향을 고민했을 것이다. 정치인으로서 역량을 키우는 것이 정치인 개인만의 몫은 아니라고 생각해서 우리가 등장한 게 아닌가. 좋은 공적 인재를 성장시키고 우리 사회를 이끌어갈 리더로 만드는 건 사회적 자원과 역량이 투입

되어야 하는 일이다. 그러므로 비용이 장벽이 되지는 않게 하되, 도전과 성장을 더 수월하게 만드는 수익 구조를 찾는 게 맞겠다고 판단했다.

젊치인에게 진짜 필요한 서비스를 만들고 유료화할 수 있는 모델을 찾으려면 가설을 세우고 실험할 시간이 필요했다. 우선 우리가 해결하려는 문제에 공감하고 해결책을 필요로 하는 개인들을 우리가 만들려는 정치 시스템 자체로 설득하고, 그들에게 후원을 받아 최소한의 지속 가능성을 만들기로 했다.

사람들은 불편함을 해결하거나 삶의 윤택함을 위해 비용을 내기도 하지만 지지하고 싶은 가치를 밀어주거나 더 나은 세상을 위한 변화에도 돈을 쓴다. 서비스를 구매하는 것이 아니라 가치를 믿고 응원하는 행위다. 최소한의 기반을 만들어두면 우리가 해결하고 싶은 문제에 마음껏 집중할 수 있으니 그사이에 서비스를 만들고 유료 모델을 찾아 수익화한다는 계획을 세웠다.

2024년 3월 기준으로 우리는 월 1000만 원의 정기 후원을 받고 있다. 뉴웨이즈가 만들려는 정치 시스템을 믿고 지지하며 OTT 구독 비용의 몇 배가 되는 금액을 후원하는 사람들이 있다는 건 언제나 참 신기하다. 2021년, 2022년, 2023년 세 번의 연말 후원 캠페인을 통해 만든 결과다.

2021년 첫 번째 연말 후원 캠페인에서 우리는 문제에 집중하기 위해 최소 월 500만 원이 필요하다며 모금을 시작했다. 단체를 설립하고 10개월 만에 월 500만 원의 정기 후원을 받음으로써 급여 지급이 가능한 운영 구조를 만들었고, 외부에서 받은 사업비로 공격적인 실험을 거듭한 덕분에 뉴웨이즈 메이트나 뉴웨이즈 피드 같은 웹 기반 서비스를 만들 수 있었다.

앞으로는 뉴웨이즈 메이트와 뉴웨이즈 피드에서도 유료 모델을 론칭할 계획이다. 뉴웨이즈 메이트는 정치에 도전하고 싶은 사람이면 누구나 학습하고 성장할 수 있도록 무료로 제공하되, 후보 맞춤형 코칭이나 아이덴티티 설정 서비스는 유료화하려고 한다. 뉴웨이즈 피드도 어떤 정치인이든 2030세대 유권자에게 정치 소식을 알릴 수 있도록 무료로 제공하되 구독자 연령, 성별 등 특성에 대한 데이터 제공이나 타깃 메시지 발송 서비스 등은 유료화할 예정이다.


## Q. 책임과 권한을 어떻게 나눌까

조직의 형태와 수익 구조를 결정했다면 이를 제대로 수행할 수 있는 조직이 되어야 한다. 그러려면 뉴웨이즈의 의사결정을 누가, 어떤 방식으로 하는 게 좋을까? 과거 스타트업의 성장을 지원하는 회사에서 일했을 때, 시작하는 기업들을 보며 의사결정 구조를 어떻게 설계하느냐에 따라 팀의 속도와 방향이 정해진다는 것을 간접적으로 경험할 수 있었다.

예를 들어 리더에게 책임과 권한이 집중된다면 리더의 결정에 따라 빠르게 실행하는 구조가 되겠지만, 함께 일하는 구성원들의 의견이 충분히 반영되지 않아 동기부여가 안 될 수 있다. 반대로 모두가 동등한 책임과 권한을 가진다면 많은 사람의 의견을 반영해

결정할 수는 있지만, 상대적으로 속도가 느려질 수 있다. 의사결정의 구조를 설계한다는 건 조직이 의사결정을 한 사람에게 집중시키고 빠르게 갈지, 분산시켜 함께 논의하되 천천히 갈지, 의사결정의 목적에 집중하기 위한 신뢰와 견제는 어떻게 만들지를 결정하는 일이다.

뉴웨이즈를 시작한 당시에는 정해진 게 많지 않은 불확실한 상황에서 선거 전까지 속도를 내야 했다. 함께 결정하고 공동으로 책임지는 구조보다는 틀리더라도 리더가 빠르게 결정하고 모든 책임을 지는 명확한 리더십이 더 적합했다. 그래서 공동 창업자를 찾기보다는 내가 대표로서 책임을 지고 급여를 줄 수 있는 구조에서 합류할 구성원을 찾기도 했다. 책임을 지기로 했다면 그에 맞는 권한이 있어야 하고 필요한 결정을 해야 한다.

조직에 대한 명확한 상은 그려졌지만, 이 일을 하는 것도 대표를 하는 것도 나 또한 처음이었으므로 매사를 어떻게 결정해야 할지 다 아는 건 아니었다. 매주 일요일에는 책상에 앉아 '지금 뉴웨이즈에 가장 필요한데 내가 놓치고 있는 결정'이 뭘지 고민했다. 그다음 그 결정이 구성원들과 함께 상의할 문제인지 아니면 대표가 선택하면 되는 문제인지 구분했다. '돈을 어떻게 벌까'와 같은 문제는 딱히 답이 없다. 하지만 '우리 이제 어떻게 돈을 벌까요?'와 '후원을 먼저 받아서 지속 가능성을 만든 다음에 수익 모델을 찾을 것이니 우리 후원을 잘 받는 방법을 찾아볼까요?'는 엄연히 다른 얘기다. 당시 나는 어디까지 내가 결정하고 어디부터 상의할지에 대한 판단을 늘 염두에 두었다.

지금 생각해도 기민하게 결정하고 시도해볼 수 있는 조직 구조로 시작했기 때문에 초반에 조직이 가진 모호함을 빠르게 정리하면서 성장할 수 있지 않았나 싶다. 비영리 임의단체였기 때문에 가능한 구조기도 했다.

사단법인으로 전환할 때는 달랐다. 법인은 단순하게 말하면 '새로운 인격'이기 때문에 뉴웨이즈를 처음 시작한 구성원들이 모두 떠나도 건강한 조직이 될 수 있도록 뉴웨이즈가 공적 책임을 잘 수행할 수 있는 의사결정 구조를 설계하려고 했다. 사단법인으로 전환한다면 어떤 어려움이 있을까 생각했을 때 극단적으로 두 상황이 떠올랐다. 견제받지 못하는 소수의 권력으로 인해 조직의 목적에 맞는 '결정'을 하지 못하는 것, 혹은 지나친 권력의 견제로 인해 조직의 목적에 맞는 '실행'을 하지 못하는 것.

비영리 법인의 형태 중에 뉴웨이즈가 가진 '다양한 개인의 영향력'이라는 정체성과 가장 잘 맞는, '다수의 정회원이 총회를 통해 최종적으로 의결하는 구조'인 사단법인으로 선택한 다음에 의사결정 구조를 설계했다. 사단법인이 갖춰야 할 의사결정 구조의 최소 요건은 총회, 이사회, 사무국 구조다. 총회는 앞서 설명한 것처럼 '정회원을 통해 결정하는 최종 의결기구'고, 사무국은 '매일 출근해서 업무를 보는 뉴웨이즈 팀', 이사회는 '뉴웨이즈 내부와 외부에서 의사결정에 참여하고 총회 안건을 승인하는 기구'다. 이 요건 안에서 뉴웨이즈가 목적에 집중하는 의사결정을 할 수 있게 하되, 사무국인 뉴웨이즈 팀이 기민하게 실행할 수 있는 구조를 만드는 게 목표였다.

최종 의결기구에 참여하는 정회원의 기준은 엄격하게 정하지 않았다. 다른 조직의 사례를 보니 정기 후원 기간이나 오프라인 행사 참여 횟수, 수혜 대상 여부에 따라 자기 조직에 맞는 정회원의 자격 기준을 설정했다. 우리는 의사결정권자의 다양성을 추구하는 만큼 다양한 개인이 참여할수록 좋다고 생각했으므로 최대한 장벽을 낮췄다. 그 결과 뉴웨이즈 정기 후원자 중 의사결정에 참여하고자 하는 누구나 정회원이 될 수 있도록 했다.

이사회는 뉴웨이즈의 방향성에 대해 자문하고 함께 결정하는 사람들인 만큼, 우리가 가진 정체성에 맞는 사람들로 구성했다. 다른 조직의 사례를 보니 이사장은 대부분 해당 산업에서 명망 있는 어른이 맡고, 이사도 사외에서 자원과 네트워크를 가져다줄 수 있는 사람으로 구성되는 경우가 많았다. 우리는 뉴웨이즈의 중요한 본질을 키워드로 먼저 뽑고 그에 맞는 동료를 찾았다. 우리가 뽑은 키워드는 '정치 커뮤니케이션' '유권자' '미래 의제' 'IT 제품'이었다. 정치 산업의 본질을 커뮤니케이션이라고 정의하고, 유권자와 함께 영향력을 만들어 문제를 해결하며, 중요하지만 소외된 미래 의제를 다루는 데 집중하고, IT 제품의 형태로 솔루션을 만들어 해결한다는 조직의 방향성을 담았다.

사무국과 이사회를 구분해 서로 견제하는 구조도 있지만, 우리는 뉴웨이즈의 창립 멤버들이 이사회에 들어가 의사결정에 참여하는 기민한 실행 구조로 만들었다. 이에 하나 더. 젊은 의사결정권자를 키우는 조직인 만큼 이사진도 젊은 사람으로 구성했다.

그렇게 5명의 이사진이 구성되었다. 이사장은 실행 그룹이 가

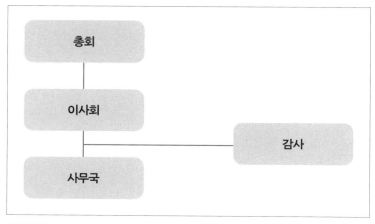

사단법인 뉴웨이즈의 조직도.

장 큰 책임과 권한을 가지도록 뉴웨이즈 대표인 내가 맡았다. '정치 커뮤니케이션'에는 뉴웨이즈의 창립 멤버이자 커뮤니케이션을 담당하는 민해 님이, '유권자'는 앞서 손혜영 도봉구의원과의 사례에서 소개한 찐 캐스팅 매니저 동운 님이, '미래 의제'는 청소년기후행동 활동가 보림 님이, 'IT 제품'은 앞서 소개한 개발자이자 창업가인 형욱 님이 각각 맡았다. 모두 모으니 80년대생 1명과 90년대생 4명, 여성 3명과 남성 2명으로 이사회가 구성되었다.

이렇게 정해나가는 과정에서 우리가 세운 원칙이 하나 더 있다. 어떤 결정을 할 때, 그것의 가장 본질적인 의미가 무엇인지 질문하고 그 질문에 가장 좋은 답이 있다면 그것의 낯섦이나 번거로움은 기꺼이 해결하는 쪽을 택해야 한다는 것. 우리가 어떤 조직이냐에 따라 결정의 방향, 일하는 속도와 태도 등 많은 것이 정해진다고 믿었기 때문이다. 조직이 존재하는 이유와 목적에 맞는 결정을 하나씩 해나감으로써 '뉴웨이즈다운' 조직 모델을 시작했다.


## Q. 뉴웨이즈는 어떻게 일할까

뉴웨이즈는 어떻게 일하는 조직이어야 할까. 내가 어떤 조직에서 일할 때 좋다고 느꼈는지 가만히 떠올려봤다. 모두 충족된 조직도, 그렇지 못한 조직도 있었지만 아래 3가지 핵심 조건을 갖춘 조직에서 즐겁게 몰입할 수 있었다. 첫째, 우리 조직이 가장 중요한 일에 집중하고 있고, 둘째, 그 일이 잘되어서 목표한 성과를 내며, 셋째, 개인으로도 성장하고 있다고 느낄 때. 조직이 문제에 몰두하더라도 성과가 나지 않으면 불안했고, 필요한 일을 찾아서 잘하고 있더라도 내가 정체된 상황이면 소모된다고 느꼈다. 성과도 있고 나도 성장하더라도 우리가 해결하려는 문제에 도움이 잘되는지 확신이 없으면 의문이 생겼다.

뉴웨이즈가 세 조건을 모두 갖춘 조직이 될 수만 있다면 나부터 오래 즐겁게 다닐 수 있겠다 싶었다(실제로 내가 가장 오래 다닌 직장으로 기록을 갱신 중이다). 어떻게 하면 그런 조직이 될 수 있을까 고민하며 몇 가지 기준을 세웠다.


### 우선순위와 의사결정 기준을 투명하게 공유한다
일하는 중에 가끔 '이거 왜 하는 거야?' '이게 왜 제일 중요해?'

'무슨 기준으로 결정한 거야?'라는 말이 떠오를 때가 있다. 이런 의문이 생기면 일에 집중하기 어렵다. 애초에 의문이 없으려면 조직의 우선순위와 의사결정의 기준이 투명하게 공유되어야 한다. 그 우선순위와 기준이 공유되는 것을 넘어서 구성원과 일체가 되면 누가 하더라도 일관성 있는 결정을 내릴 수 있다. 더 효과적이고 효율적으로 일할 수 있는 건 당연하고, 브랜드로서 '뉴웨이즈다움'이 어디서든 드러나므로 조직에도 엄청난 자원이 된다. '뉴웨이즈다움'은 디자인이나 커뮤니케이션만이 아니라 의사결정에서 가장 강력하게 드러난다.

뉴웨이즈를 시작한 2021년 1월부터 미션과 비전, 집중하는 문제, 해결하는 방식을 포함해 우리가 하는 모든 일을 노션에 적고 변경이 생길 때마다 업데이트했다. 이에 더해 뉴웨이즈의 의사결정 원칙, 코어 밸류, 일하는 태도와 피드백하는 방식, 일하는 순서까지도 모두 정리해뒀다.

- **미션:** 정치 산업 내 의사결정권자의 다양성을 높인다.
- **비전:** 2030년까지 국내에서 대체 불가능한 젊치인 인재풀이 된다.
- **사회·환경 문제:** 정치 산업 내 인재 성장 시스템의 부재로 인한 정치 산업 내 의사결정권자 다양성 부족.
- **솔루션:** (1) 자기 경쟁력을 가지고 지역과 의제를 기반으로 문제 해결 경험을 쌓으며 (2) 지지 기반을 만들어 독립적인 영향력을 가질 수 있는 인재 성장 시스템 제공.
- **아웃컴:** 다양한 젊치인의 지지 기반 확대.

• **해결된 상태:** 다양한 젊치인이 당선될 수 있는 새로운 경로 실현.

（2024년 3월 버전 미션과 비전）

이렇게 하면 지금 함께하는 동료뿐 아니라 앞으로 합류할 동료와도 동일한 기준과 맥락으로 일할 수 있고 우리에게 가장 중요한 부분과 누락된 부분이 무엇인지 객관적으로 점검할 수 있다. 요즘도 일을 하면서 2021년에 썼던 문서나 1년 전에 쓴 문서를 종종 꺼내 본다. 그러면 지지부진한 것만 같아 보이는 눈앞의 문제도 예전보다 훨씬 구체화시켰다거나 방향을 찾았다는 것을 깨닫는다. 또 프로젝트를 시작할 때 중요하게 여겼던 부분을 환기하기도 한다. 이렇게 하면 변하지 않는 것 혹은 변하는 것이 부정적인 게 아니라 더 중요한 것에 가까워지는 과정임을 확인할 수 있다. 그럼으로써 현재의 불확실성을 기꺼이 껴안으며 목표에 더 가깝게 나아갈 수 있다.

우선순위와 기준대로 일관된 결정을 내리는지 확인할 수 있도록 뉴웨이즈의 정보는 구성원 누구나 접근할 수 있다. 우리 조직에서 진행하는 논의나 결정, 업무 내용을 알고 싶다면 구글 워크 스페이스와 노션, 프로젝트 협업툴인 슬랙을 통해 전부 확인할 수 있다. 회의록과 프로젝트 자료, 현금 흐름표와 통장 잔고까지 개인 정보를 제외하고 모든 게 공개되어 있다. 정보 전체를 공개한다는 것은 조직의 신뢰를 만드는 일이다. 의문이 생기면 곧바로 해소할 수 있도록 열려 있다는 뜻이기도 하고, 반대로 동료들에게 보여줄 수 없고 설명할 수 없는 일이라면 하지 말아야 한다는 의지기도 하다.

## 가장 중요한 일을 가장 잘하는 데 가장 많은 시간을 쓴다

대표로서 스스로에게 제일 자주 하는 질문은 '지금 우리가 하는 일이 가장 중요한 일인가'다. 선거마다 타임라인이 정해져 있으므로 늘 마음이 조급하다. 그런 상황에서 적은 인원이 자원을 최적화해 일해야 하는데 엉뚱한 일을 하고 있다면? 정말 속상해 참을 수 없다. 이렇다 보니 팀이 가장 중요한 일에 집중하며 그 일을 잘할 수 있도록 돕기 위해 자주 고민한다. 동료들에게도 "중요한 일에 집중하려면 뭐가 필요해요? 조직이 어떤 도움을 주면 좋을까요?"라고 수시로 묻는다.

나는 척하면 척 조직에 필요한 가장 중요한 일을 알고, 그 일이 잘되게 하는 데 자신이 맡은 가장 중요한 일을 알고, 그 일을 잘되게 하고 싶다. 이를 위해 뉴웨이즈는 2가지 방법론을 적용해 일하고 있다. 목표에 맞는 성과 관리를 하기 위해서 'OKR'을, 문제 해결에 어떤 임팩트를 줄 수 있는지를 관리하기 위해 '변화이론'을 활용한다. 내 식으로 바꿔 말하면 '가장 중요한 일이 잘되어서 성과를 내는가'는 OKR 방법론으로, '우리 조직이 가장 중요한 일에 집중하고 있는가'는 변화이론 방법론으로 관리한다고 할 수 있다. OKR은 목표Objective와 핵심 결과Key Results의 약자다. 대담한 목표를 세우고 그 목표의 달성 여부를 측정할 수 있는 핵심 결과를 설정해 진행 상태를 확인한다. 변화이론은 변화가 만들어지는 단계에 따라 무엇을 해서 어떤 정량적 결과와 정성적 결과가 나오는지, 그 결과가 실제 변화에 어떻게 기여하는지를 나눠 체계적으로 정합성을 판단한다. 이는 보통 투입inputs, 활동activities, 결과outcomes, 성과outputs, 변화impacts 5단계로 나뉜다. 임팩트도 깊이와 넓이, 길이가 있으므로, 우리가 지금 어떤 부분에 우선순위를 두고 무엇을 실행할지, 어떤 데이터를 측정해서 그 결과를 확인할지도 판단할 수 있다.

2024년 3월 기준으로 우리 목표에 변화이론을 적용해보면 다음과 같다.

- **변화:** 다양한 젊치인이 당선될 수 있는 새로운 경로 실현
- **성과:** 다양한 젊치인의 지지 기반 확대
  - 넓이: 젊치인의 지지 기반이 많은가?
  - 깊이: 젊치인의 지지 기반이 탄탄한가?
  - 길이: 젊치인의 지지 기반이 오래가는가?
- **결과:**
  - 젊치인을 기대하는 유권자의 수 증가
  - 젊치인에 도전하는 후보자의 수 증가(뉴웨이즈 메이트 가입자 수)
  - 젊치인에게서 소식을 받아보는 유권자의 수 증가(뉴웨이즈 피드 가입자 수)
- **활동:**
  - 젊치인을 기대할 수 있는 정치 콘텐츠와 경험 제공
  - 뉴웨이즈 메이트 개선 및 학습 커리큘럼 개발
  - 뉴웨이즈 피드 개선 및 젊치인 가입자 콘텐츠 생산 지원

이 변화이론 프레임 안에서 우리가 하는 일이 어떻게 변화로 이어지는지 구조화한 다음, 다가오는 선거에 맞춰 목표를 수립한

다. 그 목표에 맞는 핵심 결과를 설정한 다음, 이를 달성할 수 있는 가설을 세워 실행하는 프로젝트 단위인 이니셔티브를 세운다.

2024년 총선을 앞두고 2023년 3월 우리는 2024년의 목표를 '뉴웨이즈 인재 성장 시스템을 통해 유권자가 기대하는 젊치인이 15명(전체의 5%) 이상 당선된다'로 세웠다. 이 목표에 따른 핵심 결과는 아래와 같다.

- **KR1:** 젊치인을 기대하는 유권자 그룹을 n만 명으로 확대
- **KR2:** 젊치인 출마 주력 선거구를 중심으로 한 뉴웨이즈 피드 가입자 n만 명으로 확대
- **KR3:** 총선 출마자를 중심으로 한 뉴웨이즈 메이트 가입자 n명으로 확대

가장 집중할 목표지표를 설정하면 그것을 달성할 수 있는 선행지표를 세운다. 예를 들어 '젊치인 15명 이상 당선'이 목표지표라고 해보자. 이 지표를 달성하려면 젊치인 후보자 수가 충분해야 하고, 후보자 수가 충분하려면 젊치인 후보 지원자가 늘어나야 한다. 그러려면 모집 페이지에 방문해서 지원서를 클릭하는 사람의 수가 많아져야 한다. 결과적으로 선행지표는 젊치인 후보자 등록 수, 젊치인 후보자 모집 페이지의 방문자 수 높이기 등이 된다.

이렇게 집중해야 할 목표지표를 분기별로 수립하고, 목표 달성을 위한 가설을 세워서 다양한 프로젝트를 실행한다. 지표는 데이터 대시보드로 시각화해서 주간회의 때마다 리뷰한다. 지표별 가설과 그에 맞춰 시도한 방법들, 그리고 결과를 통해 우리가 어떤 인사

이트를 얻을 수 있을지, 지표를 더 높이기 위해 어떤 가설을 세우고 실험해볼지 논의하고 결정한다. 이렇게 하면 가장 중요한 일을 가장 잘 해내도록 집중할 수 있다.

'정치'처럼 거대한 문제를 해결하려다 보면 성취를 자주 경험하기 어렵다. 종종 우리가 지금 잘하고 있는지 불안해지곤 한다. 하지만 이렇게 지표를 측정하고 점검하고 전략을 세우며 일하면 우리가 만드는 변화를 가시화해서 확인할 수 있고, 동시에 성장하고 있다는 감각도 느낄 수 있다.

## Q. 비영리 스타트업은 무엇이 다를까

여느 스타트업과 똑같이 고객을 만나고, 제품을 만들어 지표를 확인하고, 콘텐츠를 기획하고 발행해서 성과를 확인하고, 프로토타입으로 실험해서 반응을 보고, 점검하고 다시 실험을 반복하는 게 우리의 일상이다. 여기까지는 이전에도 했던 일이라 익숙하다. 새로운 점이 있다면 우리가 만든 결과가 공적인 영역에 영향을 미친다는 걸 이해하고 좋은 결과만이 아니라 좋은 과정을 남기고 있는지를 고민하면서 일한다는 점이다.

이러한 고민을 원칙으로 정리할 필요가 있다고 느낀 계기가 있다. 아산나눔재단의 '비영리스타트업 콘퍼런스 2022' 발표에 오른 다른 비영리 스타트업이 '서비스의 성장보다 수혜자의 문제 해결이 더 중요하다는 걸 놓치지 않으려고 했다' '이 방법을 더 크게 확산하면 문제 해결에 더 도움이 될 거란 생각에 당장의 수익을 포기하는 결정을 했다'는 이야기를 했다. 발표를 듣고 돌아와 민해 님과 어떻게 잘 성장할지만 고민할 게 아니라 우리가 풀려는 문제를 대하는 태도, 일하는 과정에 대해서도 이야기를 나눴다.

뉴웨이즈를 시작하고 이러한 고민을 거듭하면서 우리는 몇 가지 결정에서 갖춰야 할 태도를 정했다. 새로운 동료가 들어오면 첫날엔 이 태도가 담긴 문서를 공유한다. 뉴웨이즈에서 일할 때 중요한 태도가 무엇인지, 왜 이러한 태도를 중요하게 여기는지 꼼꼼히 소개한다.

### 고객이기 전에 시민이자 동료다

스타트업은 고객의 관점에서 고객 중심으로 집요하게 사고하고, 고객이 겪는 문제를 해결해주면서 가치를 창출한다. 고객은 소비자로서 해당 문제를 만족스럽게 해결해줄 때 비용을 낸다. 뉴웨이즈에게 고객은 젊치인과 유권자다. 우리도 고객 관점에서 이들이 겪는 문제와 그 해결책을 치열하게 고민하고 실험하지만 동시에 이들이 시민이자 동료임을 잊지 않는다.

우리에게 시민은 비용을 내고 문제 해결만을 기다리는 사람이 아니라 변화에 관심을 갖고 참여할 수 있는 주체로서 책임이 있는 사람이다. 그래서 젊치인으로서, 유권자로서 어떤 책임이 있는지, 왜 함께 변화를 만들어야 하는지 설득하고 참여를 적극적으로 요구한다.

## 숫자의 성장에만 집착하지 않는다

제품의 성장 그리고 임팩트의 크기와 연결된 핵심 지표를 수립하고 성장에 집중하지만, 우리는 숫자의 성장이 전부라고 생각하지 않는다. 뉴웨이즈가 만들려는 장면을 구체적으로 상상하고 그 장면과 가까워지고 있는지 항상 질문한다. 아무리 제품을 성장시키고 고객을 늘리는 방법이라고 해도 "이것이 우리가 만들고 싶은 장면에 가까울까?" "이것이 잘 성장하는 방법일까?" 하고 물을 수 있어야 한다.

예를 들어 유권자를 빠르게 모으려면 누군가를 깎아내리는 자극적인 콘텐츠를 만드는 게 더 효과적일 수 있다. 특히 정치 분야에서는 편을 만들고 상대를 악마화하면 빠르게 성장한다. 그러나 우리는 숫자를 키우는 것보다 정치 안에서 뉴웨이즈가 지켜야 할 태도를 먼저 고민한다. 뉴웨이즈는 개인을 소외시키지 않고 연결을 통해 개인의 영향력을 극대화하는 시스템을 만드는 팀이고, 더 나은 정치 시스템을 만드는 팀이다. 숫자를 만들기 위해 타협하거나 생략한 과정은 없는지, 숫자의 결과에 어떤 의미가 있는지 함께 고려한다.

## 생태계와 미래를 고민하며 일한다

우리는 장기적으로, 결과적으로, 문화적으로 사회에 이롭지 않다면, 다른 방법을 고민하거나 하지 않겠다고 결정한다. 지금 당장 뉴웨이즈의 성장에 도움이 되더라도 더 나은 정치를 만들고, 사회를 더 신뢰할 수 있는 공동체로 만드는 데 흠집을 내는 일이라면 하지 않는다. 반대로 우리에게 무리가 되거나 성장에 큰 도움이 되지 않더라도 사회적으로 꼭 필요한 일이라면 기꺼이 한다.

언젠가는 뉴웨이즈가 없어지거나 역할을 다할 수 있다. 그래서 미래에 우리와 똑같은 의문을 갖고 같은 문제를 해결하려는 사람들에게 지금 하는 일이 자산이 될지, 그만한 과정과 결과를 만들고 있는지 자문한다. 뉴웨이즈를 처음 시작했을 때, 우리 또한 예전에 사람들이 했던 실험들과 그들이 겪은 시행착오부터 확인했다. 그러니 다음에 도전할 사람을 위해서 이전보다 좀 더 앞으로 나아간 결과를 남기고, 그 결과를 어떻게 만들어냈는지 과정을 남겨야 하지 않을까? 영리 기업에서 일할 때는 해본 적 없는 이 고민은 '뉴웨이즈가 일하는 감각'이 되었다.

변화를 만든다는 건 한계를 계속 확인하는 일이다. 하지만 바꿔 생각해서 이다음의 누군가가 우리가 한 고민을 이어가리라고 믿으면, 한계를 조급하게 느끼기보다 새로운 가능성을 발견할 수 있다. 연속된 시간 안에서 우리가 할 수 있는 일의 '최선'을 만들어낼 수 있기 때문이다. 얼굴도 모르는 미래의 누군가, 지금 같은 시간을 살아가는 많은 사람, 그들과 동료가 되어가는 감각은 세상을 더 다정하고 친절하게 바라보도록 한다. 덕분에 우리는 단번에 바뀌지 않을 거라는 조롱보다, 단번에 바꿔낼 수 있을 거라는 성마른 욕심보다, 더 길고 넓은 믿음을 가질 수 있게 됐다.

### 실패를 예감하더라도 최선을 다한다

정치는 단숨에 바꾸기 어렵다. 우리는 지방선거와 총선, 두 번의 선거를 준비하며 가능성을 보고 최선을 다한 부분도 있었지만,

어떻게 실패하면 좋을지 고심한 부분도 있었다. 공고한 기득권은 한 번에 바꿀 수 없고, 단번에 바뀌지 않는다고 해서 의미가 없는 것도 아니니 변화의 가능성을 향해 달려간다. 아주 조금 나아가더라도 앞으로 나아갈 수 있다면, 그 선택을 한다.

동시에 단번에 바뀌지 않는 기득권에 의해 좌절되는 부분은 '정확'하게 실패할 수 있도록 노력한다. 최선을 다하지 않고는 어떻게, 왜 실패했는지 알 수가 없다. 어디까지 무엇을 해볼 것인가? 이렇게까지 해서 무엇을 남길 것인가? 방향을 세우고 실패를 향해 달린다. 실패를 염두에 두고 아무것도 하지 않거나 적당히만 한다면, 사람들의 기대는 금세 소진되고 돌이킬 수 없는 변화의 시기도 놓쳐버린다. 이 또한 미래의 우리에게, 혹은 우리 다음의 사람들에게 자산이 될 수 있다는 마음으로 기꺼이 실패한다.

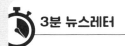 **3분 뉴스레터**

**NEW WAYS**

# 국정감사 감시 가이드

## STEP 1. 국정감사는 무엇일까요?

⟶ 국정감사는 행정부를 감시, 비판하고 견제하는 입법부의 대표 활동이에요. 국회의원이 국정 운영 실태를 정확하게 파악하고 입법과 예산 심사를 위한 자료를 얻는 것이 본래 목적이에요.

⟶ 감사를 하는 주체는 국회지만 효율성을 위해 각 상임위원회에서 진행해요. 감사를 받는 기관은 '피감 기관'으로 정부 부처 등 국가 기관과 국가 예산 지원을 받는 지자체 사업, 그리고 공공기관, 한국은행, 농협중앙회, 수협중앙회 등이 포함돼요.

- 상임위원회마다 감사하는 기관이 달라요. 예를 들어 기획재정위원회 (기재위)는 정부 부처인 기획재정부와 국세청, 관세청, 조달청, 통계청, 한국은행, 한국조폐공사, 한국투자공사 등을 감사해요.
- 가끔 국정감사에 기업인이 나올 때가 있죠? 국가 정책과 관련이 있는 경우 일반 증인도 신청할 수 있기 때문인데요. 2023년 정무위원회(정

348

무위)는 가상 화폐 테라, 루나 사태와 관련해 신현성 차이홀드코퍼레이션 대표를 증인으로 신청했어요.

→ 국정감사를 계기로 사회적 문제가 공론화되어서 관련 입법이 이어지는 사례도 있어요. 2018년에는 국정감사에서 사립 유치원의 회계 비리가 밝혀지며 사립 유치원도 세입-세출 항목을 교육청에 보고하게 하고, 위반할 경우 형사처벌을 하는 법안이 만들어졌어요.

---

**더 알아보기 – 상임위원회**

국회의원의 활동은 상임위원회를 중심으로 움직여요. 상임위원회는 국정감사를 주관할 뿐 아니라 법률안을 심사하고 토론해서 본회의에 상정하는 역할도 해요. 우리나라 국회에는 총 17개의 상임위원회가 있습니다.

---

## STEP 2. 국정감사는 어떻게 진행될까요?

→ 국정감사는 3단계로 진행돼요. 우리가 보는 건 국회의원이 질의하고 답변을 듣는 실시 과정이지만 사실 준비 단계와 처리 단계까지 포함합니다.

→ 준비 과정은 각 상임위원회가 국정감사 시기를 정하고, 피감 기관에 서류 제출을 요구하거나 증인 출석 신청을 하는 기간이에요. 피감 기관에서 자료를 순순히 주지 않는 경우도 많아서 국회의원과 보좌진의 역량이 크게 요구돼요.

- 각 상임위원회는 사전에 국정감사계획서를 작성해서 승인을 받아야 해요. 각 상임위원회의 감사 계획과 증인 및 참고인 정보는 아래 큐알 코드에서 확인할 수 있어요.

→ 실시 과정은 피감 기관에 질의를 하고 답변을 듣는 시간이죠. 국정감사 장소는 국회일 때도 있지만 지역에 직접 가서 하는 현장 감사도 있어요.
- 국회의원이 질의할 수 있는 시간은 10~15분 내외로 짧아요. 충분한 대답을 듣기가 어렵기 때문에 핵심 질문을 날카롭게 준비하는 게 국회 의원의 능력이라 말할 수 있어요.

→ 처리 과정은 시정 조치를 요구하고 문제를 바로잡는 단계예요. 각 상임 위원회에서 정부나 특정 기관에 변상, 징계, 제도 개선, 예산 조정 등의 조치를 요구할 수 있어요. 이에 따라 처리한 결과는 다시 상임위원회에 서 검토해요.

---

### 더 알아보기 – 입법조사처

어떻게 짧은 기간 안에 국회의원이 피감 기관 자료를 다 분석하고 쟁점을 찾 아 근거를 마련할 수 있을까요? 이를 돕기 위해 입법조사처가 매년 상임위 원회별로 국정감사 주요 이슈를 분석하는 연구 보고서를 발간해요. 내용은 아래 큐알 코드에서 확인할 수 있어요.

# 2장
# 작은 조직에서도 우리가
# 계속 성장하는 비법

우리는 4명이 일하는 작은 조직이다. 둘이서 시작했지만, 2022년 지방선거가 끝나고 4명이 되었다. 뉴웨이즈에서는 몇 명이 일하냐고 묻는 사람들에게 인원을 말해주면 생각보다 적다며 놀라곤 한다.

한정된 시간과 제한된 자원 안에서 일하다 보니 적은 인원으로 빠르고 유연하게 결정하되, 다양한 파트너와 자원을 연결해 더 큰 변화를 만드는 구조로 일하고 있다. 이렇게 쌓은 경험을 나눠보려고 한다.

## 구성원과 같이 크는 법

뉴웨이즈에 동료가 입사하고 한 달이 지나면 이런 질문을 던진다.

"뉴웨이즈를 떠날 때 무엇을 해낸 사람이 되고 싶으세요?"

"뉴웨이즈를 떠날 때 무엇을 잘하는 사람이 되고 싶으세요?"

개인이 뉴웨이즈에서 일함으로써 기대하는 중요한 성취와 성장이 무엇인지 확인하기 위한 질문이다. 뉴웨이즈에서 맡은 직무를 자신의 커리어 안에서는 어떻게 정의하는지도 묻는다.

조직은 '동일한 직무'를 수행하는 사람의 집합으로 정의한 '기능 조직'과 '동일한 목표'를 가진 사람의 집합으로 정의한 '목적 조직'으로 나뉘기도 한다. 뉴웨이즈는 목적 조직으로 영역을 가로지르며 업무를 맡는다. 예를 들어서 커뮤니케이션 매니저의 업무를 SNS 채널 운영, 뉴스레터 발송 등으로 업무 분장을 하지 않는다. '타깃 그룹이 우리 메시지에 설득되어서 ○○○명 이상 특정 행동을 하게 만드는 것'이 목표라면, 이를 달성하기 위해 SNS 채널 운영, 뉴스레터 발송 등이 필요한지 직접 결정하고 실행하는 방식이다. 뉴웨이즈에는 특정 타깃을 잘 설득하는 사람도 있고, 프로모션 관점에서 사람들을 더 많이 유입시키는 카피를 잘 쓰는 사람이 있다. 또 브랜드 관점에서 매력적으로 스토리텔링을 잘 풀어내는 사람이 있다. 이러한 강점에 따라 설정한 목표를 맡기고 그 목표를 달성하기 위한 실행 파트를 나눈다.

이때 한 가지 더 고려하는 부분이 위에서 말한 직무에 대한 스스로의 정의다. 똑같은 직무를 맡고 있어도 이 직무를 자신의 커리어 여정 안에서 무엇이라고 정의하는지는 사람마다 다를 수 있다. 예컨대 나는 대표라는 직무를 맡고 있지만 '솔루션 디벨로퍼'를 커리어로 정의하고 내 일의 의미를 찾는다. 비즈니스 디벨로퍼가 새로운 시장 기회를 찾아 수익 모델을 만들어낸다면, 솔루션 디벨로퍼는 사회 문제 해결 기회를 찾아 해결을 위한 모델을 만들어낸다. 이렇게 자신의 직무 전문성을 더 키워나갈 수 있는 방향으로 책임과 역할을 나눈다.

우리는 각자 정의한 직무 정의 안에서 일의 목표에 맞는 책임과 권한을 갖고 일하며, 궁극적으로 자신이 기대한 뉴웨이즈 안에서의 성취와 성장을 이룰 수 있도록 돕고자 한다. 이렇게 하는 이유는 일의 목적에 집중하기 위해서기도 하지만, 일의 '전문성'이 변화하고 있어서기도 하다. 오늘날 전문성이라는 건 '특정 기술을 능숙하게 다루느냐'보다는 '특정 문제를 자기만의 방법으로 해결할 수 있느냐'에 달렸다. 아무리 문제가 크고 어렵더라도 자기만의 방식으로 해결해낼 수 있는 사람은 그 일에 대한 전문성이 있는 것이다. 일하는 자신을 충분히 이해하고 자신의 역량을 신뢰하는 사람은 한 가지 역할에만 국한되는 게 아니라 목적에 맞게 역할을 확장해가며 일할 수 있다.

뉴웨이즈의 업무는 여러 면에서 주도성이 높은 일이라 그런지 어려운 편이다. 정치 산업 안에서 없었던 방식으로 새로운 길을 내면서, 익숙하지 않은 방식으로 일해야 하니 까다롭기 그지없다. 경력이 꽤 있는 동료들조차도 뉴웨이즈에 합류하고서 한동안 신입처럼 적응하게 된다고 말한다. 그렇기 때문에 레퍼런스도 없는, 난도가 높은 조직에서 혼란함을 줄이고 즐겁게 성장하기 위해서 여러 방법을 열심히 탐구하고 있다. 지금은 크게 3가지를 시도하고 있다.

첫 번째, 4주에 한 번씩 모든 구성원은 대표와 일대일 미팅인 '원온원$1on1$'을 한다. 10점을 만점으로 요즘 자신의 컨디션 점수와 업무 만족도 점수를 이야기해보고 함께 고민하거나 해결하고 싶은 질문을 중심으로 이야기를 나눈다. 커리어 직무와 조직에서의 일이 어떻게 연결되어 있는지, 더 시도해보면 좋을 부분은 무엇인지, 그 관점에서 잘하고 있거나 아쉬운 부분은 무엇인지 함께 고민하고 다음 미팅 전까지 시도할 부분을 합의한다. 이때 구성원뿐 아니라 조직과 대표도 합의한 부분이 달성될 수 있도록 함께 시도한다.

두 번째, 구성원들이 어떤 기여를 하며 성장하고 있는지 업무 전문성을 담은 '직무 정의서'를 구체적으로 공유한다. 직무 정의서에는 조직의 목적 달성을 위해 필요한 책무와 그 사람의 의무, 성과, 산출물이 무엇인지를 다음의 예시처럼 정의하고 공유하는데, 뉴웨이즈의 직무 정의서는 18개 항목으로 구성되어 있다. 조직 입장에서는 앞으로 채용할 때 우리에게 필요한 직무와 업무 분장을 정리해놓아서 좋고, 구성원 입장에서는 '이것저것 다 하고 있는데 그래서 내가 뭘 하는 사람이지?'라는 불안을 줄여준다. 하는 일이 100이라면 어떤 직무가 몇 %씩 구성되어 있는지 이야기하고, 기대한 직무 성장과 맞는지, 앞으로 어떤 부분을 시도하고 성장하고 싶은지 함께 목표를 설정한다. 이 또한 원온원의 주제가 된다.

세 번째, 뉴웨이즈에서는 '일하는 태도'를 정의해서 레벨링을 한다. 조직마다 그 일을 잘하기 위해 갖춰야 할 공통적인 태도가 있고, 각 조직의 목적에 맞는 태도가 곧 역량이 된다. 안전이 중요한 조직이라면 보수적인 태도가 중요할 테고, 적극적으로 다양한 협업을

**뉴웨이즈의 커뮤니케이션 직무 정의서 예시**

| NO | 구분 | 직무명 | 책무 | 아웃풋 (지표, 업무) | 산출물 | 의무 | 최종 사용자 |
|---|---|---|---|---|---|---|---|
| 9 | 커뮤니케이션 | 브랜드 전략 | 뉴웨이즈의 브랜드 철학과 가치에 공감하는 코어 팬을 만든다. | – | 뉴웨이즈의 브랜드 철학과 가치를 변화하는 외부 상황에 맞게 표현하고 확산한다. | 브랜드 방향 수립, 브랜드 내재화 | 유권자, 젊치인 |
| 10 | 커뮤니케이션 | 메시지 기획 및 제작 | 뉴웨이즈의 가치에 공감하는 유권자와 젊치인을 발굴하고 참여시킬 수 있는 메시지 전략을 세워 제작한다. | 리드 그룹 수 | 뉴웨이즈의 가치에 공감하는 유권자와 젊치인을 발굴하고 참여를 설득하며 서로 연결되는 경험을 만든다. | 메시지 전략 수립, 매체 채널 전략 수립, 메시지 제작 및 발행 | 유권자, 젊치인 |
| 11 | 커뮤니케이션 | 프로모션 캠페인 | 성과 지표를 달성하기 위한 프로모션 전략을 수립하고 실행한다. | 참여자·가입자 수 | 뉴웨이즈의 프로덕트나 캠페인을 더 많이 사람들이 발견하고 참여할 수 있도록 만든다. | 온·오프라인 프로모션 캠페인 기획, 프로모션 캠페인 운영 | 유권자, 젊치인 |

| 12 | 커뮤니케이션 | 오가닉·페이드 마케팅 | 오가닉 지표가 꾸준히 성장할 수 있도록 하며 최적화된 페이드 마케팅을 실행한다. | 참여자·가입자 수 | 뉴웨이즈의 프로덕트나 캠페인이 목표한 지표를 달성할 수 있도록 만든다. | 오가닉 지표 개선, 페이드 마케팅 | 유권자, 젊치인 |
|---|---|---|---|---|---|---|---|
| 13 | 커뮤니케이션 | PR | 신뢰를 얻기 위해 필요한 뉴웨이즈 소식을 주기적으로 언론·미디어에 노출한다. | 언론·미디어 보도 수 | 유권자와 젊치인에게 뉴웨이즈가 어떤 가치를 주는지 언론·미디어를 통해 알린다. | 보도자료 발송, 언론·미디어 관리 | 젊치인, 정치인, 유권자 |

하는 조직이라면 유연하고 능숙한 소통이 중요한 태도가 된다. 이러한 태도가 암묵지처럼 요구될 경우 서로의 기대치가 어긋나는 경우가 생긴다. '왜 이렇게 하지 않지?' '나에게 정확히 어떤 것을 기대하는 거지?' 하고 상대에 대한 오해와 아쉬움이 쌓일 수 있다.

우리는 뉴웨이즈에서 하는 일의 특성과 방식을 반영해 일하는 태도를 정의하고 단계적 목표를 만들었다. 이 내용이 평가 기준이 된다. 연말에는 내가 어느 단계인지 셀프 평가를 먼저 하고 동료들에게도 다면 평가를 받아 함께 회고한다. 이때 내년 레벨 목표를 설정한 뒤, 달성을 위해 필요한 나의 역량과 조직이 도울 지점을 같이 고민하고 반영한다.

## 뉴웨이즈가 정의하는 일하는 태도와 레벨링 예시

| 구분 | 전략적<br>의사결정 | 이해관계자<br>충성도 구축 | 회복력 |
|---|---|---|---|
| 정의 | 다양한 요소(고객 니즈, 데이터, 외부 상황 등)를 고려해 목적과 목표를 달성하는 전략을 결정하고 실행할 수 있다. | 이해관계자에 대한 깊은 이해를 바탕으로 뉴웨이즈에 대한 고객 충성도를 만든다. | 장기적 관점과 낙관적 태도로 변화와 실패에 흔들리지 않고 끝까지 미션을 추구할 수 있다. |
| Level 1 | 다양한 요소를 고려해 목적과 목표를 달성하도록 결정한 전략을 충분히 이해하고 실행할 수 있다. | 이해관계자가 가진 페인 포인트를 해결하기 위한 팀의 전략을 이해한다. | 장기적 관점과 낙관적 태도로 변화와 실패에 흔들리지 않고 끝까지 미션을 추구하는 데 자신에게 중요한 요소가 무엇인지 이해한다. |
| Level 2 | 다양한 요소를 고려해 목적과 목표를 달성하도록 결정한 전략을 수시로 점검하고 액션 플랜을 수정하며 실행할 수 있다. | 이해관계자가 가진 페인 포인트를 해결하기 위한 업무를 주도적으로 수행해 고객 충성도를 만들 수 있다. | 장기적 관점과 낙관적 태도로 변화와 실패에 흔들리지 않고 끝까지 미션을 추구하는 데 자신에게 중요한 요소가 충족되도록 한다. |
| Level 3 | 다양한 요소를 고려해 목적과 목표를 달성하도록 결정한 전략을 수시로 점검하고 필요할 경우 전략을 수정하며 실행할 수 있다. | 이해관계자가 가진 페인 포인트를 해결하기 위한 업무를 새롭게 제안해 고객 충성도를 만들 수 있다. | 장기적 관점과 낙관적 태도로 변화와 실패에 흔들리지 않고 끝까지 미션을 추구하는 데 조직에 중요한 요소가 무엇인지 이해한다. |
| Level 4 | 다양한 요소를 고려해 필요한 목적과 목표에 맞는 전략을 새롭게 결정하고 실행할 수 있다. | 이해관계자가 가진 새로운 페인 포인트를 발견하고, 이를 해결하기 위한 업무를 제안해 고객 충성도를 만들 수 있다. | 장기적 관점과 낙관적 태도로 변화와 실패에 흔들리지 않고 끝까지 미션을 추구하는 데 조직에 중요한 요소가 충족되도록 기여한다. |

## 파트너와 협업하는 법

뉴웨이즈는 조직 밖에도 동료들이 많다. 모두 프리랜서거나 다른 기업을 다니는 직장인이다. 뉴웨이즈가 현재 가진 자원으로는 지속적인 풀타임 고용이 어렵다 보니 자연스레 파트너를 찾아 일하기 시작했다. 외주 용역과는 좀 다르다. 작업해야 할 내용과 범위를 확정해서 한 번에 요청하는 외주 방식은 실험을 거듭하면서 유연하게 개선해야 하는 우리 방식과는 맞지 않았다.

일정한 작업을 요청하고 비용을 지급하는 것은 다른 외부 협업과 똑같다. 다만 첫 미팅에서 이 작업이 우리가 목적을 달성하는 데 필요한 이유와 목표하는 결과, 그리고 커다란 방향성과 구체적인 요건을 명확하게 커뮤니케이션한다. 그 외의 영역은 파트너에게 위임한다. 조직 밖의 동료인 파트너들과도 작업하는 과정에서 같이 성장하고, 성과와 경험을 나누고 싶기 때문이다. 내부 구성원들과 일하는 것과 마찬가지로 구체적인 지표를 파트너들에게 공유하고 회고하면서 다 같이 기뻐하고 축하한다. 이렇게 시간이 쌓이자 지금은 메신저에서 파트너들이 먼저 제품에 대한 아이디어나 제안을 주기도 하고, 뉴웨이즈 동료들을 위해 스터디를 열어주고, 우리가 제안한 것보다 더 욕심을 내서 생각지도 못한 멋진 방향으로 이끌어주기도 한다.

우리는 현재 마케팅 파트너 1명과 개발 파트너 6명이 수시로 함께하고 있다. 마케팅 파트너 꼽힌 님은 뉴웨이즈 채용공고를 보고 풀타임은 어려워도 함께 일해보고 싶다는 연락을 먼저 주었다.

꼽힌 님은 브랜드 에이전시를 운영하는 브랜드 마케터로, 돈을 버는 일과 사회에 기여하는 일의 비율을 원하는 대로 구성하고 싶다고 했다. 꼽힌 님과는 뉴웨이즈의 메시지를 알리고, 사람을 모을 수 있는 다양한 마케팅 전략을 고민하며, '빌더즈 타운' '폴리틱스 마트' 등 다양한 오프라인 이벤트를 만들었다.

뉴웨이즈의 가장 오래된 파트너, 개발자 유진 님은 뉴웨이즈가 첫 투자 설명회에서 후원자를 모집할 때 개발이 필요하면 연락 달라는 글을 채팅방에 남기면서 인연이 시작되었다. 뉴웨이즈 홈페이지, 지방선거 당시 각종 캠페인 웹페이지를 만들었고, 지금도 뉴웨이즈 피드를 함께 구축하고 있다. 뉴웨이즈 메이트 개발을 함께한 스튜디오 로칼 소속의 승훈 님, 유덕 님, 아영 님은 현재 뉴웨이즈 피드와 각종 캠페인 웹페이지를 만들어주는 개발 파트너다. 스튜디오 로칼은 주로 비영리단체의 개발 프로젝트에 참여해와서 서비스를 개발할 때 어떻게 구현되어야 우리가 가진 자원 안에서 더 나은 경험을 만들 수 있을지 등 고민을 나눌 수 있어 든든하다.

뉴웨이즈 메이트를 만들 때 좋은 사람을 소개해달라고 주변을 수소문해서 만난 디자이너 지인 님은 현재 뉴웨이즈 피드와 각종 캠페인 웹페이지 디자인을 담당하고 있다. 예원 님은 프로덕트 매니저로, 뉴웨이즈 행사에 방문했다가 우리의 제품이 어떻게 만들어지는지 물어본 것을 계기로 자연스럽게 제품에 대해 조언을 구하는 사이가 되었다. 한 달에 한 번씩 일요일 오전에 같이 아점을 먹으며 자문을 받다가 지금은 프로젝트 단위의 프로덕트 매니저로서 함께한다.

작업만 나누는 게 아니라 뉴웨이즈가 만드는 솔루션의 방향을 함께 고민할 수 있다는 게 참 귀한 부분이다. 게다가 대부분의 파트너가 뉴웨이즈 후원자였거나 같이 작업을 하다 후원자가 되었다. 뉴웨이즈가 만들어가는 시스템을 기대하고 응원하는 후원자가 직접 기여하며 함께 성장과 성취를 경험한다는 점이 우리의 큰 자랑이다.

## 후원자와 함께하는 법

뉴웨이즈를 시작하고 두 달 뒤부터 정기 후원자를 모았다. 우리가 하는 일과 후원해야 하는 이유를 구체화해가던 중에 뉴스레터 초기 구독자를 대상으로 온라인 투자 설명회를 열었다. 설명회에서 우리가 두 달 동안 시스템을 만들어가면서 경험한 시행착오와 방향성을 공유할 테니, 이 가치에 동의한다면 투자해서 함께 과정을 지켜보고 결과를 확인하자고 제안했다. 국어사전을 살펴보면 후원은 '뒤에서 도와준다'로 정의하고, 투자는 '이익을 얻기 위하여 어떤 일이나 사업에 자본을 대거나 시간이나 정성을 쏟는다'고 정의한다. 이 뜻이야말로 우리가 '후원'이 아닌 '투자'를 해달라고 제안한 이유를 그대로 보여준다. 설명회가 끝나자마자 정기 후원 약정으로 40만 원이 등록되었다. 설립된 지 갓 두 달에 불과한 우리를, 그리고 우리가 만들 시스템의 가능성을 믿어주는 사람들이 있다는 게 신기하고 얼떨떨해서 맥주 한잔 마시고 집에 갔더랬다.

그 이후 2021년부터 매년 12월에 연말 후원 캠페인을 하고 있는데, 두 번째 2022년 연말 후원 캠페인 때부터 정기 후원자에게 이름을 지어줬다. 바로 '빌더'다. 슬로건으로 썼던 'We build new ways' 에서 착안한 것으로, 새로운 방식을 '만들어가는' 사람들이라는 뜻 이다. 처음 후원자를 모집할 때부터 우리가 후원자에게 어떤 정체성 을 부여할 수 있을지, 뉴웨이즈와의 관계성은 어떻게 설정할지를 고 민했다. 우리는 빌더와 '동료 관계'가 되고 싶었다. 단순히 돈을 후원 하고 후원받는 관계가 아니라 같은 목적을 공유하고 각자의 방식으 로 집중할 수 있는 관계가 되려면 어떻게 해야 할지 고심했다.

우리는 뉴웨이즈의 미션에 공감한 사람들이 비용 후원뿐 아니 라 중요한 결정을 하고, 그 미션을 확산하는 과정에 더 많이 함께하 길 기대한다. 그래서 빌더들에게는 완벽하거나 완결된 결과만 보여 주기보다는 과정을 공유하면서 어려움과 혼란 안에서도 답을 찾아 가는 여정을 있는 그대로 보여준다. 어떻게 하느냐고? 정기 후원을 하는 빌더에게는 두 달에 한 번 '그로스 리포트'라는 제목으로 후원 자 레터를 보내는데, 이 리포트에는 뉴웨이즈의 미션과 목표에 맞춰 달성해나가고 있는 성과도 담겨 있지만, 일하면서 경험한 배움과 시 행착오, 그리고 각 구성원이 무슨 일을 했는지도 세세히 담겨 있다. 이 리포트의 구성도 빌더에게 뉴웨이즈에 대해 궁금한 내용이 무엇 이냐고 물어서 함께 결정했다.

앞으로 우리는 빌더라는 후원자의 정체성을 부여하면서 자연 스럽게 각각의 정체성을 공유할 수 있는 커뮤니티도 만들어가려고 한다. 뉴웨이즈와 빌더 사이만 동료로서 배우고 성장하는 게 아니 라 빌더와 빌더 간으로도 확장하고 싶다. 뉴웨이즈처럼 기존의 거대 한 관성을 끊어내고 문제 해결을 위해서 새로운 가능성을 추구하는

정치×비즈니스 정치×커뮤니티 정치×분단
정치×30대 정치×검도 정치×플라스틱
정치×연애 정치×교육 정치×쓰레기
정치×유통 정치×만화 정치×도서관

빌더 보러가기

뉴웨이즈 빌더즈 계정에 들어가면, 정치와 우리의 일상을 연결한, 한 사람 한 사람의 인터뷰를 볼 수 있다.

조직일수록 이 가치를 좇는 사람들이 얼마나 많은지를 가시화하고 구체적인 이야기를 전달할 필요가 있다. 나만 그렇게 생각하는 게 아니라 다른 사람들도 같은 것을 믿고 있다는 사실 자체가 용기와 기대를 만든다. 나아가 나와는 다른 이유로 비슷한 믿음을 가지고 있다는 이야기를 만나면 이해의 세계도 넓어진다.

뉴웨이즈 빌더즈 인스타그램 계정에 들어가 보면 뉴웨이즈를 후원하는 이유와 기대하는 정치의 모습을 인터뷰한 시리즈 '정치 × ○○'이 아카이빙되어 있다. 이렇게 구체적인 한 사람 한 사람의 이야기를 전하는 이유는 실제 얼굴을 보여주면서 동료로서의 감각을 키우고자 함이다. 이 커뮤니티야말로 다원성을 기반으로 변화를 만들어가는 뉴웨이즈가 가진 조직으로서의 철학을 가장 선명하게 보여주는 방식이라고 생각한다.

앞으로는 우리가 함께 쌓아 올린 세계관 안에서 더 적극적으로 동료로 연결되고 협업하며 변화를 만들어가는 커뮤니티로 확장해 나가고 싶다. 이러한 경험과 감정이 쌓여 우리가 만든 새로운 관성이 시스템으로만 작동하는 게 아니라 문화가 되는 날을 꿈꿔본다.

# 정치에 사랑을 쏘세요

치열한 고생담을 늘어놨지만 뉴웨이즈는 사실 알고 있다. 정치라는 거대한 문제를 해결할 수 있는 최선의 전략을. 그건 바로, 사랑이다. 정치를 어떻게 사랑할 수 있냐고? 물론 쉽지 않다. 국회는 어느 때보다 많이 싸웠고 중요한 문제 해결에 집중하지 않고 있다. 연애도, 취업도, 결혼도, 출산도 상상할 수 없는 위기의 시대에 정치는 기댈 구석이 되어 주지 못한다.

친구들은 말한다. 앞에서는 유권자를 위하는 척하지만 뒤에서는 자신의 잇속을 챙기는 정치, 중요한 문제는 해결하지 않고 권력 경쟁을 하느라 싸우는 정치에 지쳐서 정치에 관심을 갖지 않게 됐다고. 유권자를 냉소하고 비관하고 정치를 외면하게 만드는 장본인이 바로 정치다.

하지만 그런 정치를 그대로 두고 볼 수만은 없기에 우리는 정치를 '사랑'해야 한다. 사랑은 기대를 만들고, 기대는 질문을 만들고, 질문은 변화를 만들기 때문이다.

뉴웨이즈를 시작하고 우리는 어느 순간부터 정치 사랑론자가 되었다. 유권자도, 젊치인도 자신이 원하는 세상을 만들기 위해선 내가 속해 있는 공동체의 구성원과 그들의 마음에 대해 애정을 가지고서 새로운 가능성을 설득하고 공감대를 넓혀가는 오랜 과정을 거쳐야 한다. 나와 다른 생각을 마주할 수도 있다. 하지만 이들과 함께 다음을 만들어야 하기에 정치는 끝까지 사랑으로 해야 하는 일이다.

우리가 말하는 사랑의 반대편에는 '이렇게 열심히 한다고 바뀌긴 하겠어'라는 냉소, '전에도 안 됐으니까 앞으로도 똑같을 거야'라는 비관, 복잡한 논의에는 마음을 닫고 '모르겠고 나와는 상관없는 일이야'라고 생각하는 무관심이 있다. 냉소와 비관, 무관심은 정치의 변화를 막는 가장 큰 적이다.

뉴웨이즈는 앞으로도 더 다양한 관점과 우선순위가 정치에 반영될 수 있도록 불투명한 정당의 인재 성장 시스템을 바꾸고 유권자가 기대하는 역량을 갖춘 젊치인을 성장시킬 생각이다. 젊치인이 기성 정치에 의존하지 않고 유권자의 지지를 받아서 당선되는 새로운 경로를 만들기 위해서다.

뉴웨이즈 혼자서는 만들 수 없다. 수요자 중심의 정치를 만들기 위해선 새로운 정치를 기대하고 요구하는 유권자가 모여야 한다. 뉴웨이즈는 시작부터 지금까지 냉소하지 않고 비관하지 않는 유권자와 함께 정치를 바꿔왔다. 낙담하는 순간에도 유권자를 보면서 미래의 정치를 우리가 가장 먼저 보고 있다는 확신을 얻었다.

뉴웨이즈가 더 많은 분께 말을 걸 수 있도록 집필을 제안해주신 송두나 편집자님께 감사의 인사를 전한다. 이런 멋진 시민들이 있다는 것을 알리고 싶다는 두나 님의 응원이 없었다면 끝까지 해낼 수 없었을 것이다.

뉴웨이즈가 다음 단계로 도약할 수 있도록 지원해주신 아산나눔재단, 루트임팩트, 카카오임팩트, 브라이언임팩트에도 감사하다. 특히 뉴웨이즈의 첫 지원 파트너이자 가장 오랜 파트너인 아산나눔재단의 정남이 상임이사님과 가장 가까이서 든든한 액셀러레이터가 되어주신 나민수 선임 매니저님, 정성영 성장 파트너님께 깊이 감사한다.

복잡한 선거법 안에서도 가능한 길을 찾아 자문해주신 김선휴 법률 감사님, 길을 잃지 않도록 회계를 꼼꼼히 챙겨주신 박대호 회계 감사님을 포함해 필요한 시기에 응원과 조언과 식사와 커피를 쏘아주신 많은 분이 있어 3년을 버텼다. 뉴웨이즈의 앞길을 우리보다 더 걱정하는 이사님들, 주변 친구에게 설명하기 어려운 일을 하는 자식을 응원해주시는 부모님께 마지막으로 감사하다.

뉴웨이즈를 통해 정치의 희망을 본다고 말하는 빌더 분들이 있었기 때문에 우리는 더 자신감과 책임감을 가지고 새로운 시도를 해나갈 수 있었다. 만약 내가 사는 세상이 더 나아지길 바라는 마음이 있다면 여러분에게도 제안하고 싶다. 정치를 사랑해보자고. 뉴웨이즈의 활동을 지켜보고 참여하는 방법도, 뉴웨이즈의 지속 가능성을 돕는 정기 후원자 빌더가 되는 방법도 있다.

사랑을 포기한 이들은 변화도 포기한다. 뉴웨이즈는 정치를 끝까지 사랑해보겠다. 사랑은 너무 크고 요원해 보여서 바뀌지 않을 것 같은 문제를 해결하려는 사람들이 가져야 하는 가장 멋진 태도다. 뉴웨이즈와 정치에 사랑을 쏘아보자. 뿅!

## 젊치인을 키우고 있습니다

**초판 1쇄 인쇄**  2024년 5월 21일
**초판 1쇄 발행**  2024년 5월 29일

**지은이**  뉴웨이즈
**펴낸이**  최순영

**출판2 본부장**  박태근
**지적인 독자 팀장**  송두나
**디자인**  조은덕

**펴낸곳**  ㈜위즈덤하우스  **출판등록**  2000년 5월 23일 제13-1071호
**주소**  서울특별시 마포구 양화로 19 합정오피스빌딩 17층
**전화**  02) 2179-5600  **홈페이지**  www.wisdomhouse.co.kr

ⓒ 뉴웨이즈, 2024

ISBN  979-11-7171-208-3  03300